武术赛事品牌构建：
理论与实践

李 臣 编著

科学出版社

北 京

内 容 简 介

本书从我国武术赛事品牌建设的意义和现状出发,突出问题意识,研判原因,诊断效益,明确了武术赛事品牌建设的核心要义,确立了实现武术赛事自强和品质提升的理论基石。进而通过变量的测度,构建武术赛事品牌建设的科学模型,探讨了武术赛事品牌构建路径和具象实践。

本书可供武术与民族传统体育专业本科生、研究生和武术管理人员阅读、参考。

图书在版编目(CIP)数据

武术赛事品牌构建：理论与实践 / 李臣编著.
北京：科学出版社，2024.9. -- ISBN 978-7-03
-078863-4

Ⅰ. G852.073

中国国家版本馆 CIP 数据核字第 20242UZ789 号

责任编辑：张佳仪/责任校对：谭宏宇
责任印制：黄晓鸣/封面设计：殷　靓

科 学 出 版 社 出版
北京东黄城根北街 16 号
邮政编码：100717
http://www.sciencep.com
南京文脉图文设计制作有限公司排版
上海景条印刷有限公司印刷
科学出版社发行　各地新华书店经销

*

2024 年 9 月第　一　版　开本：B5(720×1000)
2024 年 9 月第一次印刷　印张：14 1/2
字数：229 000

定价：100.00 元
(如有印装质量问题,我社负责调换)

博大精深的中华武术资源,孕育着中国成为誉满全球的功夫国度,武术赛事作为武术传播的重要形式之一,已然成为诸多领域关注的焦点。《关于加快发展体育产业促进体育消费的若干意见》提出"取消体育赛事活动审批,打造品牌赛事"要求,推动各层次武术赛事经营主体规划设计武术赛事品牌建设发展战略。国家奏响的激发体育赛事市场活力,丰富体育赛事供给,加快发展体育产业促进体育消费时代强音,促使独具中华民族文化特色的武术项目,在多元化武术赛事活动中彰显其潜在社会效能。

本书分为七个章节。第一章论证了武术赛事品牌建设的时代诉求、政策助推和社会效益,以及阐述了武术赛事品牌建构的目的、现状、对象、方法和逻辑框架等问题。第二章源于品牌、赛事和武术的基本理论,延展出核心概念范畴,设计武术赛事品牌构建核心内容。第三章通过审思我国武术赛事发展历程及赛事特征,剖析我国武术赛事品牌建设的动力因素,明确政府、武协和市场(企业)各自职责。第四章依据我国武术赛事品牌战略,分析赛事品牌构建环境,阐述武术赛事品牌构建理论体系。第五章基于武术赛事品牌战略规划和武术赛事品牌模型建构,构建武术赛事品牌系统。第六章和第七章运用武术赛事品牌建设理论,验证武术赛事实践科学办赛的合理性,给出了武术赛事品牌价值资产评估研究展望。

最后,恳请本书的读者能够提出宝贵意见,互相交流,希望本书能在有序打磨、精益求精的雕琢中,成为业界更优秀的著作。

李 臣

2024 年 5 月

绪　论

基于武术赛事的综合效益,我国众多城市将打造武术赛事品牌作为提升城市影响力的重要环节,而构建品牌武术赛事是其核心要务,鉴于中华武术的国内外辐射力和广博社会受众,为品牌武术赛事的极速培育奠定了目标消费群。因此,理性审视我国武术赛事发展状况,探讨和分析政府、中国武术协会及市场(企业)在武术赛事品牌建设中存在的问题及原因显得至关重要。

本书试图以体育赛事和品牌理论为支撑点,在总结我国武术赛事品牌建设经验的基础上,既聚焦我国武术赛事品牌战略制定、实施及武术赛事品牌定位原则、步骤和方法等,又聚焦我国武术赛事品牌要素设计、个性塑造、品牌价值、品牌传播及品牌延伸等。

一、武术赛事品牌建设的背景[①]

近年来,伴随国家体育产业政策的有序实施和国民体育文化消费需求剧增,作为体育产业重要组成部分的体育赛事,其综合效益日益引起社会各界关注。武术赛事作为体育赛事的有机组成部分,它对满足城乡居民的武术文化需求和开发武术的经济、社会、文化等整体价值具有重要推动作用。武术赛事品牌化经营不仅能够作为提高我国武术赛事市场核心竞争力、增加举办地经济收入、提高武术消费者参赛热情及维护武术赛事品牌资产的有效手段,而且越来越受到政府职能部门、企业(市场)和武术赛事参与者重视,为武术赛事品牌构

---

① 李臣,郑勤.我国武术赛事品牌建设的理性审视[J].武汉体育学院学报,2016,50(5):56-62.

建创造了先决条件。基于武术赛事品牌建设理论研究工作有助于推动打造武术赛事品牌的前提，审视当前国家政策和武术赛事发展现状，可以认为我国武术赛事实施品牌战略的时机日趋成熟。

（一）提高我国武术赛事市场竞争力需要武术赛事品牌

一直以来，我国武术赛事缺乏市场竞争力，严重影响武术赛事的整体效益和武术赛事总体发展水平。从国内层面来看，目前大部分武术赛事处于尴尬的局面，即武术赛事名称的外延越来越大，而武术赛事场馆内只有参赛者和组织者，几乎很少有观众在现场观看，对武术赛事实况进行报道的新闻媒体记者寥若晨星，这些事实足以说明我国武术赛事的市场化程度是何其惨淡，难免导致有些武术赛事出现夭折现象。从国际层面来看，虽然中国被誉为"功夫王国"，中华武术风靡全球，受到各国武术爱好者的青睐，但是我国武术赛事的国际影响力甚微，国际市场竞争力弱，致使我国武术赛事的总体效益根本无法与其他竞技体育赛事相提并论。据此可知，我国武术赛事品牌创建对提升我国武术赛事市场竞争力具有重要作用。

（二）满足不断增长的武术赛事消费需求水平需要武术赛事品牌

改革开放以来，随着人们物质文化生活水平逐步提高，人民群众日益增长的武术文化消费需求在现实社会中凸显，现代国人衣食无忧，对蕴含"养生、保健"功能的武术文化要求更高，而现阶段彰显愉悦、健康及和谐特征的新型武术赛事，也许是追求武术养生文化的武术目标消费群的首选，但目前这种武术赛事的吸引力仍未能及时彰显。武术赛事品牌是高质量武术赛事的象征与体现，它给武术消费者创造物质文化、精神文化和行为规范等收益同时，又推动了当地经济和旅游业的发展，更是武术赛事消费需求提高后的必然结果。由此可见，创建我国武术赛事品牌对满足武术消费者日益增长的武术赛事文化消费需求显得至关重要。

（三）我国武术赛事品牌建设实践亟须理论研究支持

随着我国武术赛事品牌战略逐步实施，武术赛事品牌建设理论的滞后性日益显现。主要表现为政府对我国武术赛事品牌建设政策缺乏纲领性理论引导；

各级武术协会或组织在武术赛事品牌建设中权责模糊;武术赛事承办者与武术赛事品牌建设的契合点不明确;更为严重的是某些武术赛事承办者根本不了解武术赛事品牌的特点,更无从谈起对武术赛事进行品牌建设。这些现实问题严重制约着我国武术赛事品牌建设实践,解决这些现实问题的可行性举措就是尽快开展有关我国武术赛事品牌建设的理论研究工作,明确我国武术赛事品牌建设的规律性问题,厘清我国武术赛事品牌建设的相关概念和理论,以期为我国武术赛事品牌建设实践提供可行性指导。

（四）我国武术赛事工作备受国家重视

1982 年 11 月,国家体育运动委员会(以下简称"国家体委",现国家体育总局)在北京第一次召开新中国成立以来最盛大、最重要的全国武术工作会议,总结了新中国成立以来武术工作的经验与教训,制定了新的历史时期发展武术工作的政策和任务,提高了武术的重要地位和积极作用。会议指出武术活动主要由健身锻炼活动、表演观摩活动和竞赛活动三部分组成,要逐步实现武术表演与武术竞赛相结合。1987 年 8 月,国家体委发布了《关于加强武术工作的决定》,提出加强武术工作的具体要求和措施,要进一步改进和完善武术竞赛制度,充分发挥武术竞赛的杠杆作用,进一步做好武术技术和竞赛的规范化工作,强调武术竞赛和武术表演都是推动武术发展的重要手段。1992 年 12 月,第二次全国武术工作会议充分肯定了 10 年来武术工作的蓬勃发展,在国内外所取得的骄人成绩,会议指出在强化武术意识同时,要根据新时期坚持深化改革开放的总方针,改革和完善武术竞赛体制,在开发武术资源,树立武术产业观的同时,逐步开展武术有偿服务,进而开创中国武术的产业化和社会化之路。1994 年 5 月,为了进一步理顺关系,完善管理体制,经中央机构编制委员会批准,国家体委下发《关于国家体委武术协会更名为国家体委武术运动管理中心的通知》,制定并组织实施木项目的全国竞赛制度、计划、规划和裁判法;负责本项目全国竞赛的管理,制定全国武术比赛规程;审定运动成绩;积极开展与本项目有关的经营和服务活动。国家体委武术运动管理中心在全面负责武术运动项目的业务管理,研究和制定武术运动项目的发展规划、计划和方针及政策的前提下,为我国武术赛事的广泛开展提供了组织机构保障。

2000 年 12 月,《2001—2010 年体育改革与发展纲要》强调重点开发和培育体育竞赛表演市场、体育健身娱乐市场①。2002 年 7 月,《中共中央国务院关于进一步加强和改进新时期体育工作的意见》②提出要全面、科学安排国内各项赛事,改革完善竞赛制度,充分发挥竞赛的功能和效益的要求,为武术赛事资源的合理开发提供了国家政策支持。2010 年 3 月,《国务院办公厅关于加快发展体育产业的指导意见》③指出发展体育产业的重点任务之一是努力开发体育竞赛和体育表演市场,积极引导规范各类体育竞赛和体育表演的市场化运作。借鉴吸收国内外体育赛事组织运作的有益经验,探索完善全国综合性运动会和单项赛事的市场开发和运作模式;支持地方根据当地自然人文资源特色举办体育竞赛活动,鼓励企业举办商业性体育比赛,积极引进国际知名的体育赛事,努力打造有影响、有特色的赛事品牌。2011 年 5 月,国家体育总局在关于印发《体育产业"十二五"规划》④的通知中,强调加快体育产业的主要措施有加快实施品牌战略,积极推进体育赛事营销和管理的创新,大力培育具有中国特色的体育赛事品牌,因此,武术作为中国特色的民族体育项目,对武术赛事进行市场开发无疑具有广阔前景。2014 年 10 月,《关于加快发展体育产业促进体育消费的若干意见》⑤明确提出取消商业性和群众性体育赛事活动审批,有关政府部门要积极为各类赛事活动举办提供服务,政府职能转变,有利于武术赛事产业的进一步发展。在改善产业结构方面,大力培育健身休闲、竞赛表演等体育服务业,实施体育服务业精品工程,支持各地打造一大批优秀的品牌赛事。在发展健身休闲项目的基础上,大力推广武术等传统体育项目,丰富体育赛事活动,以竞赛表演业为重点,大力发展多层次、多样化的各类体育赛事。推动专业赛事发展,打造一批有吸引力的国际性、区域性品牌赛事。丰富业余体育赛事,在各地区广泛举办各类体育比赛,引导支持体育社会组织等社会力量举办群众性体育赛事活动,加强对体育赛事和活动名称、标志等无形资产的开发,提升无形资产创造、运用、保护和管理水平,这些政策对我国武术赛事的成功举办提出了更高的要求,我国武术赛事品牌建设工作已经刻不容缓。

---

① 国家体育总局.2001—2010 年体育改革与发展纲要(体政字〔2000〕079 号)[R].2000.
② 中共中央.中共中央国务院关于进一步加强和改进新时期体育工作的意见(中发〔2002〕8 号)[R].2002.
③ 国务院办公厅.国务院办公厅关于加快发展体育产业的指导意见(国办发〔2010〕22 号)[R].2010.
④ 国家体育总局.关于印发《体育产业"十二五"规划》的通知(体经字〔2011〕178 号)[R].2011.
⑤ 国务院.关于加快发展体育产业促进体育消费的若干意见(国发〔2014〕46 号)[R].2014.

(五)《全民健身条例》的颁布对我国武术赛事品牌建设有深刻影响

2009 年 9 月,《全民健身条例》①明确规定国务院体育主管部门应当定期举办全国性群众体育比赛活动;国务院其他有关部门、全国性社会团体,可以根据需要举办相应的全国性群众体育比赛活动;地方人民政府应当定期举办本行政区域的群众体育比赛活动,并且强调对于依法举办的群众体育比赛等全民健身活动,任何组织或者个人不得非法设置审批和收取审批费用。这一政策的实施为各个层次武术赛事举办提供了强心剂,加速了我国武术赛事市场的进一步繁荣和发展。在《全民健身条例》的基础上,2011 年 2 月,《全民健身计划(2011—2015 年)》②指出遵循"因地制宜、业余自愿、小型多样、就近就便"的原则,组织开展以传统武术运动为品牌特色的全民健身活动,以深化体育大会改革为突破口,创新办赛模式,提倡勤俭办赛,减少重复建设,简化大型活动,坚持淡化锦标,重在参与、重在交流、重在健身、重在快乐;定期组织举办全民健身运动会,充分调动和保护全民参与体育竞赛的积极性,这些工作举措对武术赛事品牌化建设提出了明确要求,"勤俭办赛、减少重复建设"正是对我国武术赛事走精品化道路的时代呼唤。同时,武术作为我国广大人民群众非常喜爱的民族体育项目,有着广泛且深厚的群众基础,理应在促进居民体育消费方面彰显出民族特色体育项目的文化魅力,并且伴随着国家将全民健身上升为国家战略,把体育产业作为绿色产业、朝阳产业培育扶持的大背景下,我国武术赛事产业必将在全民健身服务体系制度完善中凸显其社会功能和文化价值。由此可见,《全民健身条例》的颁布为我国武术赛事品牌建设指明了发展方向,其全民健身核心战略思想对我国武术赛事品牌建设理论体系构建同样具有积极的指导意义。

(六)武术赛事开展现状对我国武术赛事品牌建设提出新要求

武术赛事活动是广大武术习练者提高水平、交流技艺的平台,对保护、传承和弘扬中华武术,促进全民健身活动的开展具有十分重要的作用。新中国成立

---

① 国务院.全民健身条例(中华人民共和国国务院令第 560 号)[R].2009.
② 国务院.国务院关于印发全民健身计划(2011—2015 年)的通知(国发〔2011〕5 号)[R].2011.

70多年来,推广普及和提高是我国发展武术运动的基本方针,多年武术运动实践表明,多姿多彩的群众性社会武术活动和以争分夺牌为目的任务的竞技武术运动,构成了现代武术的基本活动形式①。改革开放以来,因为文化思想的解禁和影视、小说等文化媒体的传播作用,全国兴起了一股"武术热",所以,群众性武术活动也被公开纳入了经济活动中,并为群众性武术赛事的广泛开展起到了深远的促进作用。与此同时,竞技武术在某种程度上已经是当今中国武术运动的一个标志性文化符号,因其有专业化训练特点,所以被视作当代中国武术的最高技术水平。伴随着《武术竞赛规则》的多次修订与实施,我国武术赛事不断朝着规范化、科学化方向发展,这一时期涌现的全国性武术赛事主要有:①全国武术观摩交流大会;②全国"武术之乡"武术比赛;③全国老革命根据地武术比赛;④全国民间武术馆校邀请赛;⑤各地举办的武术节、武术年会比赛;⑥全国武术(套路)锦标赛;⑦全国武术散手比赛;⑧全国太极拳、剑、推手比赛;⑨全国少年"武士杯"武术比赛②。这些武术赛事的共同特点是规模比较大,参赛项目多;在赛事举办期间,进行武术文化理论探讨与技术交流;发现并继承了一些优秀拳种套路和技艺、功法;通过竞赛、表演和交流,发掘、继承优秀武术项目,促进武术赛事活动,推动了中国武术的快速发展。然而在武术赛事举办过程中,也存在相关问题,如参赛队员和参赛项目没有通过认真选拔,无法真实体现相关项目的特征,影响了武术赛事的整体水平;办赛经费短缺,武术赛事内容贫乏单调,参加人数少,训练水平不高。另外,也存在着竞赛办法和竞赛体制方面的问题③,这些因素对我国武术赛事的健康运行起到了一定的阻碍作用。因此,为继续举办好我国武术赛事,遵循经济发展规律和武术赛事自身特点的新办法和新制度应该"闪亮登场",以推动武术赛事活动的全面发展。

近年来,我国武术赛事的数量呈现明显上升趋势。国家体育总局官方网站公布的全国体育竞赛计划显示,全国武术赛事的数量从2005年的21项增长到2013年的26项,但举办的武术赛事名称也不断变化,缺乏必要的稳定延续性。另外,据国家体育总局武术运动管理中心公布的数据,2014年武术赛事活动计

---

① 周伟良. 中国武术史[M]. 北京:高等教育出版社,2003:124-128.
② 国家体委武术研究院. 中国武术史[M]. 北京:人民体育出版社,1996:413-445.
③ 周伟良. 中国武术史[M]. 北京:高等教育出版社,2005:124-128.

划共 91 项,平均每 4 天举行一场武术比赛,足以证明我国武术赛事活动极其频繁和蓬勃发展。以上这些武术赛事仅仅是体育总局官方网站公布的相关赛事活动,还不包括全球功夫网、中国武术网和武术世界网等报道中国武术的相关媒体公布的武术赛事,综合分析所有武术赛事活动,能够代表我国武术赛事的品牌赛事有哪些? 答案是未知的。鉴于此,我国武术赛事品牌建设工作应该尽快展开深入研究。

二、武术赛事品牌建设的意义[①]

根据我国武术赛事发展现状,通过对我国武术赛事品牌建设实践的梳理和理性审视,在汲取我国武术赛事品牌培育实践经验前提下,对当下武术赛事具体生产方式的效益实施诊断,尤其是对武术赛事品牌建设中的政府和市场所存在的问题和原因进行针对性分析,结合品牌经济学、体育赛事经济学、品牌学及品牌管理等相关理论分析,构建武术赛事品牌模型,进而从武术赛事品牌战略规划和武术赛事品牌构建两个维度搭建我国武术赛事品牌建设理论体系,同时结合武术赛事品牌建设理论对实际武术赛事的品牌构建展开具体测量,识别赛事品牌培育中武术赛事品牌建设理论的应用价值,以此审视赛事品牌培育对我国武术赛事品牌建设的经验及启示。

改革开放给我国的武术运动带来了青春活力和无限生机,使其呈现出蓬勃发展的新局面,进而使武术驶入兴盛发展的快车道。武术是我国非物质文化遗产的重要组成部分,是民族传统体育的典型代表,它不仅具有悠久的历史文化内涵,雄厚的群众基础,广泛的社会影响,而且面临前所未有的发展机遇。从1982 年 11 月国家体委在北京召开的第一次全国武术工作会议到 2014 年 2 月在山东省淄博市召开的第七次全国武术工作会议,以及从 2002 年 7 月《中共中央国务院关于进一步加强和改进新时期体育工作的意见》(中发〔2002〕8 号),到2010 年 3 月《国务院办公厅关于加快发展体育产业的指导意见》(国办发〔2010〕22 号),再到 2014 年 10 月《国务院关于加快发展体育产业促进体育消费的若干意见》(国发〔2014〕46 号)文件,通过仔细研读、综合分析几十年来国家颁布的关

[①] 李臣,郑勤. 我国武术赛事品牌建设的理性审视[J]. 武汉体育学院学报,2016,50(5):56-62.

于体育事业的相关政策和法规，给中国武术的发展提供了理论政策依据，并为武术的现代化进程指明了前进的方向，同时表明武术产业化发展时代已经来临，我国武术赛事品牌建设应提上日程。

我国武术赛事的蓬勃开展，不仅是对体育赛事系统的有益补充，而且是对国际职业体育赛事模式的有效借鉴，更是对作为中国特色的本土化体育项目在既满足广大人民群众日益增长的武术文化需求的同时，又让中国武术的整体效益凸显，继而开创中国武术社会化道路的一种期望。这正是中国武术备受国人关注，不断实现可持续发展的根本原因。改革开放以来，中国武术经过几十年的发展，虽然在竞技武术比赛和各种武术竞赛中取得不菲成绩，但参赛者参加的诸多武术比赛普遍存在缺乏对武术赛事资源开发的问题，致使我国武术赛事的竞赛市场无活力，武术赛事产业化程度较低。因此，为了实现我国武术赛事的健康、有序和持续性发展，必须增强我国武术赛事资源无形资产开发和保护的法律意识，更应该注重对我国武术赛事进行品牌化建设[1]。然而，长期以来我国武术赛事发展所呈现的外表繁华、内心荒凉的尴尬现实，迫切需要对我国武术赛事进行品牌化构建，使我国武术赛事形成系统、科学、规范的市场化运作体系，进而打造成独具特色的民族体育赛事品牌。因此，开展我国武术赛事品牌建设问题研究彰显积极效益。

武术赛事品牌建设是现阶段我国武术赛事品牌理论研究亟待解决的系列问题之一。本书力图从赛事品牌理论构建的深入研究着手，科学准确地把握和理解我国武术赛事品牌建设的内涵和外延，在参照、借鉴当前国内外体育赛事品牌建设成功发展经验前提下，深入分析和总结当前我国武术赛事品牌建设发展状况。据悉，针对我国武术赛事品牌建设开展的系统性研究尚不多见，已有相关研究的结论还存在提升空间。基于此，对我国武术赛事品牌建设展开研究具有相应的理论意义和一定的实践价值。

（一）理论意义

武术消费者参与程度较低，武术赛事工作开展乏力，致使我国武术赛事面临诸多难题。为了进一步增强体育赛事市场活力，激发不同层次体育消费者的

---

① 杨家坤，张玉超. 我国武术赛事无形资产的开发与保护[J]. 体育学刊，2015，22（2）：52-55.

广泛参与度,国家制定促进体育消费专项制度,这一重要举措为我国武术赛事品牌化经营创造了政策条件。我国武术赛事品牌建设研究需要研究者采用系统、科学、明晰的研究范式来解释"什么是武术赛事品牌建设"和"如何进行武术赛事品牌建设"等问题。因此,通过以下几个方面对研究的理论意义进行阐述。

1. 有利于丰富完善赛事品牌建设理论

我国赛事品牌建设理论研究起步比较晚,特别是获得 2008 年北京奥运会申办资格后,关于"赛事"的研究逐渐成为学术界关注的热点,在大量翻译国外赛事运作理论相关内容的基础上,创建了以赛事为发展重点的研究中心、学科体系和学术期刊,其理论体系构建较为迅速,但还处于不断完善阶段。虽然体育领域对体育赛事研究相当活跃,国内研究者已从多个角度对其展开研究,拥有较多的代表性专著和研究成果,但对我国武术赛事品牌建设理论而言,其作为体育赛事品牌建设理论体系的有机组成部分,涉及我国武术赛事品牌建设研究的系统性理论仅有少量研究成果。本书对赛事品牌建设理论视域下的我国武术赛事工作进行探讨,是赛事品牌建设理论先进理念在武术赛事品牌建设研究中的深化。因此,可以认为我国武术赛事品牌建设的研究工作,对赛事品牌建设理论的丰富、完善和深入发展,将起到一种有益的补充和积极拓展作用。

2. 有助于促进民族传统体育赛事理论构建

伴随着我国武术赛事的多元化发展,关于我国武术赛事理论的研究日益增加,然而综合分析已有相关研究,这些研究成果要么是某一项武术赛事的建设工作,要么是在分析武术赛事活动发展存在相应问题的基础上,强调中国武术赛事品牌建设工作的必要性,而关于我国武术赛事品牌建设理论体系构建方面的研究成果尚少。近年来,涉及我国武术赛事品牌建设理论的少量研究成果,其内容主要有个案研究、发展现状与策略研究,而以现阶段我国体育产业政策为依据,结合当前民族传统体育赛事创新发展需求,对我国武术赛事品牌建设理论进行研究的科研成果尚不多见。

随着市场经济的来临,国家、社会团体和个人逐步认识到武术赛事品牌蕴含的潜在社会价值,并且唯有对我国武术赛事进行品牌化构建,才能凸显品牌武术赛事在诸多武术赛事活动中体现的整体效益,而武术赛事作为民族传统体育赛事的有机组成部分,对其品牌建设理论体系实施有序构建,有助于增强民族传统体育赛事理论体系的完整性。通过研究,不仅有助于清晰把握我国武术赛事的发展历程和我国武术赛事品牌建设的理论基础,而且在一定程度上有利于弥补现阶段我国武术赛事品牌建设理论研究的不足,并且对丰富完善民族传统体育赛事理论体系具有积极的效益。

3. 有利于为我国武术赛事的品牌化发展提供借鉴

目前,我国武术赛事品牌建设研究逐渐受到国内体育职能部门和研究人员的关注,但我国武术赛事品牌建设的操作流程尚无成功模式借鉴。根据当前形势和武术赛事发展的实际情况,国家体育总局要求我国武术赛事应遵循竞技性和传统性有机统一的办赛模式,以实现武术赛事产业良性发展。就我国武术赛事品牌建设的开展现状来看,大部分武术赛事采用"×××国际武术比赛(节、交流会)""全国×××武术比赛(节、交流会)""首届(第一届)×××武术运动会(武搏会)"等形式。在我国武术赛事品牌建设理论研究相当贫乏、相关研究成果严重不足的大背景下,各级体育管理部门和武术社团只能对当前的武术赛事品牌建设工作持默许认可态度。然而,现实条件下各级体育职能部门、武术社团和武术从业者对武术赛事品牌建设工作认识不到位将直接导致品牌建设实践的不合理操作。毋庸置疑,我国原有的武术赛事品牌建设办法已经无法满足现阶段武术赛事工作有序开展的迫切需求,由多种因素造成的武术赛事参赛运动员少、观众寥寥无几、赛事宣传匮乏,以及运作武术赛事根深蒂固的传统办赛观念和对国家相关政策把握不准等现实问题,致使我国武术赛事市场竞争力不强。因此,我国武术赛事品牌建设研究工作必须尽快展开,以满足目前武术赛事实践的现实需求。本书在梳理我国武术赛事发展历程的基础上,通过对相关品牌建设理论的介绍,积极探索我国武术赛事品牌建设发展模式,以期为我国武术赛事品牌化发展提供理论借鉴。基于此,就我国武术赛事品牌建设这一议题展开研究,既能系统阐述我国武术赛事品牌建设的理论基础,又能为我国武术赛事的品牌化发展提供积极指导。

(二)实践意义

理论来源于社会实践,并指导社会实践,且理论只有在社会实践过程中经受住相应的检验,才能彰显科学理论的自身价值。改革开放以来,伴随着社会主义市场经济向纵深方向发展,社会物质资料生产渐趋饱和,在同质化商品竞争日趋激烈的现实条件下,国家适时实施品牌战略,预示着品牌经济时代来临,品牌经营理念融入社会各个行业。武术赛事品牌建设作为我国武术赛事品牌化经营的基础性研究工作,受到国家、体育管理部门和武术从业者广泛关注。本书主要介绍了研究推进我国武术赛事品牌建设实践工作的三个方面。

1. 有利于引发社会更广泛地关注武术赛事

长期以来,武术赛事场馆内观众寥寥无几,新闻媒体关注度欠佳,使得我国武术赛事工作遭受极度质疑。从2008年中国武术力争成为奥运会正式比赛项目计划流产,到武术比赛技术动作日趋体操化等现象的产生,可以说全部"归罪"于我国武术赛事的失败,由此可见,武术消费者对我国的武术赛事缺乏必要的客观认识。武术作为我国优秀的民族体育项目,已经有几千年的发展历史,在"源流有序、拳理明晰、风格独特、自成体系"的129个拳种的基础上,形成了巨大的中华武术系统,致使武术呈现多样化发展趋势,进而彰显中国武术资源的极度丰富。因此,随着我国武术运动的蓬勃发展,多种多样的武术竞赛模式应运而生,并且各自凭借其顽强生命力,不断发展壮大,成为一种社会武术工作者和人民群众喜爱的竞赛形式。然而,我国武术因拳种项目较多、竞赛标准难以统一等问题导致武术赛事资源开发不力,以至于缺乏有典型代表性的武术赛事品牌,品牌武术赛事难以满足武术目标消费群的消费需求现实条件下,引发了社会各界对我国武术赛事的质疑和担忧。鉴于此,加强我国武术赛事品牌建设理论体系研究,某种程度上有利于引起国家、体育管理部门和社会各界给予我国武术赛事更广泛的关注,并在实践过程中积极探索经营我国武术赛事的新模式。

2. 有利于促进我国武术赛事整体质量提高

武术赛事活动是广大武术练习者提高水平、交流技艺的平台,对保护、传承和弘扬中华武术,促进全民健身活动的开展具有十分重要的作用。在国家将全民健身上升为国家战略的现实背景下,中华武术作为拥有最广泛人民群众基础的民族体育项目来说,举办武术赛事理应开展得如火如荼,然而,事实恰好相反。在赛事经营过程中,各种武术赛事纷纷宣称实现传统项目和竞技项目协调统一发展,在弘扬中华文化基础上,进一步彰显中国特色体育文化,打造品牌武术赛事的理念,充分显示了培育武术赛事品牌在武术赛事经营中无可替代的积极效应。而我国武术赛事品牌建设的研究体现了武术赛事品牌管理的特殊性,并透显其在我国武术赛事产业发展实践中不可或缺的积极作用。基于此,对现阶段我国武术赛事品牌建设进行分析，可以在一定程度上有效调动武术赛事资源，为政府、体育管理部门提供科学、合理、有效的干预措施，解决武术赛事品牌建设实践中的现实问题，有利于形成体育行政部门、武术社团、武术从业者及武术练习者全社会合力交叉的武术赛事品牌建设模式，并对我国武术赛事整体质量提高贡献积极效益。

3. 有利于中国武术赛事与世界体育赛事市场接轨

中国武术赛事以具有中华文化特色的武术项目为依托，采用套路演练、功法运动和格斗实战三种表现形式，运用运动竞赛学的原理、原则和方法，对武术赛事的整个操作过程进行标准化设计，使其在不断满足国内武术目标受众日益增长的武术赛事文化消费需求前提下，逐步适应国际体育赛事竞技秩序，吸引更多的国际武术爱好者参与其中，为中国武术赛事参赛运动员的国际化提供有力支撑。中国武术具有博采众长、兼容并蓄的特点，该特点同样适用于中国武术赛事，在充分运用国际竞技体育赛事竞赛规则的基础上，结合武术项目自身的特征，创造性地加以改进，形成具有中国特色的武术赛事竞技理论体系，为我国的武术项目进入国际体育赛事市场提供竞赛规则保障。因此，我国武术赛事品牌建设理论构建对于品牌武术赛事的国际化发展具有积极指导作用，武术赛事品牌建设对于增加其在国际赛事活动中的话语权，满足全球范围内武术消费者的武术赛事文化需求具有重大意义。

第一章

武术赛事品牌建设研究概述

本章导语

　　本章针对武术赛事承载的多元文化势力，审思研判国内外武术赛事品牌培育实践经验，精准探析我国武术赛事具象生产方式的真实效能，进而确定武术赛事品牌建设研究对象和方法，以及其整体设计框架。

第一节　国外武术赛事品牌建设研究现状述评

　　国外武术赛事品牌建设研究起步较早，且武术赛事品牌知名度较高，有成熟的武术赛事品牌运作体系。截至 2022 年 11 月，研究从综合学科参考类全文数据库（ASP）、中国高等教育文献保障系统（CALIS）、全球博硕士论文文摘数据库（PQDT）和体育运动科学全文数据库，以"martial arts game brand"全文搜索期刊文献，共 5 423 篇，以"martial arts competition"全文搜索期刊文献，共 92 篇，以"martial arts event"全文搜索期刊文献，共 66 篇，以"martial arts game"搜索期刊文献，共 38 篇，以"martial arts"全文搜索博硕论文，共 137 篇，以"martial arts competition"全文搜索博硕论文，共 7 篇，以"martial arts event"全文搜索博硕论文，共 3 篇，以"martial arts game"全文搜索博硕论文，共 4 篇。

经过研读分析,最终确定与武术赛事品牌建设相关的参考文献18篇。

一、国外知名武术赛事简述

K-1是国际性站立式格斗赛事品牌,"K"是Karate、Kongfu、Kick boxing (空手道、功夫、踢拳击)等项目英文的第一个字母,这些项目均为一定规则下的搏击项目;"1"是第一、顶级之意。"K"和"1"合在一起含义为顶级搏击大赛,它是由日本正道会馆馆长石井和义于1993年创办,2012年被K-1 Global Holdings公司收购。

终极格斗冠军赛(Ultimate Fighting Championship,UFC)是美国举办的综合格斗赛事。1993年11月12日在美国科罗拉多州举办首届赛事,8个流派的8名选手参加比赛,最终代表柔术的巴西人Royce Gracie笑傲群雄。尽管初期的UFC比赛除了挖眼、裆部攻击和咬人外,没有其他限制,但是为了使比赛能够在全世界推广和符合举办地的法律规定,其规则限制逐渐增多,UFC逐渐朝着体育运动项目方向发展。

MMA是Mixed Martial Arts的缩写,其含义为综合格斗,即综合各种武技的武术。随着社会的发展,各种武技逐步趋向体育化,为此其习惯把各种武技分为打击类和缠斗类。前者包括拳击、空手道、跆拳道、泰拳等以拳、腿、膝等部位为打击武器的武术,后者则以柔道、柔术、摔跤、桑搏等为代表,通过各种投、摔、绞、关节技等手段以实现对对手控制。

二、国外武术赛事品牌建设研究

依据国外武术赛事文献资料进行分析,主要以K-1赛事、UFC赛事、MMA赛事及国际性武术赛事作为文献检索重点,通过对国外武术赛事品牌文献资料的研读,以期为我国武术赛事品牌建设提供有益的借鉴经验。

目前,关于国外武术赛事品牌运营模式的研究成果相对较少,主要参考的文献如下。

Bill(2008)认为,MMA赛事的整个目标是打造观赏性体育运动,而不是裁判员的运动,在垫子上比赛应该有足够的控制参赛者动作行为的规则;当涉及冲压动作时,MMA 参赛者应该试着让比赛更具有观赏性,而不仅仅是一些淘汰的镜头,他们需要得到有一个技术基础拳的赛事规则[①]。

Adam(2009)认为,UFC 有许多世界极限笼斗的明星,在现场将有 MMA 示威活动、培训和发展课程,以及脚扣追求比赛;超过 100 家企业和品牌将展示他们的 MMA 相关产品和服务。

M2 Presswire(2009)报道称,终极格斗冠军赛(R)是世界领先的专业综合格斗武术组织,其提供最著名的 MMA 系列体育赛事,由总部位于内华达州拉斯维加斯的祖法有限责任公司拥有和经营;每年举办超过 12 场次的付费赛事直播,通过北美有线电视和卫星电视提供商向用户播放;除了分布在北美,终极格斗冠军赛事还遍布全世界 100 多个国家和地区[②]。

Tyler(2009)认为,对许多人来说,MMA 仍然是一个禁忌,在美国有 10 个州 MMA 赛事是被禁止的;纽约自 1997 年以来在,允许 MMA 培训,而赛事是被禁止的,但是这项运动在纽约西部的人气一直飙升;MMA 赛事是纯粹的形式竞争,赛事组织者希望纽约州运动委员会给予 MMA 赛事权利合法化,从法律层面对本地区综合格斗赛事进行保护[③]。

赵斌(2010)认为,日本的 K-1 比赛依靠准确的赛事定位,创新性商业运营模式,不惜巨资制造明星效应,借助典型的商业主义竞赛规则,新颖的赛事包装迎合武术消费者与赞助商的需求,全球化、多层次的赛事运作体制完全符合市场经济运行规律,K-1 赛事通过采用一系列市场化运作手段实现了现代体育、现代表演艺术和商业领域的完美结合,给传统搏击赛事开启了一种全新的表现形式[④]。

Morgan(2012)认为,由于拥有广泛的受众和专业运动员,UFC 组织在24 小时内可以销售 10 000 张票,这些运动员来自最贫困的环境中,他们为有机会改变自己的生活而来,有灰姑娘的故事在赛场发生,除了主要事件,格斗节目

---

①　Bill W. How I Could Change MMA[J]. Black Belt,2008,46(7):60-62.

②　M2 Presswire. THQ Inc. (NASDAQ:THQ1) Xtreme picks of the day! [N]. M2PressWIRE. 2009-05-20.

③　Tyler D. Mixed martial arts taking hold in area: Jason Trzewieczynski trains MMA fighters for the day the sport becomes legal in New York[N]. Buffalo News,The(NY). 2009-07-08.

④　赵斌. K-1 比赛市场化运营经验对我国散打赛事市场化的启示[J]. 上海体育学院学报,2010,34(2):24-27.

的特色是 TUF 决赛;在巴西,长期运行的现实竞争力系列赛事,被一致认为是目前 UFC 最成功的首个国际版本①。

Josef(2012)认为,MMA 快速增长的普及能力为不同的 MMA 组织提供了机会,对相对擅长新兴运动的菲律宾战士开启了大门;2002 年环球现实格斗锦标赛(URCC)赛事的建立,吸引了许多群岛追随者,在美国,在世界范围内普及的 UFC 影响了不同生产者和推动者在亚洲投资 MMA,如太平洋极限战斗(PXC)和格斗锦标赛;菲律宾人喜欢战斗的天性,使得一些菲律宾战士包括前拳击选手和武术运动员的注意力转移到争夺 MMA 赛事的各种收益和荣耀②。

许壮壮(2014)认为,K-1 赛事与时俱进的市场定位,顶级搏击大赛的发展目标,把现代流行音乐与流行歌曲同搏击赛事相结合的实体产品新颖的外部包装方式,媒体大力宣传和明星代言相结合的推广模式,满足了不同人群的娱乐需求,赢得了大量赞助商,为 K-1 赛事带来了巨大的经济效益,并取得良好的市场效应;UFC 管理团队将 UFC 培育成世界上最强赛事的战略目标,借助新颖的比赛场地、诙谐的主持人语言、不断完善的规则促进了赛事自身的发展,UFC 组织利用先进的传播途径,扩大了全球影响力,吸引了更多受众群体,为赛事成功运营提供了强大的经济支撑③。

Keith(2014)认为,日本主要的电视网络在黄金时间定期播出格斗锦标赛、K-1 赛事及一些重量级的电视节目,吸引了主要赞助商和广告商的注意力,同时这些赛事又吸引了最好的战士在世界性竞争舞台进行比赛,他们通过搏击赛事使自己成为名人,在 2002 年赛事高峰期,在东京国立体育场的 K-1 赛事有90 000 人观看,还有更多的观众在家里观看比赛④。

David(2014)认为,通过增加 MMA 运动中的女战士人数,借助家庭暴力指控 MMA 战士和终极格斗冠军赛的运动员的行为规范等策略,来提高 MMA 的女性观众在电视收视率和付费收入方面的竞争⑤。

李在峰(2016)认为,跆拳道恢复到武术格斗运动的原始形态,对激活比赛

---

① Morgan J. UFC 147 targets its global fans[N]. USA Today,2012-06-22.

② Josef T R. MMA opens more doors for Filipino fighters[N]. Manila Times,2012-10-11.

③ 许壮壮. 我国武术格斗赛事与 K-1、UFC 市场化运营的对比研究[D]. 西安:西安体育学院,2014:20-22.

④ Keith V. Sit-Rep:Fight Sports in Japan[J]. Black Belt,2014,53(1):32-33.

⑤ David A. Find the Women in This Crowd[J]. Business Week(4394):23-25.

将产生积极的影响，对此完善比赛规则，改变和扩展差分评分系统，扩大裁判作用并改进视频回放系统，加强对切踢的警告，加强拳击得分，删除猝死系统①。

Hermes等（2016）认为，不能仅仅把粉丝当作观众，要认识到粉丝们对家庭结构变化的关注，通过将女性格斗纳入MMA活动的方式，来吸引和增加观众。因此，对于MMA赛事的体育营销和管理来说，可利用女性的性别作为举办赛事的战略优势②。

金珠妍（2017）认为，在过去的几十年里，韩国武术赛事一直在奥运会等各种国际体育比赛中赢得奖牌，韩国武术机构也借此在全世界获得了公众知名度，这也影响了韩国武术用品行业的出口，对于未来，韩国体育政策应该是通过武术用品创收③。

McClearen（2017）认为，应将UFC的《终极格斗者》真人秀视为一种创新的跨媒体营销策略，以推广多样化的格斗者，并从之前被忽视的观众群体中吸引更多粉丝。通过使用多种跨媒体营销方法，可将不同的性别、种族和国籍与文化所生产的情感与经济联系在一起④。

权亨一等（2018）认为，如果战略性地去设计和实施赛事品牌赞助，赞助商可以从具有特定形象的体育赛事中受益。例如，对MMA来说，"充满张力"和"阳刚"的形容词可以被转移到赞助商品牌（麦当劳）的形象上⑤。

赵永灿等（2020）认为，在综合格斗比赛中，影响观众观看满意度的因素由高到低依次为氛围、比赛状态、休闲、选手、服务。另外，观众观看的制约因素由高到低依次为内在限制、设施限制、结构限制、社会限制、服务限制⑥。

梁勤超等（2020）认为，在职业格斗赛事领域，格斗赛事经由类型分化，以及同质性格斗类运动项目的聚类融合，呈现出职业拳击赛事、职业站立格斗赛事

① 이재봉. 경기규칙 개선을 통한 태권도 경기의 활성화 방안[J]. 한국스포츠학회지, 2016, 14(1)：7-15.
② Hermes L C R, Raber R, Cruz C M L, et al. Women that fight：The female participation in mixed martial arts events[J]. BBR-Brazilian Business Review, 2016, 13：22-37.
③ 김주연. 무도용품의 해외 수출과'코리안 아이템'[J]. 체육사학회지, 2017, 22(4)：59-70.
④ McClearen J. "We are all fighters"：the transmedia marketing of difference in the Ultimate Fighting Championship (UFC)[J]. International Journal of Communication, 2017, 11：18.
⑤ 권형일, 이병현, 최미화. 스폰서십을 통한 지정된 이미지 전이에 있어서 스포츠이벤트와 스폰서브랜드 간의 관련성의조절효과[J]. 한국스포츠산업경영학회지, 2018, 23(4)：1-16.
⑥ 조용찬, 노재길, 김현정. 이종격투기 경기 관람만족 및 제약 요인 탐색[J]. 한국체육과학회지, 2020, 29(6)：497-509.

和职业综合格斗赛事3大类型赛事并行发展的态势。在职业拳击赛事方面,赛事组织经分化呈现出以世界拳击协会(WBA)、世界拳击理事会(WBC)、国际拳击联合会(IBF)和世界拳击组织(WBO)这4大职业拳击组织举办的赛事序列演化格局。在职业站立格斗赛事方面,K-1主导的站立格斗赛事发展格局被打破,呈现出多元竞争与发展的格局。在职业MMA赛事方面,在美国UFC的主导下,职业MMA赛事将进一步扩张,并呈现全球化发展之势[①]。

曹兴、李武妍(2021)认为,由于西方殖民主义和西方体育文化的涌入,东南亚有一个适合经济发展的环境。然而,武术已经成长为西方文化的反面材料,在全球化中,除了泰拳之外,它们并不活跃,无法脱离地方性。东南亚武术要想克服这一关,就要为东南亚国家的武术比赛建立网络,对标柔道和跆拳道,它们已经保障了现有的世界体育项目[②]。

通过分析上述研究成果可知,关于国外武术赛事的研究主要集中在赛事规则、运营模式、宣传策略及赛事的整体效益等方面,虽然涉及的知识面比较广泛,但具有相对针对性的学术性研究成果较少,对于武术赛事品牌建设理论的研究更加贫乏。然而,通过研读分析国外武术赛事关联文献,在一定程度上可以为我国武术赛事品牌建设研究提供科学的借鉴经验。

第二节　国内武术赛事品牌建设研究概述

截至2022年11月,笔者通过中国知网(CNKI)学术期刊网络出版总库进行期刊论文检索,以"武术赛事"为关键词,有130条结果,以"武术赛事"进行全文检索,有2 147条结果;以"赛事"为主题,并含"武术",有644条结果;以"赛事品牌"主题,并含"武术"检索,有31条结果;以"品牌建设"为主题,并含"武术"检索,有40条结果。

通过CNKI期刊网优秀博硕论文全文数据库进行博硕论文检索,博士层

---

① 梁勤超,李源,朱瑞琪.国际职业格斗赛事的类型分化与序列演化[J].首都体育学院学报,2021,33(2):225-232.
② 조성,이무연.동남아시아 무예의 세계화 과정 탐색[J].대한무도학회지,2021,23(3):25-35.

次，以"武术赛事"为关键词，有 1 条结果；以"武术赛事"为主题，有 4 条结果；以"赛事"为主题，并含"武术"，有 42 条结果；以"品牌"为主题，并含"赛事"，有 116 条结果；以"品牌建设"为主题，并含"赛事""武术"，分别有 9 条和 2 条结果。硕士层次，以"武术赛事"为关键词，有 24 条结果；以"武术赛事"为主题，有 85 条结果；以"赛事"为主题，并含"武术"，有 376 条结果；以"赛事品牌"为主题，并含"武术"，有 27 条结果；以"品牌建设"为主题，并含"赛事""武术"，分别有 115 条和 17 条结果。

一、关于我国武术赛事品牌建设项目设置的研究

国内对武术赛事品牌建设项目设置研究具有代表性的观点体现于以下几方面。

温敬铭(1962)对武术竞赛项目进行研究，他认为，应把流传较广，群众基础较大的武术门派归为内功和外功两大类，制定符合两大派特点的规则，创编 2 整套规定套路，分别进行竞赛和测验[①]。

温力(1994)对武术套路竞赛项目设置进行了构想，他认为，竞赛项目可设长拳、太极拳、南拳三大类，每类均可设置 3～5 个比赛项目，分别计算和录取单项及全能成绩；所有项目都采用规定套路和自选套路相结合的比赛方法，并且定期创编或修改各规定套路[②]。

温力(2001)认为，伴随着竞技武术的技术发展，对比赛项目提出了更高要求，太极拳的技术特点不符合奥运会"更快、更高、更强"办赛宗旨的要求，缺少观众期待的激烈竞争的观赏价值，应让它尽早离开竞技场[③]。

牛晓梅(2002)认为，武术套路竞赛要成为奥运比赛项目，竞赛规则亟待科学化、规范化，要扩大指定动作，增加动作难度，把武术竞赛的表演技巧与传统武术文化内涵、攻防格斗技法实现有机结合，必须采用国际体育竞赛的标准化发展方式[④]。

---

① 温敬铭.有关武术竞赛项目的商榷[J].武汉体育学院学报,1962(5):26-29.
② 温力.对武术套路竞赛项目设置的设想[J].武汉体育学院学报,1994(4):88-91.
③ 温力.太极拳不宜继续作为竞技武术比赛项目[J].武汉体育学院学报,2001,35(6):15-18.
④ 牛晓梅.中国武术成为奥运竞赛项目探讨[J].体育学刊,2002,9(6):69-70.

曲润杰(2012)认为,中国武术的散打和套路在世界体坛的影响力,是具有民族特色的武术项目在全运会能否设项的依据;全运会散打比赛项目设置应遵循亚运会、奥运会等国际性赛事的项目设置规律,逐步形成固定的竞赛模式,以期实现中华民族的武术奥运梦①。

姜霞(2013)认为,长拳类、太极拳类项目应单独组织比赛,符合我国不同区域开展最普及的武术项目和武术发展现状;由于南拳是地域性拳种,可将其并入 B 类拳术和器械,便于运动员能够在同一竞赛条件下进行相同项目的竞赛②。

牛健壮等(2015)认为,武术要想入驻奥运会,应增加武术比赛观赏力,增进武术赛事的品牌效应;修改武术竞赛规则,提高成绩判定的可操作性;武术项目设置应具有观赏性、可比性及可评性,做到既有民族特色,又能适应国际惯例和奥运会需求③。

黄康辉、杨建营(2017)认为,太极推手竞赛改革实际上是对作为竞赛运动的太极推手技术体系的重新规划,新的竞赛规则的适用,使太极推手比赛回归了传统,成为众多太极拳家心目中的太极拳④。

李怀续等(2018)认为,新规则下太极拳推手比赛技法更加丰富,技术风格突出,项目特色鲜明。从而解决了旧规则下太极拳推手比赛中技法单一、搂抱对顶等现象,使太极拳推手项目朝着民族性、传统性、独特性的方向发展⑤。

邱锴、梁徐静(2020)认为,武术若要开展现代化奥林匹克项目理念下的运动竞赛,就必须遵照竞技体育的特点继续分项而治地发展下去。但是在发展过程中,应当将项目化后的武术形式限定在竞技比赛领域中⑥。

从以上学者对我国武术赛事品牌建设项目设置的研究可得出,不同研究者

① 曲润杰.对第十二届全运会武术散打比赛项目设置及竞赛办法的探讨[J].沈阳体育学院学报,2012,31(4):126-129.
② 姜霞.全国少数民族传统体育运动会武术竞赛项目的设置和分类研究[J].西安体育学院学报,2013,30(4):444-447.
③ 牛健壮,孙得明,牛峥,等.从奥运会中摔跤、跆拳道及柔道项目的演变探究武术项目的发展趋势[J].西安体育学院学报,2015,32(2):191-195.
④ 黄康辉,杨建营.太极推手新竞赛模式及竞赛规则解析[J].北京体育大学学报,2017,40(02):118-122.
⑤ 李怀续,黄康辉,刘宁宁,等.新规则下太极拳推手技术的运用特点及发展趋势[J].北京体育大学学报,2018,41(1):140-144.
⑥ 邱锴,梁徐静.新时代我国传统武术多元功能张力的内驱机制与实施路径[J].广州体育学院学报,2020,40(5):69-72.

对武术竞赛项目的设置存在差异化观点,但都基本认同在遵循奥林匹克竞技体育规则前提下,按照长拳类、太极拳类和南拳类进行分类设置,此种项目设置方法,利于该时期赛事项目的规范化设计,推动了武术赛事的标准化操作程序实施。以上研究成果对我国武术赛事品牌的建设具有一定参考价值。

二、有关我国武术赛事品牌建设制度的研究

基于武术竞赛项目设置研究科研成果,涉及我国武术赛事品牌建设制度的研究领域逐渐受到业界研究者关注,并产生一系列代表性学术观点。

温力(1979)认为,规则是武术裁判判定比赛结果的依据,在赛场上,裁判员对规则的准确理解和熟练执行,以及认为相关事宜是否可行,是决定比赛最终成功的关键因素[①]。

曾于久、李建平、张襄伍(1980)认为,武术竞赛改革的关键是认真修改竞赛规程中的比赛内容和奖励办法;把长拳只作为各类武术项目中的一种,提高传统项目比重;奖励办法应该以单项名次、全能名次与团体名次三类进行录取[②]。

刘同为、邱丕相(1986)认为,武术竞赛制度改革应把不同类型的项目按照竞技性项目、表演性项目、健身性项目和对抗性项目分开进行比赛[③]。

温力(1987)认为,通过武术竞赛规则修订,武术套路竞赛从一招一式演练到空中优美造型出现,其进步和发展值得肯定,但武术的攻防技击特点被忽略,技术发展失衡,影响了武术技术的全面和正常发展[④]。

单锡文(1995)认为,现行武术套路竞赛规则应建立激励机制、健全管理监督机制和完善评分方法,发挥竞赛规则的导向和评价职能[⑤]。

张选惠等(1995)认为,武术套路竞赛可采用起评分和加分办法,对运动员整套动作进行评分;动作难度应按照动作难度系数给予加分或减分;评分标准与扣分应分为一般错误扣分和专项评分两个方面,武术重大比赛可采用基础分

①　温力.关于《武术竞赛规则》和裁判[J].武汉体育学院学报,1979(2):81-86.
②　曾于久等.认真贯彻双百方针——谈武术竞赛改革[J].武汉体育学院学报,1980(3):96-100.
③　刘同为,邱丕相.武术竞赛制度改革刍议[J].上海体育学院学报,1986(4):39-41.
④　温力.从《武术竞赛规则》修定看武术技术发展[J].武汉体育学院学报,1987(4):31-36.
⑤　单锡文.现行武术竞赛规则的若干修改建议[J].天津体育学院学报,1995,10(1):69-71.

计算方法,并应建立裁判法规①。

龚双安(2000)认为,武术竞赛规则应该从概念认识、评分方法、评分标准、章程制度和内容设置五个方面进行改革,使竞技武术理论研究向科学化方向转变,以构建规范科学的规则理论框架②。

韩雪(2000)认为,现行武术竞赛规则基本与奥运会相似项目的竞赛规则相符合,建议增加加分比例,扩大加分范围,采用基础分计算方法对有效分之间出现应有的差数适当调整,按照拳术种类和器械特点规定动作的难度、等级、难度数量和难度系数,注重增加量化内容比重、提高武术竞赛的标准化程度③。

温佐惠(2001)认为,武术套路竞赛规则中"指定动作"和"创新难度"应统称难度动作,按照 A、B、C、D 四个难度等级,规定难度动作的数量和分值,建议设置起评分专家组或裁判组,从运动员完成整体规范水平、演练技巧、功力水平、编排水平和创新难度五个方面,评价运动员最终得分④。

李绍成(2001)认为,武术竞赛规则应该经常不断完善,使其更加明确细致,发挥其在竞赛体制改革中的杠杆作用,逐步使规则的变化与市场的反应有密切联系,进而产生"品牌效应",套路比赛的市场才有发展前景⑤。

单锡文(2002)认为,制定武术套路竞赛标准化规程必须遵循武术竞赛设计总体原则,拟定最佳设计程序开展比赛,突显利益均等和机会均等的办赛原则,制定竞赛日程的关键是合理有效利用场地⑥。

洪浩、栗胜夫(2004)认为,武术竞赛制度改革应该与国际体育竞赛接轨,走举办世界武术运动大会、开展武术套路职业联赛和实现套路与散打竞赛相结合的发展道路⑦。

温佐惠(2004)认为,竞技武术套路竞赛规则应适当减少动作难度分值比

① 张选惠,王静,冯艳丽.关于武术套路比赛评分方法的研究[J].成都体育学院学报,1995,21(2):20-24.
② 龚双安.武术竞赛规则改革探析[J].中国体育科技,2000,36(11):44-46.
③ 韩雪.武术与同项群竞赛规则的比较分析及裁判评分模式的设想[J].中国体育科技,2000,36(7):39-41.
④ 温佐惠.对竞技武术套路规则实施效果的探讨[J].成都体育学院学报,2001,27(1):91-93.
⑤ 李绍成.关于武术套路竞赛改革的探讨[J].兰州大学学报,2001,29(51):208-210.
⑥ 单锡文.武术套路竞赛日程编排方法研究[J].体育与科学,2002,23(6):50-53.
⑦ 洪浩,栗胜夫.对武术竞赛制度改革的思考——兼论套路与散打的分离与结合[J].上海体育学院学报,2004,28(3):49-52.

重,加大展演技能评分值,注重动作质量得分点,在动作难度和展演技能间寻求对接点,在既保证整套动作质量,又能提高武术套路竞技水平的前提下,克服难度动作所产生的弊端[1]。

李楠、王明建(2006)认为,经过六次修改的武术竞赛新规则,在借鉴竞技性体操等同项群项目竞赛规则基础上,结合武术项目自身特征所进行的差异化创新,都促使武术运动朝着科学化、规范化和系统化方向发展[2]。

张茂林等(2006)认为,武术套路竞赛规则应凸显武术本质、差异化竞赛内容和竞赛方式,酌量增加展演技巧分值在运动员总成绩中的价值比重,适当降低难度动作系数的整体影响[3]。

杨建营等(2009)认为,竞技武术规则是其技术发展的杠杆,具有重要的宏观调控作用。我们应该根据技术发展的需要,不断地修改规则,使套路中的技击特点、文化特色、难美表现性按一定比例协调发展,这是竞技武术发展的永恒主题[4]。

方方(2011)认为,必须针对武术套路竞赛规则中存在的"模糊评分"与竞赛规则过于复杂,"可操作性"仍显不足等问题进行深入改革,以促使竞技武术的评判更加科学化、量化和客观,并以此来推动竞技武术套路的国际化发展[5]。

方志新、姜娟(2015)认为,武术套路竞赛规则与裁判法还应对难度部分进行补充,使竞技武术套路难度与武术技术的发展相得益彰,促进武术套路向"高、难、美、新"的方向发展[6]。

张成明、王舜(2017)认为,武术散打锦标赛规则的改革可以考虑加分制规则和减分制规则的优缺点,以减分制为主导,加分制为辅的散打规则创新模式,增强观赏度,提高武术散打比赛的竞争力,推进武术散打项目的普及和发展[7]。

[1] 温佐惠. 竞技武术套路竞赛规则的发展变化研究[J]. 成都体育学院学报,2004,30(1):64-67.
[2] 李楠,王明建. 析武术套路竞赛规则演进的趋势[J]. 成都体育学院学报,2006,32(3):82-84.
[3] 张茂林,冯瑞,桑全喜. 武术套路竞赛规则的演变及其对武术发展的影响[J]. 体育学刊,2006,13(1):78-81.
[4] 杨建营,林小美,屈政梅. 竞技武术套路的技术发展探析[J]. 体育与科学,2009,30(2):75-78.
[5] 方方. 武术套路竞赛规则的回眸与思考[J]. 成都体育学院学报,2011,37(2):71-74.
[6] 方志新,姜娟. 武术套路竞赛难度改进的研究——以十二运武术套路竞赛为例[J]. 沈阳体育学院学报,2015,34(3):132-137.
[7] 张成明,王舜. 武术散打比赛规则的加分制和减分制比较研究[J]. 北京体育大学学报,2017,40(4):97-102.

王恩龙(2019)认为,武术对练竞赛规则发展趋势经过不断的发展与完善,裁判评分的客观性和规则的可操作性大大提高;随着武术竞赛规则的不断细化,"高、难、美、新"已经成为竞技武术套路运动的主要技术特点[1]。

许永(2020)认为,将赛事审批制度简洁化,可以提升赛事举办和运营的便捷性,缩短赛事的准备周期,提升赛事的运营和举办的灵活性;竞赛制度的合理化程度和参赛环境直接影响运动员的运动成绩,因此,高效、合理、完善的法规制度是运动员竞技水平正常发挥的基本保障;武术散打的赛事规则决定着武术散打的发展方向和赛事的观赏水平,要大胆参照国外顶级搏击类赛事的运营策略,结合武术散打运动特点借鉴相关开放性规则[2]。

综上所述,国内学者对武术赛事品牌建设制度的研究主要从整体性层面分析我国武术赛事品牌建设制度改革,并历经"武术竞赛体制、组织结构、运行机制、竞赛内容与形式到竞赛程序的规范化的问题"[3],成为武术赛事品牌建设制度研究的热点。综观我国武术赛事品牌建设制度研究成果可以发现:研究对象单一,创新性理论研究较少,重复性研究成果较多。大部分研究成果以武术赛事、武术竞赛规则为主体,武术赛事品牌建设主体的研究成果缺乏;从研究内容来看,研究成果较单薄,涉及我国武术赛事内部管理体系、赛事品牌建设制度和武术赛事品牌建设人才队伍培养制度等方面研究内容极为欠缺。从现有研究成果来看,国内学者逐渐关注武术赛事的制度改革和办赛效益,这些研究成果为我国武术赛事品牌建设制度的完善和提高奠定了一定理论基础。

三、有关我国武术赛事品牌建设模式的研究

近年来,对武术竞赛的研究逐渐受到武术科研工作者重视,但研究成果较单薄,主要如下。

邱瑞瑯(2007)认为,武术竞赛应以"打练结合"为主,即套路和对抗相结合,并以对抗为主要因素判定最终成绩,为减少体重因素对运动成绩产生的负面影

① 王恩龙.《武术套路竞赛规则》对练项目阶段性发展特征研究[D].上海:上海体育学院,2019:28-29.
② 许永.我国武术散打职业赛事市场化的研究[D].武汉:武汉体育学院,2020:25-26.
③ 张选惠,郭永东.我国武术运动竞赛发展现状及对策研究[J].成都体育学院学报,2001,27(2):91-94.

响,应该采用"点到为止,击中分开"的评分方式,这种竞赛模式不仅可以使当前套路比赛的科学量化评定标准得到提高,又能推动武术套路的发展回归其技击本质[①]。

竺玉明等(2008)认为,现阶段传统武术竞赛凸显竞赛内容单一和分类方法不科学等问题,竞赛规则和竞赛方法缺乏具体操作性;传统武术全能竞赛模式应实现功法、套路和技击实用一体化,充分体现武术自身特点和各项目发展需求;对于全能型武术竞赛模式的培育,必须具有完善的竞赛规则和高素质的裁判员队伍[②]。

唐亮、周双纲(2008)认为,农运会新型武术竞赛模式的赛事项目设置,应实现竞技武术套路和传统武术的有效融合;竞赛办法采用个人赛和团体赛,只设成人组一个组别;奖励办法二者分别采用排名次和评一、二、三等奖的方法;竞技武术套路成绩评定根据最新规则,传统武术套路成绩评定依据整体打分法[③]。

朱广正(2010)认为,武术功力大赛市场化运作应从可持续发展角度对赛事进行定位,在充分发挥市场作用同时,确保赛事质量,树立构建品牌赛事意识,逐步提高赛事知名度,积极培育赛事品牌文化内涵;科学合理地选择冠名企业,引进专业的赛事中介机构,对赛事进行包装,提高赛事形象,引进专业的赛事经纪人,提升赛事运作质量[④]。

卢芯(2011)认为,世界传统武术节是"武术界的奥运会",赛事规模逐步扩大,赛事理念日益成熟,已然成为一项品牌赛事;此种赛事应注重品牌意识和品牌形象的培育,从而有助于推动标准化赛事运作模式形成,提升其国际影响力;此种赛事市场开发部门缺乏长远赛事规划和必要的推广措施,根本无法使赞助企业高效参与赛事当中;纪念品样式单一,赛事冠名权、转播权和商标权等无形资产开发力度不够,赛事的商业价值有待进一步挖掘[⑤]。

阚一工(2011)认为,世界传统武术节赛事组织人员融人文于自然,将此种赛事与旅游结合,提升其知名度和影响力同时,创造了浓厚的文化氛围和无限

① 邱瑞琅.武术竞赛模式的创新思考[J].武汉体育学院学报,2007,41(11):51-54.
② 竺玉明,周双纲,陈竺.传统武术竞赛模式研究[J].北京体育大学学报,2008,31(6):835-837.
③ 唐亮,周双纲.对全国农民运动会武术竞赛模式改革与构建的调查研究[J].北京体育大学学报,2008,31(11):1583-1585.
④ 朱广正.武术功力大赛市场运作现状及对策研究[D].上海:上海体育学院,2010:13-45.
⑤ 卢芯.2010年第四届世界传统武术节赛事运作研究[D].北京:首都体育学院,2011:30-32.

商机;对于此种赛事建设,应健全赛事机构,落实各部门责任,优化人力资源结构,引进赛事专业人才,满足运动员和消费者需求,推广人性化服务;在赛事宣传推广方面,依靠政府和著名媒体的策划和导向作用,促进媒体参与度,进而提高赛事曝光率[①]。

林凯明(2012)认为,广东省大学生运动会武术竞赛模式应增加甲组项目,减少丙组项目,把具有地方特色的传统拳种列入比赛,从而为其进高校创造条件;结合《国际武术套路竞赛规则》和补充规定,对甲组和丙组以等奖赛形式分设一、二、三等奖,乙组以名次形式根据成绩录取前八名,充分利用省大运会平台,引导更多的在校大学生参加此种赛会的武术比赛[②]。

黄怀琳(2014)认为,郑州国际少林武术节搭建了少林武术交流平台,建立了品牌形象,树立了赛事权威,传承了文化精髓,促进了郑州的旅游经济发展,带动了嵩山少林的旅游业、电影电视业、武术表演业等文化产业的快速发展;树立自主品牌,开辟国际市场,加强赛事筹办能力,健全管理机构,加快产业化进程,走可持续发展道路的理念,有助于形成权威性武术赛事运作模式[③]。

王灵生(2014)认为,中国武术职业联赛可持续发展模式是根据现阶段国家政策法规,发展武术俱乐部;提高运动员的"职业技能";规范规则技法,提高赛事观赏性;以专业运动员为依托,构建武术俱乐部"金字塔",拓宽后备人才的培养模式[④]。

李式华(2015)认为,为推动福建省青少年竞技武术套路发展,应积极建立一个公平公正的市场机制,形成政府相关部门办、教育系统办、商业办、各系统联合办等多元模式,推动武术竞技表演市场蓬勃发展;构建赛事活动多元发展方式,构建"赞助、包装、宣传合力一体化"和竞技武术套路-商业-媒体共生模式[⑤]。

黄康辉、杨建营(2017)认为,太极推手新规则所采用的"先合手演练,再推手竞技"竞赛模式既坚持了传统武术太极拳的"打练结合",也符合现代竞技运动的一般要求,同时扩大了该项运动的参与人群,是传统的中华武术现代化转

① 阚一工.体育赛事视域下的世界传统武术节研究[D].上海:上海体育学院,2011:40-42.
② 林凯明.广东省大学生运动会武术竞赛模式研究[J].广州体育学院学报,2012,32(2):87-90.
③ 黄怀琳.郑州国际少林武术节的发展研究[D].郑州:郑州大学,2014:36-38.
④ 王灵生.中国武术职业联赛可持续发展研究[D].徐州:中国矿业大学,2014:32-38.
⑤ 李式华.福建省青少年竞技武术套路发展模式研究[D].厦门:集美大学,2015:39-40.

型的一种伟大尝试①。

麻飞(2018)认为,为了从根本意义上影响整个竞技武术套路的发展,应在赛制模式中设置男女单项各10个项目,个人全能3个项目,团体男女各1个项目,增加表演赛;对于竞赛录取名次与奖励的设置,按照奥运会竞赛录取名次与方法进行,健将级别采用全运会全能的前三名的方式②。

武冬(2020)认为,针对武术套路竞赛中存在的技法缺失和劲法失真问题,单练套路与对练套路严重不匹配问题,以及对"打练结合"理解的误区,所造成的武术套路的"体操化""舞蹈化"等问题,应恪守套路本质属性,采取"单对统一"的竞赛模式,可有效破解套路发展的困局③。

张君贤(2021)认为,针对武术竞赛表演存在的局限,可以通过以发展武术产业为载体,积极拓展竞赛表演的空间、以打造赛事品牌为重点,完善套路职业赛事运作,打造具有文化特色和国际影响力的套路赛事品牌、以扩大武术产业规模为目标、提升武术服务业整体水平三方面着手,提升武术产业经济创新力和竞争力④。

综上所述,国内研究者关于我国武术赛事品牌建设模式的研究主要是针对具体的武术赛事展开分析,虽然大部分研究成果都以典型的赛事为依托,对现有赛事模式进行了剖析,指出了优劣,进而提出了可操作性发展对策与建议,但是缺乏整体性的武术赛事品牌建设模式理论研究,以上研究成果对武术赛事理论体系构建具有一定参考价值。

四、有关赛事品牌建设的研究

体育赛事作为体育产业最重要、最活跃的组成部分,始终引领着体育文化的发展方向,并且随着国家体育赛事审批政策的松绑,体育赛事必定呈现多元化发展,对于体育赛事的研究势必成为研究人员的关注热点。目前,关于赛事

① 黄康辉,杨建营.太极推手新竞赛模式及竞赛规则解析[J].北京体育大学学报,2017,40(2):118-122.
② 麻飞.竞技武术套路竞赛赛制模式创新研究[D].北京:北京体育大学,2018:46-47.
③ 武冬.新时代中国武术发展的新思考[J].武汉体育学院学报,2020,54(2):53-58.
④ 张君贤.改革开放以来武术套路竞赛发展历程与展望[J].体育文化导刊,2021(6):61-67.

品牌建设的研究成果主要如下。

柴红年(2007)认为，赛事是赛事品牌的核心产品，它是能够被目标消费群接纳的具有独特文化内涵的符号；对于赛事品牌打造，不仅需要赛事运作主体明晰赛事品牌文化，而且更应该借助赛事品牌营销，促使目标消费群增加赛事品牌认同度，从而购买赛事产品；对于赛事品牌构建更应该以高效的管理为保障，协调股东、运动员和经营组织等不同利益群体间的利益分配，它既是赛事稳定开展的前提，又是构建赛事品牌的必要条件[1]。

贡建伟(2008)认为，提升高校体育赛事品牌的核心竞争力，首先应注重组织机构和赛事制度建设，增强其标准化管理水平；其次在准确定位基础上，凸显其标新立异赛事个性，不断提高赛事的承办等级，优化赛事模式；最后以品牌价值为传播基点，强化其市场化运作，同时注重赛事品牌文化内涵建设和良好的赛事环境营造[2]。

陈以恒(2009)认为，体育赛事的品牌建设应集结赛事的一切力量，在赛事创建前就对其进行整体规划，将赛事品牌建设视作系统性工程予以高度重视和关注，并注重从品牌定位、品牌核心竞争力和赛事品牌传播等核心环节进行构建[3]。

程慎玲(2010)认为，商业性体育赛事是社会经营实体通过市场化运作，自主经营、自负盈亏，为目标受众提供体育竞赛产品和相关服务，以实现赛事效益最大化为最终目的而开展的特殊活动；培育品牌赛事的途径应着重从球迷、政府支持、媒体打造、市场化运作和赞助商的忠诚等5个方面展开[4]。

王婷婷(2010)认为，品牌赛事具有体育赛事一般特征之外的特殊性；唯一性是品牌赛事的本质属性；品牌赛事应具有相对稳定性才能保证其识别性。政府职能部门支持、良好的公共基础设施建设、深厚的城市文化底蕴、合理得当的安保措施和丰富的办赛经验等要素是构建品牌赛事必不可少的外因；品牌赛事蕴含的观赏价值和竞技价值、运动员展现的竞技实力和个人影响力、赛事经营主体采用的赛事包装手段和拥有的赛事市场运作能力是赛事不断创新发展的

① 柴红年. 赛事品牌构建理论与实证研究[D]. 上海：上海体育学院，2007：82-83.
② 贡建伟. 高校竞技体育赛事品牌塑造[J]. 体育文化导刊，2008(11)：102-104.
③ 陈以恒. 体育赛事品牌建设研究——以厦门国际马拉松赛为例[D]. 厦门：厦门大学，2009：14-47.
④ 程慎玲. 我国商业性体育赛事品牌的培育途径[J]. 体育学刊，2010，17(10)：123-125.

内因。内外因诸多要素是打造品牌赛事的必备条件①。

潘建华(2010)认为,赛事品牌是一种无形资产,它是赛事外在的形象标识,随着体育赛事品牌知名度提高,关于赛事品牌的侵权行为呈上升趋势,针对这种侵权行为应从完善体育合同法律体系、增强赛事转播主体法律约束力、构建反埋伏营销法律体系和维护明星运动员权益等方面实施有效的法律保护措施②。

邱团(2011)认为,开发中国—东盟体育赛事品牌应从强化政策支持;加强组织领导;加强管理;多方筹措资金,加大投入;打响品牌;从体育赛事本身出发;利用好独具特色的城市形象等方面着手③。

韩美佳(2011)认为,武术功力大赛品牌构建实质是按照武术市场供求和武术功法运动的属性,以高效的赛事管理机构为保障,明晰赛事品牌定位,形成赛事品牌识别,并通过各种宣传手段形成被顾客认可的独特品牌形象的动态过程④。

王铮(2012)认为,体育强国建设视角下的体育品牌发展路径是创建知名体育用品品牌,繁荣体育用品业;创建体育赛事品牌,打造世界知名体育赛事;创建职业体育俱乐部,提高俱乐部竞争力;创建体育经纪品牌,大力发展体育中介业;创建体育明星品牌,打造世界级体育明星;创建城市体育品牌,提升城市的知名度⑤。

宋昱、仇飞云(2012)认为,我国体育赛事品牌管理和经营主体借助强化核心赛事产品优势、更新赛事营销理念和创新营销手段等方式培育赛事品牌个性,逐渐使消费者建立赛事品牌认知度和忠诚度,在加强体育赛事文化凝练和推广同时,推动赛事品牌传播⑥。

刘岗(2012)认为,中国男子篮球职业联赛品牌定位应从确立中国男子篮球职业联赛(CBA联赛)目标消费者、确立CBA联赛竞争参照系和建立CBA联赛

① 王婷婷.北京市品牌赛事形成的研究[D].北京:首都体育学院,2010:11-34.
② 潘建华.体育赛事品牌的法律保护研究[J].西安体育学院学报,2010,27(2):158-161.
③ 邱团.中国—东盟体育赛事开发与品牌打造[J].沈阳体育学院学报,2011,30(2):28-30.
④ 韩美佳.全国武术功力大赛品牌构建研究[D].上海:上海体育学院,2011:18-37.
⑤ 王铮.体育强国建设视角下体育品牌创建研究[J].成都体育学院学报,2012,38(6):26-29.
⑥ 宋昱,仇飞云.上海市体育赛事品牌关系质量的实证研究——基于消费者(观众)的视角[J].中国体育科技,2012,48(3):122-128.

品牌差异点三方面为喜爱篮球运动、中低收入水平且受过良好教育的中青年群体(21~41 岁)提供长期稳定的现场赛事体验[①]。

汪如锋、谭芬(2013)认为，构建极具地方特色的体育品牌赛事，地方政府应具备打造民族特色体育赛事的意识和决心，赛事项目选择应注重原创性和排他性，应注重观摩体育赛事的游客和地方民众的参与性，科学合理建构体育赛事的组织与管理机构，突出传统体育赛事的民族性和地域性，使民族地区体育赛事品牌资源产生品牌效益的"聚金效应"[②]。

赵云丽(2013)认为，北京市高校羽毛球品牌赛事建设的途径是积极争取国家或北京市优惠政策和财政支持，完善场地设施；汲取奥运会成功经验，因地制宜，建立完善的赛事运作机制；转变观念，积极拓宽市场，多渠道宣传，解决赛事融资难题；结合北京特色，提高赛事质量，打造品牌；充分利用高校优势，培养和引进专业人才；严控运动员参赛资格，打造公平、公开、公正的竞赛环境；深化品牌赛事内涵，形成核心竞争力[③]。

张悦(2013)认为，积极引进和培育品牌赛事应注重赛事关联资源、资金筹措渠道和赛事经营机构管理能力的合理开发与利用；北京市赛事建设受政策、经济、文化和自然环境等外部因素和赛事的战略规划、运行机制、基础设施和保障体系等内部因素双重制约；北京市赛事培育应与其独特的文化标识、文化景观和文化内涵相融合，着力打造级别高、差异性大和彰显自身特色的知名赛事品牌[④]。

邹云南(2013)认为，南宁国际龙舟邀请赛外层文化建设包括赛事名称、赛事规则、场地器材和赛事产品等方面；中层文化建设包括运动员管理、赛事规章制度，以及对裁判员、志愿者和服务人员的培训等方面；内层文化建设是赛事品牌文化的核心，是赛事品牌文化最深层次要素，主要是通过赛前文体表演和赛前仪式体现[⑤]。

刘明皞(2013)认为，在中网赛事品牌形象塑造过程中，应注重挖掘多元赛

① 刘岗.中国男子篮球职业联赛品牌定位研究[J].中国体育科技,2012,48(1):48-53.
② 汪如锋,谭芬.少数民族地区体育赛事品牌构建的思考——以湖北省长阳县"清江画廊横渡挑战赛"为例[J].中南民族大学学报(人文社会科学版),2013,33(2):34-37.
③ 赵云丽.北京市高校羽毛球品牌赛事的开发研究[D].北京:首都体育学院,2013:7-32.
④ 张悦.北京市引进和培育体育品牌赛事的研究[D].北京:首都体育学院,2013:9-35.
⑤ 邹云南.龙舟赛事品牌文化建设研究[D].南宁:广西民族大学,2013:10-33.

事文化,对赛事实施差异性推销,选取合理的比赛时间,强化赛事主办方、新闻媒体和受众三者间的良性互动,提升赛事文化内涵,融入新型"视觉比喻"元素,搭建专业体育 3D、高清拍摄和制作配套设备,增加赛事观赏和精彩程度,健全媒体服务工作,借鉴明星效应,对不同赛事进行串联[①]。

江亮(2014)认为,打造现代赛事品牌首先应培育品牌个性;其次借助品牌营销和目标受众间形成的深层关系,确立清晰的赛事品牌形象,从而赢得目标消费者认同;再次通过实施有效的赛事品牌组织管理增进各利益群体的协调和沟通[②]。

李佳(2014)认为,处于初创阶段的五甲联赛,缺乏对赛事自身的文化、识别要素和组织管理等环节的整体规划;构建五甲联赛赛事品牌应包含赛事的文化、符号和核心产品等要素,赛事品牌定位主要在赛事、市场和顾客三方面;有效的赛事管理组织有助于五甲联赛赛事品牌打造,挖掘品牌文化是打造赛事品牌的关键,品牌传播是助推五甲联赛赛事品牌理论构建的核心要素[③]。

陈志辉等(2014)认为,奥运会形成了产品、组织、个人和符号相统一的多维品牌识别系统;定位于全人类"和平、友谊、团结、进步"的文化盛宴;多品牌组合加速其品牌国际化进程。而我国的体育赛事品牌建设应以消费者为导向建立与完善品牌识别体系,形成品牌传播参与各方利益共享的长效机制,从人财物等方面推进品牌国际化,确保品牌建设有章可循[④]。

刘红利(2014)认为,我国民族民间体育赛事品牌的结构要素包括赛事品牌识别、赛事管理结构和利益相关者三方面。我国民族民间体育赛事品牌的动力机制根源于动力文化保护与传承;内生动力是赛事品牌创建;外在动力是政府和社会的大力支持;持续动力是赛事品牌组合。其培育目标通过赛事品牌识别、赛事品牌营销和赛事品牌管理等环节得以实现[⑤]。

张梦青(2014)认为,全民健身品牌赛事的基础要素包含全民参与、普适可

① 刘明皞. 中网赛事的品牌形象构建及其对策研究[D]. 武汉:武汉体育学院,2013:11-37.
② 江亮. 我国赛事品牌开发理论与实证探索——以环中国国际公路自行车赛为例[J]. 中国体育科技, 2014,50(1):112-124.
③ 李佳. 五甲赛事品牌理论的构建与实证研究[D]. 成都:四川师范大学,2014:13-51.
④ 陈志辉,张宇,李兵,等. 奥运会品牌管理经验及对我国体育赛事品牌创建的启示[J]. 体育与科学, 2014,35(3):57-59.
⑤ 刘红利. 我国民族民间体育赛事品牌培育路径的研究[D]. 济南:山东体育学院,2014:12-43.

行、健身感知、竞争水平和知名影响;核心要素包含持续延续、影响效应和积极快乐;传播要素包含激励机制、传媒载体和商业运作;个性要素包含符号标识和历史传承①。

徐世军(2015)认为,在传播学下的高校体育品牌化发展应充分挖掘传播价值要素,既要挖掘自身体育项目与其他学校体育项目的不同之处,体现出其价值,还要适应国际主流体育潮流,吸引更多的人参与其中;要找准传播形象要素,确定品牌定位和发展计划,要对品牌进行架构分析,建立独有的品牌识别标志;为吸引更多的社会团体参与其中,还应该对品牌赛事进行营销和推广,利用一些渠道进行品牌赛事的营销宣传②。

金光珠(2017)认为,有特色和文化特征的赛事不容易被观众遗忘,更能够在赛事发展过程中输出中国文化,推动中国文化被更多的国家所接受,可以从树立品牌、分析需求、营造特色、虚实结合四点进一步完善我国竞技体育赛事品牌在"一带一路"沿线地区的发展现状,促进与共建国家的相互理解,完成中国竞技体育赛事品牌构建的重要目的③。

张瑞林等(2018)认为,冰雪体育赛事品牌应构建独特的品牌体系,用完善的品牌体系建设促进品牌提升及品牌发展;赛事品牌形象进化能够逐步彰显品牌个性,可以在品牌竞争中形成独特的品牌优势④。

韩玉彬(2019)认为,任何品牌的背后都蕴含着一定的文化底蕴,都有品牌自身特色的文化内涵,我国在体育赛事品牌培植过程中要充分考虑我国文化的融入以及我国文化资源的开发和利用,同时要注重文化的普遍性、本土性和长期性⑤。

问绍飞(2020)认为,为促进我国群众性体育赛事品牌发展,需要从强化赛事品牌意识、提升品牌服务质量、构建赛事品牌文化等方面进行品牌优化。主要表现为以政策制度为引导,在创立品牌的同时有效保护赛事品牌,在增强办

① 张梦真.全民健身品牌赛事的构成要素研究[D].福州:福建师范大学,2014:23-52.
② 徐世军.体育品牌传播发展探究[J].新闻战线,2015(8):115-116.
③ 金光珠."一带一路"视域下的中国体育赛事品牌的发展机遇与挑战[J].广州体育学院学报,2017,37(6):31-35.
④ 张瑞林,李凌,王恒利.冰雪体育赛事品牌管理与品牌进化绩效的探析[J].体育学研究,2018,1(2):45-56.
⑤ 韩玉彬.我国体育赛事文化品牌培植路径的研究[J].西安体育学院学报,2019,36(2):156-159.

赛方品牌意识的基础上营造良好的品牌化战略氛围;以提升赛事服务质量为重点,不断优化赛事品牌内容设计;充分依托城市特色资源,因地制宜培育特色群众性体育赛事,从而塑造出赛事知名稳固的品牌文化①。

王鑫、王家宏(2022)认为,品牌的精髓是品牌所承受的文化内涵,赛事品牌的文化内涵信号往往会使赛事举办地消费者在信号感知中产生认同感,能够激发消费者的参与意识与热情,因此需要发挥软性资源优势,深耕文化基因铸造赛事品牌文化②。

综上所述,目前关于赛事品牌建设的研究成果主要包含赛事品牌建设理论、引进的国外知名体育赛事、本土赛事品牌的培育、赛事品牌资产和赛事品牌文化等方面内容。从宏观方面可看出,这些研究成果通过汲取品牌学、文化学和营销学等交叉学科理论营养,对不同的体育赛事品牌进行了文化解读,体现了赛事个体实施品牌建设的综合价值;从微观方面可以发现,通过对不同体育赛事个案品牌建设的分析,为各具特色的赛事品牌的创新发展提供了可行性方案,并为体育赛事品牌化发展提供了理论支撑。虽然以上研究成果涉及武术赛事品牌建设的内容贫乏,但是在一定程度上为武术赛事品牌建设研究提供了借鉴经验,具有重要的理论和实践意义。

五、有关我国武术赛事品牌建设的研究

目前,随着国家体育产业政策颁布,关于武术产业的研究逐步升温,而作为武术产业核心组成部分的武术赛事受到国内学者关注,主要研究成果如下。

张选惠(1998)认为,培育和发展武术竞赛市场要创造必需的市场环境和条件,培育市场主体,既要建场,又要建市;建立与市场经济相适应的竞赛体制和运行机制,对武术竞赛实施赛事市场化和重点扶持于一体的新型政策;建立规范稳定的武术市场,把武术竞赛纳入法治化轨道,加大对经营型武术人才的培养,促进武术市场进一步繁荣③。

---

① 问绍飞.我国群众性体育赛事品牌培育研究[J].体育文化导刊,2020(10):92-97.
② 王鑫,王家宏.我国商业性体育赛事品牌资产生成机理与培育路径研究[J].天津体育学院学报,2022,37(1):60-65,79.
③ 张选惠.论武术竞赛市场[J].成都体育学院学报,1998,24(2):1-7.

孙仲春(2006)认为,我国武术竞赛实现市场化发展,要建立和健全体育产业法规体系,使武术管理结构体系"扁平化";使武术竞赛组织实体化、参赛运动员职业化,加大中介组织的培育与发展,调整竞赛内容并制订适宜的竞赛规则;充分利用现代化媒体的传播效应,打造"赛事明星"提高赛事观赏性,扩大其市场影响力;对武术竞赛资源进行战略规划,实施多元化赛事营销策略,增加赛事消费者的认同度,将赛事支持者的忠诚度纳入赛事品牌建设范畴,以保证武术竞赛的稳定性[1]。

李传武、张春燕(2007)认为,武术是中华民族优秀的文化艺术,在继承与发扬基础上,应建立健全武术知识产权组织管理机制。通过建立普查整理抢救、传承与传承人认定、武术文化保障及使用许可等保护机制,以确保武术文化资产实现可持续发展[2]。

纪洪海(2008)认为,新时期武术赛事的本质特征源于武术、竞赛及事件的本质特征;武术赛事主要有商业型、竞技型和传统型三种;现阶段武术品牌赛事是由组织者形象、赛事内容、管理水平、基础设施、团队素质、宣传策划和赛事综合效益等诸多要素构成;武术品牌赛事构建是长期系统的过程,应注重从战略高度统筹武术品牌赛事各环节[3]。

方敏(2010)认为,"功夫王"赛事塑造了民族体育赛事品牌,推动了武术市场化进程;通过确立赛事运作理念,塑造品牌,进行品牌传播,培育武术散打市场,其最终目标是打造成国内外知名赛事[4]。

高亮、朱瑞琪(2011)认为,传统武术竞赛模式在经济体制改革和体育产业勃兴时代已弊端凸显,已不适应武术产业化发展的需求,商业化办赛事模式成为职业联赛的雏形;随着竞赛规则的逐步完善,赛程的稳定性增强,参赛俱乐部的不断扩张,世界综合格斗联盟冠军赛(WMA)能够打造为具有中国特色的民族品牌职业赛事[5]。

唐芒果、蔡仲林(2011)认为,传统武术赛事推广应超越传统武术传承和保护的浅表层面,构建独特的文化识别系统,依托赛事平台展示中华民族的文化

① 孙仲春.我国武术竞赛市场化发展研究[J].成都体育学院学报,2006,32(5):15-17.
② 李传武,张春燕.武术的知识产权研究[J].武汉体育学院学报,2007,41(4):45-48.
③ 纪洪海.新时期下武术赛事探究[D].苏州:苏州大学,2008:7-44.
④ 方敏."功夫王"赛事的发展现状及对策研究[D].上海:上海体育学院,2010:11-38.
⑤ 高亮,朱瑞琪.中国武术职业赛事发展研究[J].中国体育科技,2011,47(6):55-63.

自信;对于传统武术赛事的市场化推广,应注重对赛事的核心产品进行文化定位,此种赛事的关键是其差异性文化识别①。

郭忠孚(2011)认为,上海国际武术博览会的赛事建设,应注重精品赛事定位,扩大赛事公信力;健全赛事机构,优化人力资源;制订长期目标发展规划,赛事品牌建设应始终以运动员和目标受众需求为中心;加强科学管理,实施人性化服务,优化项目设置,增强吸引力②。

陈娟(2011)认为,构建武术赛事品牌的核心内容是其品牌文化,武术赛事的品牌文化是武术物质文化与精神文化在武术赛事品牌中的凝结,它包括赛事产品、赛事传播手段、赛事本身的价值理念及民族精神等内容;其品牌文化可以通过武术文化融入武术赛事品牌营销、武术赛事品牌文化的准确定位、体验策略、本土化策略和多样化新媒体传播等方式进行营销③。

李治(2011)认为,在武术赛事产品质量方面,赛事主办方应注重武术赛事品牌化建设;在消费者方面,应该在适当时间举办武术赛事,引导消费者改变武术消费理念;在成本方面,应该通过举办高质量有吸引力的赛事增加消费者的转移成本;在场馆景观方面,注重场馆的基础设施建设,充分刺激消费者的联想和重复购买力④。

刘冰冰(2012)认为,焦作国际太极拳交流大赛应以"一流的、国际知名的、公益性和民族继承性、节庆化"作为其品牌定位;在品牌识别方面,应注重赛事品牌文化建设,加强赛事核心价值和品牌个性建设;在品牌营销方面,应树立赛事品牌营销意识,加强对赛事宣传活动的专业性和整合性规划,以促进赛事品牌建设⑤。

魏枫(2012)认为,中国武术职业联赛赛事品牌主要包括赛事产品和赛事品牌文化两大部分,赛事文化是赛事品牌的核心,赛事产品是赛事品牌的独特属性,品牌符号是赛事品牌的表象符号;赛事品牌的优势、劣势、机会和威胁等因素,是准确进行赛事品牌定位关键,赛事品牌营销方案的确立,有助于推动赛事

①　唐芒果,蔡仲林.传统武术赛事文化识别研究[J].南京体育学院学报,2011,25(5):35-38.

②　郭忠孚.上海国际武术博览会发展现状与对策研究[D].上海:上海体育学院,2011:13-63.

③　陈娟.武术赛事的品牌文化及其营销策略研究[D].长沙:湖南师范大学,2011:22-57.

④　李治.城市居民现场观赏武术赛事消费行为因素的实证研究[J].北京体育大学学报,2011,34(8):26-29.

⑤　刘冰冰.焦作国际太极拳交流大赛品牌建设研究[D].北京:北京体育大学,2012:17-51.

品牌的发展[①]。

黄懿(2013)认为,武术赛事作假、武馆缺乏规范性、武术影视中夸张的表现形式,以及不法组织、个人以武行骗等行为,影响了武术的群众推广和民族传承,致使武术部分失真,武术市场混乱,导致出现武术信誉危机。建议应强化武术竞赛市场管理、完善武术培训市场的法治化建设,以促进武术赛事的健康可持续发展[②]。

黄佑琴(2013)认为,我国竞技武术赛事必须打破传统思维模式,不断创新竞赛形式、丰富比赛内容、完善赛事体系,才有助于竞技武术赛事的健康发展,只有加大宣传、提高赛事知名度和赛事产品质量,才能不断提升赛事的国际影响力[③]。

向明(2013)认为,赛事产品是武术品牌赛事的核心,构造武术赛事品牌价值链时应注重本土化武术资源开发和整合与现代科技、网络传媒、商业运营模式的结合;拓宽多元化融资渠道,搭建社会资本与企业资本沟通平台,积累武术品牌赛事价值链扩张的强大资金;加强武术赛事品牌标识、商标、转播权、知识产权等无形资产的开发和管理,进而保证武术产业价值链高附加值的实现[④]。

冯建强(2014)认为,竞技武术赛事作为具有较大影响力的现代竞技运动,对其进行品牌塑造、宣传和推广同时,应注重其整体效益最大化;同时发挥市场导向作用,根据不同层次目标受众需求,确定赛事市场目标,按照商品属性对其进行全方位包装[⑤]。

牛凯(2014)认为,对群众性武术赛事进行深层次市场开发,应注重强化高素质和专业化的武术赛事团队建设,加快建立高校与此种赛事相结合的人才培养模式;强化赛事品牌构建意识,提升此种赛事的品牌文化内涵,借助市场营销对赛事品牌适时延伸,扩大品牌影响力[⑥]。

周虎生(2014)认为,武术赛事的内部效益包括竞赛效益、拳种效益、产业效益、文化效益,以及项目传播与发展效益;外部效益包括社会效益、政治效益、经

① 魏枫. 中国武术职业联赛的品牌建设与媒介营销研究[D].北京:北京体育大学,2012:13-47.
② 黄懿. 武术信誉危机分析[J].体育文化导刊,2013(6):125-127.
③ 黄佑琴. 我国竞技武术赛事发展研究[J].体育文化导刊,2013(10):104-107.
④ 向明. 基于文化渗透武术品牌赛事价值链研究[D].长沙:湖南师范大学,2013:26-53.
⑤ 冯建强. 我国竞技武术赛事创新发展研究[J].西安体育学院学报,2014,31(2):215-219.
⑥ 牛凯. 群众性武术赛事市场开发研究[D].武汉:武汉体育学院,2014:13-44.

济效益、文化效益和生态效益。其反映了武术赛事发展格局的全面性及均衡性。其综合效益的影响因素主要有赛事运作管理、相关利益群体、举办城市综合实力和政治经济文化等[①]。

周元超（2014）认为，武术品牌要有适合自身发展的运营模式，应注重建立武术核心品牌，无知名度的武术产品销售已经不能促使武术健康发展，精准的品牌定位，明晰的目标市场，海量的目标消费群和打造传统健身运动品牌是武术品牌运营的关键[②]。

刘为坤（2014）认为，全国武术功力比赛赛事风险是指在赛事运作过程中，发生不确定性的，且能够带来损失的事件。全国武术功力比赛赛事风险的主要来源是武术赛事所处的经济、社会、政策法律环境及赛事内部各要素的组合；赛事风险识别特征表现有赛事经济来源动力不足，融资渠道亟待拓宽；项目设置失衡导致人员类风险攀升；组织与管理日趋科学化，组织管理类风险呈下降趋势；利益相关方法律责任不明确等问题突出[③]。

范燕美等（2016）认为，中国武术散打百强争霸赛未来发展对策为提高比赛技术水平，打造专业比赛场馆，营造商业比赛氛围；改革比赛性质，突出专业特色，形成稳定赛事机制；精简人员、合理定价、完善包装，提高赛事运作水准；优化赞助合作机构，完善宣传报道渠道，推进赛事产业化完善赛事组织管理；塑造赛事形象，打造国际赛事品牌；借助产业政策东风，依托武术传统优势，提升国家文化地位[④]。

李臣、郑勤（2016）认为，武术赛事品牌是能给武术赛事经营者带来溢价且产生增值的一种无形资产，其载体是用以和其他武术赛事的产品或劳务具有显著差异性的名称术语、标志设计及相应组合，增值源泉来自武术赛事受众心智中形成的诸多要素组合的整体印象。因而最终确定武术赛事品牌建设是指武术赛事经营主体对赛事进行的品牌定位、品牌识别、品牌价值、品牌传播和品牌延伸等环节的可操作过程[⑤]。

①　周虎生.武术赛事综合效益研究［D］.武汉:武汉体育学院,2014:29-44.
②　周元超.武术品牌运营模式的研究［D］.西安:陕西师范大学,2014:13-47.
③　刘为坤.全国武术功力比赛赛事风险识别研究［D］.上海:上海体育学院,2014:16-36.
④　范燕美,范铜钢,孙传晨,等.中国武术散打百强争霸赛赛事组织与运作研究［J］.首都体育学院学报,2016,28(2):142-146.
⑤　李臣,郑勤.我国武术赛事品牌建设的理性审视［J］.武汉体育学院学报,2016,50(5)56-62.

滕希望（2018）认为，打造优秀的赛事品牌，是武术散打商业赛事发展的必要策略，品牌将成为传播赛事文化、提升赛事影响力、获取社会美誉度并取得经济效益的立足点。并且还应在此基础上深度开发赛事产品[①]。

黄思源等（2018）认为，群众性武术赛事是面向于大多数普通群众均能参与，满足群众对参与武术赛事的基本需求，其主要目的是增强群众身体素质，丰富人们文化生活，促进社会情感武术文化交流，加速武术的普及；大多数是以地区武术功夫团体、大专院校、武术馆校和武术爱好者个人等单位形式报名参赛。服务好群众性武术赛事品牌建设，有利于武术赛事更好地发展，在促进全民健身、助力健康中国建设方面能发挥其不可替代的作用[②]。

王一丹（2019）认为，打造成功的赛事品牌需要有序的组织管理，可以通过合理的利益分项机制和提高组织有效性来实现对赛事品牌形象的有效管理；还应深度挖掘赛事品牌文化，拓展品牌价值输出渠道，使观众深度感受赛事品牌文化，在赛事创建初期必须确立基本的赛事品牌标识，包括赛事的名称、标志、音乐、吉祥物、口号等[③]。

方星等（2019）认为，浙江省武术赛事品牌建设主要策略是开发赛事品牌的核心价值，促进公众参与率是浙江省武术赛事品牌建设成效的必然要求；增强赛事与媒体融合深度，提高赛事知名度是浙江省武术赛事品牌建设的必由之路；建立专业化的赛事品牌团队，扩大赛事产业化是浙江省武术赛事品牌建设持续不断的动力源[④]。

程亚楠（2019）认为，为了能够满足广大青少年武术爱好者的需求，创造科学合理的赛事运作模式，推进我国青少年武术赛事更科学、更持续地发展应转变政府职能，建立多部门联动机制；丰富赛事内容和形式，创新竞赛规则；充分发挥武术的文化功能，建立赛事文化背景；开发赛事市场，加强赛事宣传，注册赛事品牌，带动赛事相关产品的开发[⑤]。

[①] 滕希望. 我国武术散打商业赛事发展研究[J]. 体育文化导刊,2018(10):99-103.

[②] 黄思源,陈昇,郭森林,等. 群众性武术赛事参赛者参赛动机类型模型构建——基于扎根理论[J]. 武术研究,2018,3(12):64-67.

[③] 王一丹. 功夫全能技赛事品牌建设研究[D]. 北京:北京体育大学,2019:30-55.

[④] 方星,文静,何执渝. 浙江省武术赛事品牌建设策略研究[J]. 武术研究,2019,4(6):64-65,87.

[⑤] 程亚楠. 我国青少年武术赛事运作模式研究——以北京市青少年武术赛事为例[D]. 北京:北京体育大学,2019:40-49.

李恺等(2019)认为,当前我国武术赛事品牌建设仍然处于借鉴模仿的探索阶段,在品牌建设中存在的问题主要有相关政策引导不明,建设理念相对落后;队伍培养相对落后,品牌管理意识较弱;武术赛事品牌建设理论不足,缺乏技术和实践服务。并提出建立武术赛事品牌保护制度;注重赛事目标消费群,对品牌价值充分挖掘;以武术项目为重点,实施品牌国际化发展战略等武术赛事品牌建设路径[①]。

殷鼎(2020)认为,在新时代中国武术赛事发展要想取得新辉煌,应优化赛事工作机制,加强武术赛事治理体系顶层设计;化解赛事矛盾,整治武术赛事假象、乱象,确保赛事质量;发展"品牌＋""旅游＋""创意＋"等多样武术赛事,促进武术产业繁荣;强化赛事功能,完善武术赛事的公共服务体系;坚定文化自信,加强赛事国际传播,打造中国武术文化国际名片[②]。

谢爱红(2021)认为,增加社会资本注入,鼓励更多城市申请承办武术赛事,将办赛站点多元化,有利于提升城市知名度;深入开展媒体合作,借助网络媒体资源进行赛事宣传,拓宽宣传渠道;推进赛制改革完善参赛要求,增加参赛组别,如锦标赛、公开赛、经典赛、挑战赛等策略能够有效促进峨眉武术赛事发展[③]。

姚基瑞(2022)认为,提高赛事质量才能打造赛事品牌,提出在赛事运营方面应提升运营团队业务水平、在赛事运动员方面应提高参赛队员技术水平、在裁判员方面应加强对裁判员的培训与考核等以提高办赛质量,强化赛事品牌[④]。

李晨(2022)认为,在成都市赛事名城建设背景下武术赛事高质量发展中面临着缺乏强有力的赛事经营团队、武术赛事的内涵相对薄弱、内容形式单一、武术赛事发展不均衡等现实困境,其主要表现在武术赛事发展过程中缺乏利好政策扶植、武术赛事周边资源挖掘利用不足、赛事推广欠缺、武术赛事质量水平不突出及缺乏自主品牌赛事建设意识等方面的不足,并提出在成都赛事名城背景下促进发展高质量武术赛事的路径[⑤]。

通过对以上研究成果分析,可以看出,关于我国武术赛事品牌建设研究主

① 李恺,江奔,沈威.我国武术赛事品牌建设路径研究[J].科技资讯,2019,17(27):243-244.
② 殷鼎.我国武术赛事70年发展回顾与展望[J].山东体育学院学报,2020,36(5):75-85.
③ 谢爱红.峨眉武术赛事运作现状及优化策略研究[J].武术研究,2021,6(3):75-77.
④ 姚基瑞."中国武术散打王争霸赛"赛事运营与管理研究[D].徐州:中国矿业大学,2022:49-50.
⑤ 李晨.成都赛事名城建设背景下武术赛事发展研究[D].成都:成都体育学院,2022:50-51.

要是从市场化角度进行诠释,赛事产品、赛事品牌文化、品牌标识、赛事营销和赛事风险识别是武术赛事品牌建设的重要环节,赛事经济效益和社会效益是举办武术赛事的中心议题。综上所述,我国武术赛事品牌建设研究主要表现在"项目设置建设""竞赛制度建设""发展模式建设""赛事品牌建设"四个方面。综观相关文献,武术赛事概念界定模糊,是武术赛事品牌建设研究亟待强化的内容;从项目设置研究成果来看,大部分学者主要进行武术套路竞赛规则研究,内容单一,以赛论赛,缺乏新意;从建设模式研究成果来看,国内学者大部分以典型的武术赛事个案进行分析,主张采用商业化赛事运作模式对我国武术赛事进行品牌建设,但缺乏理论支撑和人才支持;从武术赛事品牌建设的研究成果来看,部分学者以知名的武术赛事为基础,运用品牌学和营销学等理论对其进行解读,彰显其文化内涵,但创新性研究成果较少,并且武术赛事组成部分的品牌建设内容贫乏。随着体育产业的快速发展,武术赛事产业化发展步伐加快,武术产业价值链雏形逐渐形成,区域武术赛事品牌建设的研究成为武术产业链下一大热点,但现有研究成果仍缺乏对未来我国武术赛事品牌建设发展的前瞻。从以上我国武术赛事品牌建设研究成果得知,国内武术赛事品牌建设研究仍处于初始阶段,但从某种程度来讲,现有研究成果对我国武术赛事品牌建设研究奠定了基础,提供了借鉴依据。

第三节　本书研究内容概述

一、研究对象

研究以我国武术赛事品牌建设为研究对象。武术赛事品牌建设依据体现在以下几方面:一是理论层面,基于武术赛事的内涵及个性化特征综评相关赛事的经济、文化及其他多元化效益。二是政策层面,基于政府部门发布的推动赛事发展的指向性文件、体育产业政策、年度工作报告和年度武术赛事计划等。三是专家层面,基于品牌管理、体育赛事和武术赛事专家访谈调查的相关意见,以及对武术赛事品牌培育知名人士的访谈内容。四是受众层面,访谈武术赛事受众对品牌武术赛事的认知及赛事诉求。综合以上因素,研究选取我国武术功法赛事、武术套路赛事和武术格斗赛事作为研究调查对象集合体。

从武术赛事具体内容来看,它们作为我国武术赛事的基本组成形式,体现出相应的共性特征。虽然政府和中国武术协会持续不断地转变职能,推进政企分开,以期凸显市场在武术赛事资源配置中的支配地位,且借助近些年体育产业政策和纲领性体育文件,我国武术赛事产业主体呈现多元化发展趋势,武术赛事市场逐步释放活力,但是市场机制仍然存在一定程度的市场缺位、市场欠缺和市场失灵等问题,严重制约我国武术赛事的市场化进程。因此,研究审视政府、中国武术协会和市场(企业)在我国武术赛事品牌建设中存在的问题,结合当前武术赛事品牌构建现实需求,探析我国武术赛事品牌建设进程迟缓原因,提炼武术赛事品牌构建的显性影响因子,以此为前提,从武术赛事品牌战略规划和武术赛事品牌建设两维度对我国武术赛事品牌建设理论体系进行构建,以期对我国武术赛事品牌化管理产生积极效益。

二、研究方法

(一) 文献研究法

一方面,通过对研究中所涉及的关联学科理论资料的收集,为我国武术赛事品牌建设的分析,提供了充分的论据。为保证研究的创新性和后期研究的科学性与合理性,借助万方学位论文全文数据库、读秀学术搜索、万方中国学术会议论文全文库、CNKI 中国学术期刊网络出版总库、CNKI 中国期刊网优秀博硕论文全文数据库、综合学科参考类全文数据库(ASP)、中国高等教育文献保障系统(CALIS)、博硕士论文文摘数据库(PQDT)、体育运动科学全文数据库,对武术赛事、武术竞赛、武术比赛、赛事品牌建设、武术赛事品牌建设、比赛、竞赛及赛事等有关历史文献资料进行广泛收集与整理,从中探寻与我国武术赛事品牌建设相关的资料信息,并对其进行针对性整理与分析。另一方面,查阅中国国家图书馆·中国国家数字图书馆、北京体育大学图书馆、湖北省图书馆·湖北省数字图书馆、华中师范大学图书馆、上海体育学院图书馆、武汉体育学院图书馆与我国武术赛事品牌建设相关的期刊与图书,为后续研究的顺利进行,做了较为翔实的铺垫。

(二) 历史研究法

历史研究法是充分运用历史文献资料,按照时间发展顺序对过去发生的事件进行系统研究的方法,也称纵向研究方法。我国武术赛事品牌建设的发展也有其自身的发展规律。通过纵向研究方法,研究对我国武术赛事的发展历程追根溯源,梳理不同历史阶段我国武术赛事的发展特征,剖析我国武术赛事品牌建设历史演变中的规律性问题,为当前我国武术赛事的品牌化发展提供借鉴经验。

(三) 访谈调查法

对具有武术赛事管理经验的学者和品牌武术赛事经营实践者进行访谈,探求他们对我国武术赛事品牌建设的看法,以及当前我国武术赛事的发展现状和存在的问题。通过与王培琨教授、江百龙教授、王岗教授、张林教授、黄海燕教授、黄合水教授、余明阳教授和姜华董事长及宋玉杰老师等具有丰富的体育赛事和武术赛事运作经验专家、品牌学理论专家,以及武术赛事品牌成功打造的知名人士在我国武术赛事品牌建设方面进行探讨(表1-1),获得了对我国武术赛事品牌建设程序的深层次认识,为本书实现理论与实践相结合的撰写过程增添助推因子。

表 1-1 专家访谈情况一览表

访谈时间	访谈地点	访谈对象	访谈内容	访谈方式
2014.05.06	澳门国际武术节赛场	王培琨教授	武术赛事培育	实地
2014.10.22	武汉体育学院	江百龙教授	武术赛事培育	实地
2015.11.20	武汉体育学院	王岗教授	打造品牌武术赛事	实地
2015.03.06	—	张林教授	体育赛事	邮件
2015.05.08	—	黄海燕教授	体育赛事培育	邮件
2015.05.10	—	黄合水教授	品牌建设	邮件
2015.05.20	—	余明阳教授	品牌管理	邮件
2015.09.03	周口市体育馆	姜华董事长	昆仑决品牌战略	实地
2015.09.03	周口市体育馆	宋玉杰老师	昆仑决赛事培育	实地

（四）案例研究法

案例研究是一种经验主义的探究（empirical inquiry），它研究现实生活背景中的暂时现象，在此种研究情境中，现象本身与其背景之间的界线不明显，研究者运用大量的事例证据来展开研究，也是特定情况或特定条件下单一事例的行为过程[①]。本研究遵循个案研究法的内涵和基本特征，以昆仑决赛事和中国武术散打王争霸赛的赛事品牌建设为案例，从品牌定位、品牌标识、品牌价值、品牌传播、品牌延伸等方面对本土化武术赛事品牌进行研究，在一定程度上为我国武术赛事品牌建设理论的科学化提供了有力支撑。

（五）逻辑研究法

归纳（induction）是首先观察某些现象并据此得出结论的过程。它是对具体的经验事实进行研究，从中形成理论并用于理论假说的过程；演绎（deduction）是指通过逻辑性推广已知事实，经过推理获得结论的过程，它探究与理论命题相关的资料并探讨理论自身的一致性[②]。归纳和演绎是两种相互联系与相互补充的研究方法。本研究通过品牌、赛事及武术等概念的历史性考察，探寻我国武术赛事品牌化发展的可行性路径，反映我国武术赛事品牌建设的发展规律。

（六）比较研究法

比较研究法是指通过比较不同事物的对应特征是否相符来甄别不同事物之间存在何种联系的方法[①]。比较研究法的任务是判断事物间联系方式，该法是人类认识、区别和确定事物间异同联系的基本方法[③]。本研究通过国内武术赛事发展动态对比分析，从可持续发展视角探索我国武术赛事品牌建设，有助于我们清晰看到我国不同级别武术赛事品牌建设的差异点，为我国武术赛事的品牌化建设指明方向。

---

① 孙国强.管理研究方法［M］.上海：上海人民出版社，2007：227-234.
② 孙国强.管理研究方法［M］.上海：上海人民出版社，2007：199-211.
③ 李文.矛盾哲学［M］.北京：知识产权出版社，2013：8.

三、研究逻辑框架

本书采用层层推进的行文思路。总体研究设计是在导入问题后，梳理、归纳和总结现有文献资料，对武术赛事和赛事品牌建设的相关理论进行解读，并对我国武术赛事发展状况和培育现状进行客观评述，接着整合武术赛事品牌构建理论资料及审视当下武术赛事品牌打造实践，分析我国武术赛事品牌构建的交叉合力，明晰赛事品牌建设中各主体实施手段，论证我国武术赛事品牌建设中政府、中国武术协会和市场（企业）三方存在的问题和原因，构建武术赛事品牌模型，随后结合专家访谈意见从武术赛事品牌战略规划和武术赛事品牌构建两维度搭建我国武术赛事品牌建设理论体系，并对昆仑决赛事和中国武术散打王争霸赛品牌创建效益予以阐释，审视武术赛事品牌建设理论的应用价值。以此为基础，归结我国武术赛事品牌培育的经验及启示，最后归纳全文，依据研究结果提炼观点，进而对本文后续研究进行展望。

研究内容的基本框架见图 1-1。

问题提出	确定主题：我国武术赛事品牌建设	绪论
文献综述	研究任务：回顾、梳理和评述相关文献	第一章：武术赛事品牌建设研究概述
理论分析	研究任务：基于品牌经济学、品牌学、体育赛事经济学和体育赛事理论论证武术赛事品牌建设地位、功能	第二章：我国武术赛事品牌建设理论基础
赛事审视	研究任务：我国武术赛事品牌培育历程和发展现状	第三章：品牌视野的中国武术赛事回顾和现状审视
制订武术赛事品牌规划框架	任务1：我国武术赛事实施品牌战略的意义及战略制定与实施	第四章：我国武术赛事品牌战略规划
	任务2：我国武术赛事品牌定位意义、原则、步骤和方法	
武术赛事品牌建设程序	任务1：我国武术赛事品牌的要素设计和个性塑造	第五章：我国武术赛事品牌构建实践
	任务2：培育我国武术赛事品牌价值	
	任务3：策划我国武术赛事品牌传播和延伸	
武术赛事品牌建设实践	任务：基于武术赛事品牌建设理论解读赛事成功的经验与启示	第六章：武术赛事品牌建设案例分析
结论	归纳全书与研究设想	第七章：结论与展望

我国武术赛事品牌建设研究

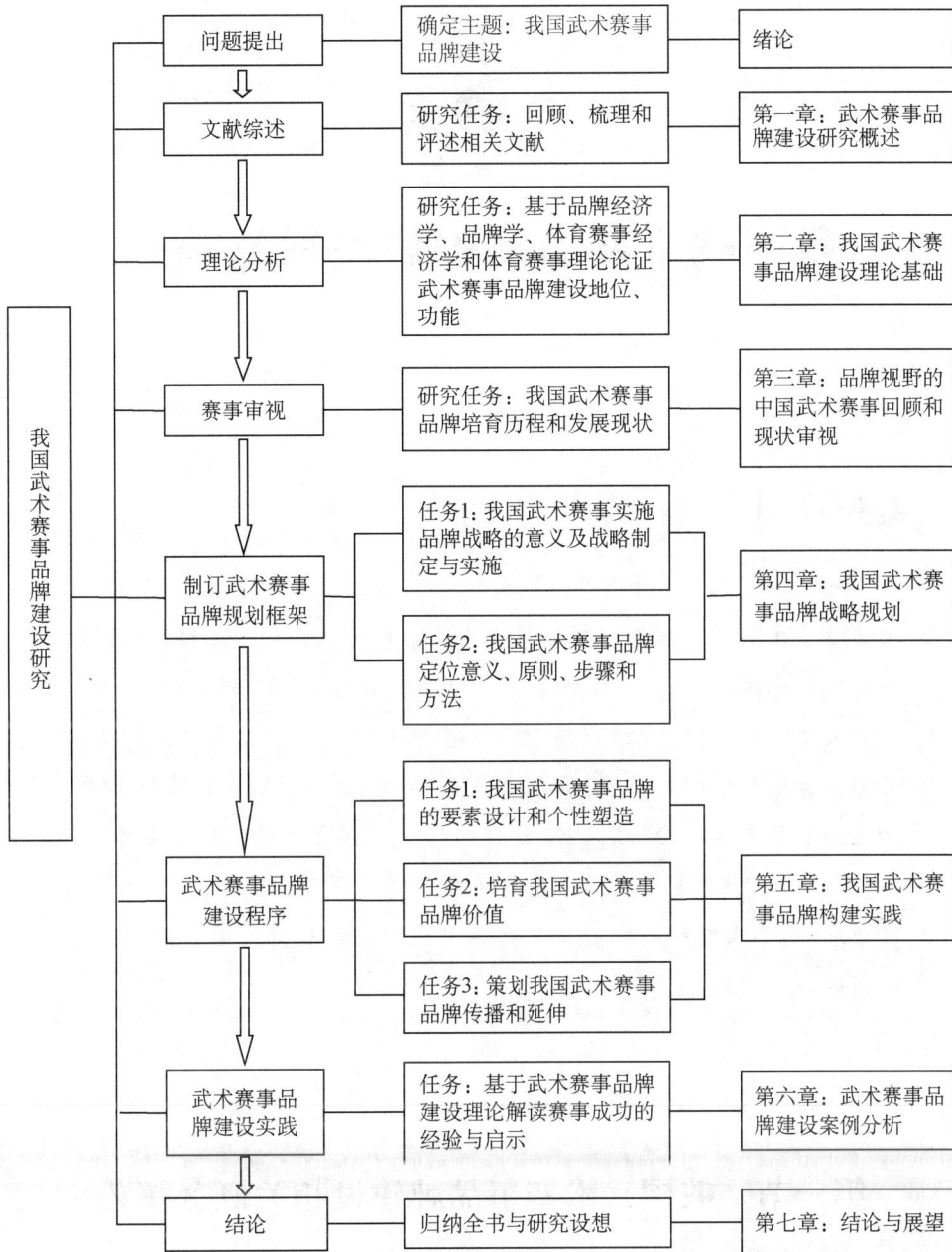

图 1-1　研究内容逻辑框架

第二章

我国武术赛事品牌建设理论基础

本章导语

　　本章是我国武术赛事品牌建设理论基础部分。一方面,源于品牌、赛事及武术的基本理论分析来推理出适于本研究的武术赛事及武术赛事品牌概念范畴,认为武术赛事是以中国武术竞技为主题,一次性或不经常发生,且具有明确期限的集众性技击展演活动。它既能够推动举办地品牌旅游业的发展、提升举办地品牌知名度、改善城市品牌形象,又能够对举办地的经济、文化、社会和环境等诸多生态系统产生影响。另一方面,审视国家品牌战略视域下我国武术赛事品牌建设的地位和功能,并基于武术赛事市场化及产业化运营实际设计赛事品牌构建核心内容。

第一节　我国武术赛事品牌建设相关概念释义

　　概念能够有效反映事物的本质属性,而本质属性是事物存在的根据,区别的标志。人们认识事物既要掌握事物的规律,又要把握事物的本质。概念同事物相对应,任何概念都是一类事物本质属性的反映①。本质属性通常指使一类对象成为该类对象并区别于其他对象的属性。当人们认识了一类对象的某些本质属性,从而能够把该类对象与其他对象区别开的时候,就形成了反映该类对象的概念。一个科学概念总有其内涵和外延,内涵和外延是概念的两个重要逻辑特征。概念的内涵是概念所反映对象的本质属性;概念的外延是概念所反映对象的范围②。内涵是从"质"的方面来反映对象;外延是从"量"方面反映对象。只有明确概念的内涵和外延,才能够正确运用概念。基于此,本节通过界定品牌、赛事、武术、武术赛事等相关概念,将有助于明确我国武术赛事品牌建设的内涵和基本的研究范畴。

一、品牌

(一) 相关工具书对品牌的释义

在《辞海》中,品牌指企业对其提供的货物或劳务所定的名称、术语、记号、象征、设计,或其组合。其组成包括两部分:一是品牌名称,是指品牌中可用语言称呼的部分;二是品牌标志,是指品牌中可以被识别但不能用言语称呼的部分,如符号、设计、色别等。企业如将某品牌在政府有关主管部门注册登记后,即成为商标③。

在英文中,国外通用"brand""trademark"解释"品牌",其中"brand"有名词和动词两种形式。名词形式有三个方面:①a type of product made by a particular company,即品牌;②a particular type or kind of something,即类型;③a mark made with a piece of hot metal, especially on farm animals to show who owns them,即烙印。动词形式有两个方面:①～somebody(as)something to describe somebody as being something bad or unpleasant, especially unfairly,即(尤指不公正地)丑化(某人),贬坏(某人)名声;②～something(with something)to mark an animal with a BRAND;③to show who owns it,即给(牲

---

① 朱志凯. 形式逻辑基础[M]. 上海:复旦大学出版社,1983:32-33.
② 温公颐. 逻辑学基础教程[M]. 天津:天津人民出版社,1987:21.
③ 辞海编辑委员会. 辞海:1999年版缩印本[M]. 上海:上海辞书出版社,2001:891.

畜)打烙印①。"trademark"只有两种名词形式:①a name,symbol or design that a company uses for its products and that can not be used by anyone else,即商标;②a special way of behaving or dressing that is typical of somebody and that makes them easily recognized,即(人的行为或衣着的)特征,标记①。

(二) 相关科学研究对品牌的释义

从 20 世纪 50 年代"品牌"概念被第一次提出,到 20 世纪 90 年代后期品牌概念在我国出现,经过 40 多年发展演变,品牌囊括的含义日趋多样化,其内涵和外延也在有序扩大,并逐步呈现明晰化。目前,比较有代表性的品牌定义主要如下。

1. 国外学者对品牌概念的研究

美国市场营销协会(AMA)(1960)认为,品牌是用以识别相关产品或服务的名称、术语、象征、记号或设计及其组合②,以期和其他同类竞争者的产品或服务形成差异化优势。

大卫·爱格(1998)认为,品牌是产品、企业、人和符号③,它应体现各自所具备的独特个性。

菲利普·科特勒(1999)认为,品牌是名称、名词、符号和设计,或是它们的组合运用,其目的是借以辨认某个销售者或某群销售者的产品和劳务④。

Gobe(2001)认为,品牌打造的最终目的是带领目标消费者进入一个更深层次的、普遍的情感层次⑤。

菲利普·科特勒(2003)认为,品牌的价值、文化和个性是其最持久的元素,对品牌的认识应超越其符号功能⑥。

里克·莱兹伯斯等(2004)认为,品牌是使某个企业的产品或服务与其同类能够区别开,且能在物质和非物质方面给目标消费者带来积极效益的一切

① 霍恩比.牛津高阶英汉双解词典[M].7 版.王玉章,赵翠莲,邹晓玲,等,译.北京:商务印书馆,2009:230,2143.
② 马瑞,吕海平.品牌亲和力研究[M].长春:吉林大学出版社,2007:5.
③ 大卫·爱格.品牌经营法则:如何创建强势品牌[M].呼和浩特:内蒙古人民出版社,1999:46.
④ 菲利普·科特勒.营销管理[M].9 版.上海:上海人民出版社,1999:415.
⑤ Gobe M. Emotional Branding[M]. New York:All Worth Press, 2001:126.
⑥ 菲利普·科特勒.营销管理[M].11 版.梅清豪,译.上海:上海人民出版社,2003:470.

标识①。

国外学者普遍认为品牌应该是与其他竞争者的产品或服务具有显著区别的名称、符号和设计等要素，以及这些要素间的相互组合，并且应该体现各自的价值和个性。

2. 国内学者对品牌概念的研究

余明阳（2002）认为，品牌是借助营销或传播过程，能够将产品与目标消费者等关系利益团体有效整合，并溢出新价值的一种媒介②。

魏红钢（2007）认为，品牌是典型的消费文化代码，由多方参与者共同构筑的"想象共同体"，它通过有效沟通渠道，利用品牌形象展示向社会和个人传达其个性特征和价值，直击目标消费者和公众的心理认知，从而影响和决定目标受众的消费行为③。

赵姝等（2007）认为，品牌是某种产品和其他竞争者具有显著差异的有形资产和无形资产之和。对目标消费者来说，它代表着诚信和信仰④。

朱立（2008）认为，品牌是商品经济的产物，是依附于产品而存在的，产品是品牌的载体，离开了产品，品牌就失去了存在的价值，因为品牌所表示的是一个确实存在的产品。它包括产品的视觉体验、可感知性、目标市场定位、额外价值、典型形象和个性化六层含义⑤。

朱红亮（2009）认为，品牌概念的发展轨迹及其内涵演变，主要包括以 AMA 和菲利普·科普勒为代表的"标识"派，以大卫·奥格威为代表的品牌形象派和以唐·舒尔茨为代表的品牌关系派。各派依据不同时代营销发展脉络对品牌概念进行了极具时代特征的诠释⑥。

黄合水（2009）认为，品牌是跟商品或服务联系在一起的符号或名字，是区分不同商品的标识或符号，不管它是语言还是图案，是听觉的还是视觉的，任何

① 里克·莱兹伯斯，巴斯·齐斯特，格特·库茨特拉.品牌管理［M］.李家强，译.北京：机械工业出版社，2004：35.

② 余明阳.品牌学［M］.合肥：安徽人民出版社，2002：7.

③ 魏红钢.符号消费下品牌概念的再定义［J］.中南民族大学学报（人文社会科学版），2007，27（5）：173-176.

④ 赵姝，蒙明洁，吕丽霞.对品牌概念的创新理解［J］.商场现代化，2007（17）：122-124.

⑤ 朱立.品牌管理［M］.北京：高等教育出版社，2008：4.

⑥ 朱红亮.品牌概念的发展嬗变［J］.西北师大学报（社会科学版），2009，46（4）：118-120.

能够使不同商品或服务相互区别开的差异化要素都是其组成部分①。

王成荣(2011)认为,品牌是企业借助一切营销手段,利用目标市场着重培育产品(服务)或企业的差异化形象、独特个性、价值主张、联想和承诺。它的外在表现是符号或标记;内在实质是目标消费者对产品和利益产生的情感认同,体现产品或服务对目标消费者在物质和情感需求方面的满足,作为一种无形的资产给拥有者带来增值②。

李自琼、彭馨馨、陆玉梅(2014)认为,品牌是名称、标识和符号,或这些要素的综合运用,以辨别其他销售者的产品或服务,进而与其产品和服务相区别,增值源泉源于目标消费者心智中形成的其载体总印象③。

根据当前相关品牌研究和著作对"品牌"概念的诸多释义,虽有多种定义,但总体分析,这些定义都是从消费者和企业两个角度对"品牌"概念进行界定:从消费者的角度把品牌理解为一种消费体验和情感体验;从企业视角分析,品牌被当成能够建立资产的营销工具。

基于此,综合以上品牌定义,本研究认为余明阳在总结品牌符号说、综合说、关系说和资源说基础上,进而得出的品牌概念,最符合本文关于品牌概念的释义。

符号说:强调品牌的识别功能,通过直观和外在表现,把它看作标榜个性和区别功能的特殊符号。品牌所具有的符号或标志的属性,只是其本身具有的基本而必要的条件。区别品牌不能仅仅依据其名称或标志,还应有效把握品牌所透显的理念和文化等核心价值。

综合说:强调品牌不仅应该包含有形元素,如名称、包装、标志等,而且还应借助横纵交叉的综合分析,提炼品牌的核心要素,如市场经济、社会文化心理和法律等含义。这些是品牌构建的必要元素,唯有将其进行极限性整合,才能形成完整的品牌概念。但是这类定义只注重从品牌的产出方或者其自身来说,而对品牌的"把关人"——消费者缺少应有重视。

关系说:强调品牌和消费者之间的关联性情感体验。消费者对产品的认识和情感是正向积极的,品牌转化为无形资产的可能性就得到极大提升,品牌价

---

① 黄合水.品牌学概论[M].北京:高等教育出版社,2009:1-15.
② 王成荣.品牌价值评价与管理[M].2 版.北京:中国人民大学出版社,2011:29.
③ 李自琼,彭馨馨,陆玉梅.品牌建设理论与实务[M].北京:人民邮电出版社,2014:5.

值得以体现,否则品牌将面临危机。这类定义充分肯定了消费环节在品牌建设过程中的决定性作用,是品牌概念含义的一次升华,但因其过分强调消费者作用,却弱化了其自身功能,在注重营建产品和消费者互动关系同时,忽视了其他利益关系。

资源说:强调品牌的价值,从经济学视角,阐述品牌的外延,凸显品牌作为无形资产所蕴含的巨额财富与利润,以及带来系列性文化和时尚等方面的潜在社会价值。在认定品牌具有价值的前提下,在适当情况下,品牌可以脱离产品而独立存在,且可以进行买卖,具有获利能力。这类定义侧重品牌的市场营运作用。

综合分析以上研究者对相关品牌概念的界定,本研究所认同的品牌概念为"能给其拥有者带来溢价和增值的一种无形资产,其载体是用以和其他竞争者的产品或劳务相区别的名称、术语、象征、记号或设计及其组合,增值源泉是在消费者心智中形成的其载体总印象"[1]。

二、赛事

在《辞海》中没有"赛事"这一个词语,关于"赛"的解释有五种含义[2]:①比赛,如赛球。②比得上,胜过,如萝卜赛梨、一个赛一个。③祭祀酬神之称。韩愈《城南联句》云:"赛馔木盘簇,妖藤索 。"④完毕,了结。马致远《新水令》套曲:"自赛了儿婚女嫁,却归来林下。"⑤姓。明代有赛从俭。关于"事"的解释有六种含义[3]:①事情,如新人新事。《礼记·大学》云:"物有本末,事有始终。"②事故,如平安无事。贾谊《过秦论》云:"天下多事,吏不能纪。"③从事,治事,如不事生产。《吕氏春秋·尊师》云:"力耕耘,事五谷。"④侍奉,服事。《易·蛊》云:"不事王侯。"《孟子·梁惠王下》云:"事齐乎? 事楚乎?"⑤通"傳""劓"。插入,刺入。《汉书·劓通传》云:"慈父孝子所以不敢事刃于公之腹者,畏秦法也。"⑥器物的件数。白居易《张常侍池凉夜闲宴赠诸公》诗云:"管弦三两事。"把"赛"和"事"合成"赛事",其意思非常明确,赛事就是比赛事情。在《现代汉语

---

① 余明阳,杨芳平. 品牌学教程[M]. 2 版. 上海:复旦大学出版社,2009:1-5.
② 夏征农. 辞海(HIHAI4)[M]. 上海:上海辞书出版社,1999:2171,2784,2789.
③ 夏征农. 辞海(HIHAI1)[M]. 上海:上海辞书出版社,1999:150.

大词典》中，"赛事"被解释为比赛及与比赛有关的事宜。《文汇报》(1995 年12 月 19 日)："本届邀请赛既是一次高水准的辩论赛事，也使观众直接领略到中国名校的风貌和 90 年代大学生的风采。"与"赛事"相近词语有"竞赛""比赛"，"竞赛"被解释为竞争比赛，夺取优胜，如体育竞赛、数学竞赛、劳动竞赛。"比赛"被解释为在体育、生产等活动中比较本领、技术的高低，如射击比赛、比赛游泳①。

在英文中，与赛事、竞赛和比赛相近的词语有 game、event、competition 和 tournament。第一，game 的名词形式有 7 个方面的意思，但与比赛有关的意义表现在 3 个方面：一是 activity/sport，活动/体育运动：①可数名词，an activity or a sport with rules in which people or teams compete against each other，(有规则的)游戏，运动，比赛项目；②可数名词，an occasion of playing a game，(一项)游戏，运动，比赛；③单数名词，somebody's～the way in which somebody plays a game，比赛(或游戏)时用的手法、比赛(或游戏)技巧。二是 sport，体育运动：①复数名词 games(old-fashioned，BrE)，sport as a lesson or an activity at school，(学校的)体育课，体育活动；②复数名词 games，a large organized sports event，运动会。三是 part of sports match，体育比赛的一部分：可数名词，a section of some games，such as tennis，which forms a unit in scoring，(网球等比赛的)一局，一场。第二，event 有 3 类含义：①a thing that happens，especially something important，即发生的事情，(尤指)重要事情，大事；②a planned public or social occasion，即公开活动，社交场合；③one of the races or competitions in a sports program，即(体育)比赛项目。第三，competition 也有 3 类含义：①a situation in which people or organizations compete with each other for something that not everyone can have，即竞争，角逐；②an event in which people compete with each other to find out who is the best at something，即比赛，竞赛；③ the competition，即竞争者，对手。② 第四，tournament 有 2 类含义：①a sports competition involving a number of team or players who take part in different games and must leave the competition if they lose. The competition continues until there is only the winner left. 锦标赛，a

① 阮智富，郭忠新. 现代汉语大词典[M]. 上海：上海辞书出版社，2009：2271.
② 霍恩比. 牛津高阶英汉双解词典[M]. 7 版. 王玉章，赵翠莲，邹晓玲，等. 北京：商务印书馆，2009：837.

golf/squash/tennis, etc.,高尔夫球、壁球、网球等锦标赛;②a competition in the Middle Ages between soldiers on HORSEBACK fighting to show courage and skill,(中世纪的)骑士比武。

通过分析比较"赛事""竞赛""比赛"三个概念的内涵和外延,总体上可以这样认为,赛事的本质是一类活动,它具有两个重要的关键特征,是以运动竞赛为核心内容所进行的具有特定社会意义的活动。因此,在本研究中,赛事的定义:赛事是在体育运动中,以运动项目为核心内容进行比赛,并由比赛引起的一项具有生产性质的新型经济活动。

三、武术

（一）教材及工具书中涉及的武术定义

在《辞海》中,武术称"武艺""功夫",民国时期称"国术"。它由踢、打、摔、拿、跌、击、劈、刺等动作,按照一定运动规律组成的强身健体和自卫的锻炼手段。运动形式有套路和对抗等。套路有拳术和器械的单人套路练习和两人以上的对打套路练习。对抗有散手、推手、长兵、短兵等项。早在原始社会,人类在与兽类搏斗及部落战争中,已积累了攻防格斗技术。秦汉有角抵、手搏、剑道等;两晋及南北朝流行相扑、校力等;唐代兴武举,促进了练武活动;宋代武术渐以套路为主;元明清三代武术流派林立。新中国成立后,武术得到继承、整理和提高,并列为正式比赛项目[1]。

体育院、系教材编审委员会《武术》编写小组(1978)认为,武术是以踢、打、摔、拿等攻防动作为素材,按攻守进退、动静疾徐、刚柔虚实等矛盾的相互变化的规律编成徒手和器械的各种套路。它是一种增强体质、培养意志、训练格斗技能的民族形式的体育运动[2]。

马明达(1987)认为,武术是历史悠久而内容宏博的民族文化遗产,是有着广泛社会价值的古典体育项目[3]。

---

[1]　辞海编辑委员会. 辞海:1999 年版缩印本[M]. 上海:上海辞书出版社,2001:864.
[2]　体育院、系教材编审委员会《武术》编写小组. 武术[M]. 北京:人民体育出版社,1978:1.
[3]　人民体育出版社. 中华武术论丛(第一辑)[M]. 北京:人民体育出版社,1987:1.

全国体育学院教材委员会武术小组(1989)认为,武术是以技击为内容,通过套路、搏斗等规律性运动形式,来增强体质,培养意志的民族传统体育[①]。

武术教材编写组(1988)认为,武术是由踢、打、摔、拿等攻防动作组成徒手与持器械的套路和对抗性运动。武术在我国有悠久的历史,过去又曾称为拳勇、勇力、武艺、国技、国术等,新中国成立后统称为武术。它有广泛的群众基础,是具有独特民族风格的传统体育项目[②]。

张高顺(1988)认为,武术,亦称武艺,是由中国古代技击格斗技术演化而成的一项兼具套路演练和攻防搏斗演练形式的体育运动[③]。

康戈武(1990)认为:武术是以中国传统文化为理论基础,以徒手和器械的攻防动作为主要锻炼内容,兼有功法运动、套路运动、格斗运动三种运动形式的体育项目[④]。

徐才(1996)认为,武术是以技击动作为主要内容,以套路和格斗为运动形式,注重内外兼修的中国传统体育项目[⑤]。

全国体育院校教材委员会(2003)认为,武术是以攻防技击为主要技术内容、以套路演练和搏斗对抗为运动形式、注重内外兼修的民族传统体育项目[⑥]。

李印东(2006)认为,武术定义可分为广义概念和狭义概念。广义武术概念:武术是以技击为内容,以身心练习为基本手段,中华民族传承的个人防卫实践活动。狭义武术概念:武术又称武术运动,是在继承传统武艺基础上形成的以技击动作为主要内容的民族体育项目,套路、对抗、功法是其主要运动形式[⑦]。

蔡仲林、周之华(2009)认为,技击是武术的主要内容,功法、套路和搏斗是其主要运动形式[⑧]。

邱丕相、蔡仲林等(2010)认为,武术是以中华文化为理论基础,以技击为核心拓展的徒手或持械的运动技术体系。其主要运动形式是套路、格斗和功法。他们认为武术运动是以中华文化为理论基础,以具有技击内涵的动作为基本内

① 全国体育学院教材委员会武术小组.武术[M].北京:人民体育出版社,1989:1.
② 武术教材编写组.武术[M].北京:高等教育出版社,1988:1.
③ 张高顺.武术[M].北京:高等教育出版社,1988:1.
④ 康戈武.中国武术实用大全[M].北京:今日中国出版社,1990:2.
⑤ 徐才.武术学概论[M].北京:人民体育出版社,1996:11.
⑥ 全国体育院校教材委员会.中国武术教程(上册)[M].北京:人民体育出版社,2003:4.
⑦ 李印东.武术释义——武术本质及功能价值体系阐释[M].北京:北京体育大学出版社,2006:40.
⑧ 蔡仲林,周之华.武术[M].2版.北京:高等教育出版社,2009:1.

容，以套路、格斗、功法为主要表现形式的民族体育①。

（二）期刊文献中涉及的武术定义

周伟良（1988）认为，武术是以具有攻防含义的动作为基本内容，以套路、散打包括某些功法练习为活动形式的中华民族传统体育②。

谭炳春（2004）认为，武术是以技击作为主要内容，以套路和格斗为运动形式，注重内外兼修、武德兼备，培养全面发展的人的中国传统体育项目③。

马剑、邱丕相（2007）认为，广义的武术是指中华民族孕育形成的人体攻防技术。它是以个体之间的徒手或持冷兵器械的攻防对抗为核心，通过招数的变化与劲力的运化，达到博、艺、身、心兼修的系统性人体运动。狭义的武术是指作为体育运动项目的武术④。

杨祥全（2007）认为，武术是指以个体动作为主要内容，以冷兵器或徒手而进行的套路、格斗，以及相关辅助技术练习为表现形式的中国人体文化，它包括军事武术、传统武术或武术运动三个有机组成部分，也包括军事武术现在余绪的实用武术和明清传统武术产生的过渡形态——民间武术⑤。

曾于久、肖红征（2008）认为，攻防技击是武术的主要内容，其核心是体现人体格斗能力，套路演练、搏斗对抗和艺术反映是其表现形式，内外兼修是其鲜明特点⑥。

龙行年（2008）认为，武术是中华民族集体智慧的结晶，承载着中国传统文化精髓，以技击为表现形式，透显民族文化特色的现代体育实践活动⑦。

邱丕相、杨建营（2009）认为，武术是以中国文化为背景，围绕技击而展开的徒手和持械的身体运动⑧。

周伟良（2010）认为，套路、格斗和功法是武术的内容，并且它是注重体现中

---

① 邱丕相，蔡仲林，郑旭旭. 中国武术导论[M]. 北京：高等教育出版社，2010：8.
② 周伟良. 武术概念刍议[J]. 体育科学，1989（4）：12-16.
③ 谭炳春. 对武术概念的再认识[J]. 体育学刊，2004，11（4）：65-66.
④ 马剑，邱丕相. 广义语境下武术概念的解读及定义[J]. 上海体育学院学报，2007，31（4）：42-47.
⑤ 杨祥全. 武术概念新论[J]. 中州学刊，2007（1）：164-167.
⑥ 曾于久，肖红征. 对武术概念及层次分类的研究[J]. 体育科学，2008，28（10）：86-91.
⑦ 龙行年. 武术概念内涵新探[J]. 武汉体育学院学报，2008，42（11）：66-68.
⑧ 邱丕相，杨建营. 武术概念研究的新视野[J]. 上海体育学院学报，2009，33（6）：1-5.

华民族技击之道的传统体育活动[①]。

杨建营、程丽平(2013)认为,武术是以具有攻防技击含义的动作为主要内容,以徒手和持械为运动形式,由中华民族集体创造的人体运动文化[②]。

本研究通过查阅专著、工具书和相关研究成果,对近年来相关武术概念进行梳理,延展出所认同的武术概念即以中华文化为理论基础,以套路、格斗和功法为主要内容,并体现技击展演之道的民族体育。

四、武术赛事

目前,关于武术赛事的概念无统一明确表达,现有的武术赛事概念基本都默认为"武术比赛""武术竞赛",或者以体育赛事概念为上位概念进行定义,都没有较好地反映武术赛事的本质属性。马克思主义哲学认为,概念同事物相对应,概念是事物本质属性的反映。人们认识事物的目的就是要掌握其发展规律,把握其本质,而要认识事物的本质,首先必须把某一类事物的本质属性及其非本质属性区别开来,然后把非本质属性撇开,将本质属性抽象出来,再运用适当的语词来表达,从而形成概念。

一个科学的武术赛事概念总有其内涵和外延,武术赛事概念中所凝聚着的所有武术赛事的本质属性称为武术赛事的内涵,武术赛事概念所涉及的每一个赛事对象称为武术赛事的外延。本研究在系统梳理"比赛""竞赛""赛事""武术"等概念基础上,尝试运用逻辑学方法对武术赛事概念进行定义,定义是明确概念内涵的一种逻辑方法,通过对武术赛事概念下定义,揭示武术赛事概念所反映的所有武术赛事的本质属性,从而明确武术赛事与其他赛事质的区别,明确武术赛事概念的内涵。

给概念下定义最常用的是属概念加种差的方法,其一般形式可以表示为

被定义概念(种概念)＝ 种差 ＋ 邻近的属概念
(被定义项)　　　(联项)　(定义项)

被定义概念就是我们要给予定义的概念;邻近的属概念就是邻近被定义概

---

① 周伟良.武术概念新论[J].南京体育学院学报,2010,24(1):10-13.
② 杨建营,程丽平.大武术观统领下广义武术概念的确立[J].上海体育学院学报,2013,37(4):88-93.

念的属概念;种差就是被定义概念与跟它并列的其他概念间的本质属性差别①。在具有属种关系的两个概念中,外延较大,并且包含了另一个概念外延的概念称为属概念,也称上位概念;外延较小,包含于另一个概念的外延中的概念是种概念,也称下位概念。

用属加种差方法给武术赛事概念下定义,可分为三个步骤:首先,找出武术赛事概念邻近的属概念。其次,要准确地确定武术赛事概念同其他体育赛事概念的种差。这是武术赛事定义的关键。因为"种差"不准确,就不能揭示武术赛事所反映的赛事对象的本质属性,从而就不能把武术赛事概念和其他体育赛事概念区别开来。最后,用种差加邻近的属构成武术赛事定义项,并且用武术赛事定义联项把武术赛事和武术赛事定义项连接起来。这样就形成了一个属加种差的武术赛事定义。

要给出一个正确的武术赛事定义,除了必须具备有关的武术赛事具体知识和正确的世界观指导外,还必须遵守武术赛事定义的规则,武术赛事定义规则是保证武术赛事定义正确的必要条件。武术赛事定义要遵循以下规则:①武术赛事邻近的属概念与武术赛事的外延必须相同;②武术赛事邻近的属概念不能直接或者间接地包含武术赛事;③武术赛事邻近的属概念必须清楚明确,不能用比喻或含混概念;④给武术赛事概念下定义,一般不能用否定的形式。以上四条规则,仅仅是属加种差的武术赛事定义规则,这些规则主要是从形式上保证武术赛事定义的正确。故笔者将运用上述下定义方法和规则对武术赛事的概念进行分析。

首先需要探讨的是武术赛事的邻近属概念问题,从事物的本质来讲,武术赛事是"武术擂台赛""武术比赛""武术竞赛"的集合体,它以中国武术文化为基础,广泛地开展形式多样的武术文化活动。同时,它作为体育赛事的重要组成部分,具有体育赛事的一般属性,体育赛事邻近的属概念是"特殊活动"②,而武术赛事在大多数情况下是以具有中国特色的本土化体育项目为主体的集体展演,透显着深厚技击文化内涵的武术活动。因此,本研究认为武术赛事邻近的属概念是"技击展演活动"。

---

① 朱志凯.形式逻辑基础[M].上海:复旦大学出版社,1983:51.
② 黄海燕,张林.体育赛事的基本理论研究——论体育赛事的历史沿革、定义、分类及特征[J].武汉体育学院学报,2011,45(2):22-27.

在分析了武术赛事邻近的属概念之后,需要对种差问题进行讨论。武术赛事概念的种差,就是武术赛事与其他同属于技击展演活动范畴事物的区别。笔者认为,武术赛事区别于其他技击展演活动的最本质之处是"它以中国武术竞技为主题"。

通过以上对武术赛事概念邻近的属概念和种差进行分析,本研究最终认为武术赛事是指:以中国武术竞技为主题,一次性或不经常发生,且具有明确期限的集众性技击展演活动。它既能够推动举办地品牌旅游业的发展、提升举办地品牌知名度、改善城市品牌形象,又能够对举办地的经济、文化、社会和环境等诸多生态系统产生影响[①]。

本研究将武术赛事品牌界定为:能给武术赛事承办者带来溢价和增值的一种无形资产,其载体是用以和其他武术赛事的产品或劳务相区别的名称、术语、象征、设计及其组合,增值源泉是在武术目标消费群心智中形成的其载体总印象。武术赛事品牌建设是指武术赛事品牌构建主体对赛事本身所进行的品牌化规划、定位、要素设计和个性塑造,以及武术赛事品牌的价值、传播和延伸等可操作性行为过程[①]。

第二节　我国武术赛事品牌建设的基本理论

一、系统论

一般系统论是由美籍奥地利生物学家贝塔朗菲从理论生物学的角度研究了一切有机体与生物有机体的共同之处,即它们都是由要素(部件)组成的有机整体。于是,他把对象作为由部分组成的相互作用的有机整体来加以研究,他把这种由部分组成的相互作用的有机整体称为系统。他认为系统是相互作用的诸要素的复合体。系统被认为是由具有有机联系的要素组成的、具有系统新

---

① 李臣,郑勤.我国武术赛事品牌建设的理性审视[J].武汉体育学院学报,2016,50(5):56-62.

质或特定功能的复合体①。系统论的主要观点如下。

系统观点认为，从宏观方面的意义来讲，系统是一种普遍现象，不论自然界、人类社会还是思维领域都具有系统性，它是各要素之间、要素与整体之间相互联系、相互作用的矛盾统一体，具有从要素的量的组合达到系统整体的质的飞跃的总效应。

层次观点认为，作为综合整体的系统是由不同层次结构组成的，系统内部各要素的组成是按一定的联系方式和作用方式分层次组织而成的有机整体，而不是各要素的杂乱堆积。

功能观点认为，系统的功能是系统与外部环境相互联系和相互作用过程的秩序和能力，它揭示了系统对外界作用过程的秩序，系统的功能体现了一个系统与外部环境之间的物质、能量和信息的输入与变换关系，它是由系统整体表现出来，是一个对外部环境作用的过程。

动态观点认为，系统的动态观点是指考察系统时不仅应当研究系统的静态结构、结构与功能等方面的复杂情形，而且更应该研究系统的历史演化，研究其从无序到有序、低序向高序和从有序向无序的演化过程并形成某种稳定的动态结构的机制②。

系统论对我国武术赛事品牌建设具有积极的指导意义，以系统论作为基础的我国武术赛事品牌建设，其核心思想表现在以下三个方面：首先是整体性。从建设的对象来看，应该始终把赛事拥有者、政府职能部门和武术消费者作为一个统一体；从建设的内容来看，不仅要关注中国武术赛事品牌的综合建设，而且要重视我国武术赛事品牌各组成部分的建设效果。其次是层次性。在建设流程方面，既要体现标准化流程，又要根据比赛规模，进行针对性建设，以便体现区别对待的原则。在建设对象上，不仅要关注宏观层面的主体要素，而且要考虑微观层面各要素的影响因素。最后是动态性。系统的动态性是指从无序到有序、低序向高序和从有序向无序的演化过程并形成某种稳定的动态结构。我国武术赛事品牌建设过程需要经过有序的武术赛事品牌定位、武术赛事品牌识别、武术赛事品牌营销、武术赛事品牌管理等流程，并且对赛事品牌的建设人

① 冯国瑞. 系统论、信息论、控制论与马克思主义认识论[M]. 北京：北京大学出版社，1991：96-98.
② 冯国瑞. 系统论、信息论、控制论与马克思主义认识论[M]. 北京：北京大学出版社，1991：106-115.

员来说，也应该是一个有序的实施过程。在建设开始前，需要开展建设的培训工作，明确各环节的重点要求，对工作职责进行准确定位；在建设过程中，要求权责明确，分工合理，客观公正。据此可认为，运用系统理论的整体性、层次性和动态性特点进行我国武术赛事品牌建设工作，可以使我国武术赛事品牌建设的整体功能得到充分发挥，按照规范有序的操作流程，坚持我国武术赛事品牌建设的动态性原则，保证武术赛事品牌建设的实效性，进而促进我国武术赛事品牌建设系统的合理化发展。

二、运动竞赛学理论

运动竞赛学是体育科学的一个分支学科，它是以运动竞赛的组织、实施为研究对象，揭示运动竞赛活动组织与实施过程的客观规律，以体育竞技学、体育法学、运筹学、体育经济学、计算机科学等学科的基本理论为基础，去研究体育运动竞赛过程中的组织、筹划、实施方案与方法，以及竞赛规程规则的制订和竞赛裁判队伍的管理手段等内容的一门综合性学科[①]。运动竞赛学以揭示多层次体育赛事活动的运作过程规律，改进和完善赛事活动筹划、组织和实施方法，指导体育赛事实践，研究科学合理的体育赛事制度、运作模式与方法体系，提高赛事营建主体的能力，获得理想的赛事组织结果，不断完善其学科体系为研究目的。其研究任务包括运动竞赛法规、组织者与参与者、赛事的筹划组织与实施、运动竞赛场地、设施、器材及环境等整个赛事系统的任何有机构件。运动竞赛学的研究内容主要包括运动竞赛的筹划与组织、体育赛事运作模式及赛事编排、裁判员和运动员的后备人才培养和管理等方面内容。

运动竞赛方法理论认为，竞赛方法是运动竞赛过程中，为合理比较参赛者的竞技水平、公正排定参赛者的竞赛名次所采取的活动方式、程序和手段的总和[②]。运动竞赛方法主要分为竞争性竞赛的竞赛方法和对抗性竞赛的竞赛方法两种，其中竞争性竞赛是参赛各方在尽可能不受干扰的条件下，充分发挥自身

---

① 王亚琼. 运动竞赛学[M]. 北京：北京师范大学出版社，2009：1-8.
② 王蒲. 运动竞赛方法研究[M]. 北京：人民体育出版社，2001：31-47.

能力去夺取某种时空参数,以获得时空参数的大小来遴选优胜、排列名次的竞技活动,可归为循环制、淘汰制、补救制和混合制四类;对抗性竞赛是参赛各方在尽可能机会均等的条件下,相互之间捉对较量,以比赛的胜负来区分高下、选优排名的竞技活动,共分为轮竞制、优选制、并竞制和混合制四类。通过对对抗性和竞争性两种竞赛方法分析研究,不难发现,运动竞赛的竞赛方法受制于其比赛形式,而其比赛形式取决于其竞赛性质,且二者的竞赛方法在形式和内容上都存在明显的区别和质的差异。但这两种竞赛所表现的比赛形式相容和竞赛方法交叉的特点,尚不能改变竞争性竞赛的竞争性质,在形式上虽然都是两两捉对,竞相并逐,但在内容上二者参照系的不同,使得对竞赛方法的本质有较为深刻的认识,有助于高效利用竞赛方法为运动实践服务。因此,两种竞赛方法是既有区别又有联系,相辅相成、不可分割的有机统一体,要在二者合力基础上共同构筑完整的运动竞赛方法体系。

通过研究运动竞赛学相关理论,且在进一步明晰运动竞赛目的、内容、运作方法和社会影响基础上,有助于对我国武术赛事品牌建设理论构建提供有益参考,且对武术赛事品牌建设实践有积极的指导作用,主要体现如下:首先是借助运动竞赛理论使复杂的武术赛事筹划、组织及实施过程奠基于运动竞赛基本规律之上,逐步揭示多层次、不断发展的武术赛事的运作规律,进而营建高效、规范、科学的武术赛事经营模式。其次是通过分析运动竞赛构成三因素,即竞赛法规、场地设施和组织者与参与者,各因素的具体特点,为武术赛事品牌化发展各环节工作的有效实施提供借鉴经验。同时在国家体育产业政策理论指导下,武术赛事经营主体根据赛事自身特点,制定竞赛法规,提供最适于赛事进行的场地设施,提高武术赛事的组织效率,以保证武术赛事活动顺利进行。最后是运用运动竞赛方法体系构建理论,借鉴竞赛项目研究、运动竞赛分类研究和竞赛方法分类研究的相关科研成果,对武术赛事参赛项目进行分类,根据赛事自身特点,且按照运动竞赛分类研究理论,对武术赛事进行科学合理的分类,在有效利用国际通用竞赛方法基础上,归纳不同类型武术赛事的竞赛方法,形成一套具有中国特色的武术赛事办赛模式,在明晰武术赛事项目、武术赛事分类和武术赛事竞赛方法前提下,使不同类型武术赛事的运作模式更加科学和规范,为武术赛事品牌建设的有效开展提供必要支撑。

三、品牌学理论

品牌学理论是以1955年美国的著名广告大师大卫·奥格威首次提出品牌概念为标志,经过半个多世纪的发展,品牌学理论的内涵和外延日益丰富,其理论体系构建逐步完善。品牌学理论的发展主要经历了品牌形象理论、品牌定位理论、品牌资产理论、品牌关系理论、品牌战略理论及品牌生态理论等阶段。

品牌形象理论以品牌形象的整体学说、品牌形象的象征意义学说、品牌形象的个性说、品牌形象的认知心理说为基本视角,分析品牌形象概念的演变过程,认为品牌形象是消费者对品牌的整体印象和联想。品牌形象的形成主要来源于消费者对品牌传播信息的选择与加工和消费者积累的品牌知识所形成的品牌联想[①]。

品牌定位理论是在特劳特经典定位理论的基础上,综合了产品、企业和品牌形象的定位,系统考虑品牌创建和发展的内外部因素的大定位理论。品牌定位是企业以消费者、竞争对手和企业自身为主要维度,以行业、市场等要素为辅助维度,从产品、价格、渠道、包装、服务、广告促销等环节寻求差异点,塑造品牌核心价值、品牌个性和品牌形象,从而在目标消费者心中占据有利位置。品牌定位实质是一种系统的、综合的竞争战略理论,是积累品牌拥有者核心竞争力的必经环节,它的核心是消费者的心智资源,是实施品牌战略的根基,是品牌拥有者形成品牌竞争优势的核心,是品牌资产持续积累的源泉[②]。

品牌资产是消费者关于品牌的知识,是有关品牌的所有营销活动给消费者造成的心理事实。品牌资产以市场为导向,并随之发生变化;品牌资产的维持与提升,需要各种营销宣传手段的支持;品牌资产也随消费者积累的品牌经验而发生变化[③]。目前,关于品牌资产的构成主要体现在艾克模型、西文和沙利文模型(简称"SS模型")、英图博略模型(简称"IB模型")、莫塔门迪和夏洛克模型(简称"MS模型")、斯利瓦斯塔瓦和萧克模型(简称"S&S模型")、科勒模型和认知模型上,尽管各种模型的内涵与外延及模型建立的出发点存在差异,但是

---

① 黄静.品牌营销[M].2版.北京:北京大学出版社,2014:67-71.
② 余明阳,杨芳平.品牌定位[M].武汉:武汉大学出版社,2008:2-25.
③ 黄合水.品牌学概论[M].北京:高等教育出版社,2009:61-88.

这些模型也反映了同一规律性问题,主要体现在两个层面:一方面,品牌资产与品牌价值具有差异性。品牌资产(亦称品牌强度)是品牌价值的基础,品牌价值是品牌资产的货币表现形式,二者之间具有相辅相成、不可分割的关系。另一方面,品牌意识、主观质量、品牌联想是品牌资产的主要构成要素。品牌资产综合了消费者的态度、行为及市场手段等,维系着品牌产品与消费者之间的和谐关系,在提升品牌知名度、品牌美誉度和品牌忠诚度的同时,又增强了品牌产品的增值创利能力[①]。

品牌关系源于社会实践,由 Research International 市场研究公司的 Blackston(1992)提出[②]。研究认为,品牌关系是品牌母体与品牌接触点的联系,根据相关品牌接触点的差异性,它包括品牌与消费者的关系、品牌与供应商的关系、品牌与观念领导机构的关系,以及品牌与品牌间的关系[③]。根据目前相关研究成果可知,品牌关系的影响因素主要体现在自我认同、品牌个性、消费情境和品牌体验四个方面,而互动论、角色论、交换论和强度论是其形态划分的主要观点,品牌关系对品牌延伸和消费者行为都有重要影响。

品牌战略是企业为了提高自身的市场竞争力,围绕产品的品牌所制定的一系列长期的、带有根本性的总体发展规划和行动方案[④]。品牌战略以提升品牌价值和企业竞争力为目的,以品牌的形成、使用和维护为核心,在分析自身条件和外部环境的基础上,按照品牌的内在运作规律,围绕品牌发展进行的全局性谋划方略,是整个企业发展战略中的重要组成部分[⑤]。品牌战略研究是为品牌建设制定目标、发展方向和指导原则,为日常生活中的品牌建设项目制定有效的行为规范,它既具有纲领性和开放性特征,又具有竞争性、创新性及系统性特征。品牌战略研究主要包括品牌战略分析与定位、品牌战略选择和品牌战略行动三部分。

品牌生态理论研究主要体现在品牌生命周期、品牌个性、品牌生态系统、品牌生态位、品牌社区等方面,其中关于品牌生态系统的研究最具代表性[⑥]。品牌

---

① 韩福荣,王仕卿. 品牌理论研究(1)品牌理论发展评述[J]. 世界标准化与质量管理,2006(9):4-6.

② 周志民. 品牌关系研究述评[J]. 外国经济与管理,2007,29(4):46-54.

③ 赵洁. 品牌关系理论研究述评[J]. 现代商业,2010(35):64-65.

④ 余明阳,杨芳平. 品牌学教程[M]. 2版. 上海:复旦大学出版社,2009:92.

⑤ 陈春花,刘晓英. 品牌战略管理[M]. 广州:华南理工大学出版社,2008:8-11.

⑥ 彭新沙,田大伦. 西方品牌生态理论研究动态评述[J]. 广东商学院学报,2012(2):39-47.

生态系统是一个由品牌与品牌产品、品牌拥有企业、企业股东、供应商、最终顾客、中间商、竞争者、金融机构、大众媒体、政府、社会公众、相关企业，以及品牌生态环境（包括社会、经济、文化、自然环境）等所组成的人工生态系统①。品牌生态理论汲取多学科理论营养、研究方法及手段，从以"经济-社会-文化"研究为视角的品牌关系理论，提升转型为以"经济-社会-文化-生态"一体化的品牌生态理论，形成了新颖的品牌理念和传播模式，品牌关系理论得到进一步深化，构建了生态型品牌关系，以生态系统为研究视角阐述了品牌生态环境和品牌管理问题，探讨成功品牌在学习自然界生物生存策略的管理方式，在与生态系统协同互动中，寻找适合自己的生存方式，所有品牌都应在各自所处的生态系统中，能够找准充分发挥品牌价值的特定位置（生态位），通过采取所有合法方式与其他品牌实现协同进化。

　　综合品牌学相关理论与实践，本研究认为我国武术赛事品牌建设应从以下四个方面进行：首先是我国武术赛事品牌行为。一个武术赛事品牌的建立、塑造及提升，都与武术赛事品牌拥有者的作为密切相关。我国武术赛事品牌行为是武术赛事拥有者进行武术赛事品牌建设的基础，武术赛事拥有者只有有意识、有目的、有计划地采取相应的行动和措施，处理一些必要的事情，才是我国武术赛事品牌建设的根本。我国武术赛事品牌行为包括武术赛事拥有者经营理念的确立、武术赛事产品研发、赛事开发技术创新、武术赛事产品定价、武术赛事包装设计、企业形象设计导入、武术赛事团队经营人员行为准则的制定、武术赛事管理制度革新及武术赛事促销活动等。其次是我国武术赛事品牌传播。武术赛事拥有者所实施的我国武术赛事品牌行为是为让社会大众知道其赛事信息，如果社会大众对一个武术赛事品牌一无所知，那么该武术赛事品牌的发展前景就比较渺茫。品牌传播就是将品牌的相关信息传递给目标消费者。从事我国武术赛事品牌传播，首要任务是弄清楚我国武术赛事品牌传播的目的是什么。我国武术赛事品牌传播的目标主要是提升我国武术赛事品牌资产和促进我国武术赛事品牌产品的销售。我国武术赛事品牌传播主要有广告、公共关系和人际传播等方式。再次是我国武术赛事品牌形象。品牌行为通过品牌传

---

① 张燚，张锐．品牌生态管理：21世纪品牌管理的新趋势［J］．财贸研究，2003（2）：75-80．

播,能够给公众留下某种印象,这种印象就是品牌形象①。我国武术赛事品牌形象好,间接表明武术赛事拥有者的品牌行为正确,我国武术赛事品牌传播到位;如果武术赛事品牌形象较差,武术赛事拥有者对我国武术赛事实施的品牌行为与品牌传播方式应该进行改良。因此,我国武术赛事品牌形象不仅是武术赛事拥有者进行武术赛事品牌建设效果的检验,而且是我国武术赛事品牌建设的目标。最后是我国武术赛事的品牌反应。在目标受众心目中树立了我国武术赛事品牌形象之后,势必对其武术消费行为产生影响。这既是武术赛事拥有者所期望的,又是武术赛事拥有者对我国武术赛事进行品牌建设的最终目的。

四、体育赛事理论

体育赛事理论是在运动竞赛理论的基础上发展起来的,随着我国学者对运动竞赛定义逐步达成共识,体育赛事概念通过"运动竞赛"实现完美演变。而西方学者普遍将体育赛事归入特殊事件范畴,并以特殊事件为视角研究体育赛事。在综合国内外体育赛事理论研究成果基础上,现阶段较为权威的体育赛事定义是一种提供竞赛产品和相关服务产品的特殊事件,其规模和形式受竞赛规则、传统习俗和多种因素的制约,具有项目管理特征、组织文化背景和市场潜力,能够迎合不同参与体分享经历的需求,达到多种目的与目标,对社会和文化、自然和环境、政治和经济、旅游等多个领域产生冲击和影响,能够产生显著的社会效益、经济效益和综合效益②。目前,体育赛事理论主要包括体育赛事经济学、体育赛事管理、体育赛事经营管理和体育赛事市场开发等理论。

体育赛事经济学主要是从社会资源有效配置的角度,研究与体育赛事交易相关的制度安排,重点是交易制度的优化和设计;在国内举办的体育赛事,在社会主义市场经济体制下,体育从传统的计划经济向新的体制转轨过程中的体育赛事经济;以交易为中心,价格调节为核心的资源配置。研究客体是体育赛事赖以存在的基础环境和制度环境、体育赛事所涉及的投入物和产出物,以及体育赛事的生产、交换、分配和消费过程。体育赛事主体包括与体育赛事直接有

① 黄合水.品牌建设是怎么回事(上)[J].广告大观(综合版),2007(1):136.
② 王守恒,叶庆晖.体育赛事管理[M].北京:高等教育出版社,2007:3-12.

关的政府、事业单位、中介机构，以及赛事的所有权人、承办方、赞助商、媒体、观众、投资人和服务商等①。通过对体育赛事相关主体和客体间关系的深入研究，以保障赛事参与主体对赛事资源的自主调节，实现体育赛事资源的有效配置。

体育赛事管理理论主要包括体育赛事的概念界定和分类、体育赛事的综合影响、体育赛事的构成要素和管理层次、体育赛事的基本特征、体育赛事管理理念和体育赛事项目管理等主要内容。随着社会生产力水平的不断提高，体育赛事在长期的发展过程中，由于受到政治、经济、文化等因素的影响，使得体育赛事的内容、形式、功能及运作方式等环节都产生巨大变化②，且在商业行为影响下，体育赛事的内涵和外延不断扩大，体育赛事活动不再是纯粹由运动员和裁判员参与的活动，而是由观赛受众、新闻转播媒体和赞助商等其他资源主体介入的特殊事件。因而，通过探索体育赛事相关理论，有助于赛事理论框架体系构建，为体育赛事的科学化管理范式形成，提高了成功概率。

体育赛事管理是以体育赛事为载体运用项目管理与市场营销等知识对体育赛事的经营，利用现有的资源达到组织者对体育赛事效益的预期值③。体育赛事资源管理是项目管理的一个分支，其管理范畴是对赛事中现有的人、财、物等资源进行有效管理。人力管理是体育赛事管理的首要任务，根据体育赛事运作团队、运动员、裁判员、赞助商、合作伙伴、代理商、观众和志愿者等赛事参与对象各自特点，在实现其自身利益最大化前提条件下，尽可能使赛事参与对象在赛事经营过程中主观能动性有效调动，以形成人力资源的最优化配置局面。体育赛事物力管理主要包括运动竞赛、医疗卫生、媒体转播的设施和设备，以及交通运输、餐饮住宿、安全保卫的设施管理，不同级别体育赛事所需物力管理存在差异，管理质量直接影响体育赛事的举办效果。财力管理主要是对赞助商和非赞助商提供的资金进行最优化分配，在充足赛事资金支持基础上，以保障体育赛事整体良性运行，所以体育赛事经营管理就是为有效实现赛事效益目标而对赛事进行计划、组织、协调和控制的成功实施过程。

体育赛事市场开发是体育赛事的各种资源在特定的市场背景和一定的理论指导下，通过市场进行开发和经营并产生经济效益的过程，也可认为是体育

---

① 李南筑，袁刚.体育赛事经济学［M］.上海：复旦大学出版社，2006：8-11.

② 黄海燕.体育赛事管理［M］.北京：人民体育出版社，2012：1-23.

③ 李颖川.体育赛事经营管理［M］.北京：人民体育出版社，2008：15-26.

赛事运作管理机构立足于赛事所拥有的各种资源,通过市场交换行为,尽一切可能增加赛事收入的过程[①]。体育赛事市场开发主体是指在体育市场营建过程中,从事体育赛事产品或服务的生产和经营活动,由赛事组织委员会将赛事开发权让渡给享有权利和承担义务的个人或组织,通常包括政府、赛事组织者、赞助商、中介机构和新闻媒体等。对体育赛事进行市场开发,其目的是满足利益相关者的既得利益。现阶段,我国体育赛事市场开发的主要利益相关者有赛事主办组织、赛事承办方、赛事举办地政府、运动员、社区、新闻媒体、赞助商、观赛受众及其他赛事参与者等。所有的赛事利益相关者以市场为导向,以体育赛事市场开发资源为依托,在充分挖掘赛事有形资产、无形资产、政府资源和衍生资源的基础上,以实现赛事整体效益最大化,在各自利益最大化内驱力推动下,对体育赛事市场进行合理、有序的开发。

通过研究分析相关体育赛事理论,本研究认为体育赛事理论不仅可以对武术赛事品牌建设提供有益的理论指导,而且还有助于助推武术赛事品牌建设实践达到新高度,主要体现以下三个方面:首先,武术赛事不仅是民族传统体育赛事体系的重要组成部分,它借助赛事平台彰显武术所蕴含的中华文化元素,而且它更是体育赛事体系有机构成要素,因而在体育赛事经济学理论引领下,使武术赛事运作主体明晰武术赛事品牌的构建范式、基本框架、构建重点和赛事特征,从宏观和微观两方面把握武术赛事品牌建设的标准化模式,在突出优势项目的基础上,以赛事平台为基点,尽可能实现武术赛事资源的自主性调节,以保障武术赛事的社会效益和经济效益达到最佳效果。其次,由于体育赛事具有的潜在市场发展前景;共同组织文化背景引导、联结参与者与观众;赛事规则、传统习惯和风俗影响着赛事活动本身;组织、计划、训练和降低风险等实施行为;提供赛事服务产品,要求有不同类型管理者和参与者等特殊事件范畴的现代赛事特征[②],使作为其有机构成的武术赛事在进行品牌建设过程中,汲取赛事运作、经营及管理理论的有益成分,结合武术赛事自身的特征,在丰富的体育赛事理论指导下,逐步扩大武术赛事的市场影响力,进而提高其市场份额。最后,通过对体育赛事市场开发的体制、经济、法制、社会文化等环境,体育赛事有形

①　刘清早.体育赛事市场开发[M].上海:复旦大学出版社,2013:1-6.
②　黄海燕.体育赛事管理[M].北京:人民体育出版社,2012:3.

资产、无形资产、政府资源、衍生资源,以及体育赛事市场开发意义进行综合研究,对明确武术赛事品牌建设所需环境和武术赛事资源充分挖掘,以及武术赛事品牌建设的潜在市场影响都有积极意义。因此,在研读相关体育赛事理论基础上,以武术赛事经营实践为基点,发挥理论和实践相结合的特色优势,使武术兼容并蓄的特点和中华文化博大精深的内涵实现有机融合,借助武术赛事平台,充分展现品牌武术赛事的核心竞争力,在提高赛事品牌影响力的同时,助推中国武术的市场化和产业化道路愈发宽广,进而引领武术国际化发展高潮来临。

第三节　我国武术赛事品牌建设的地位和功能

一、我国武术赛事品牌建设的地位

武术赛事品牌建设既是民族传统体育管理的有机组成部分,又是一种规范性、引导性和科学性的武术赛事管理手段。《全民健身条例》[1]明确规定:"国务院体育主管部门应当定期举办全国性群众体育比赛活动;国务院其他有关部门、全国性社会团体等,可以根据需要举办相应的全国性群众体育比赛活动。地方人民政府应当定期举办本行政区域的群众体育比赛活动。"2010年《国务院办公厅关于加快发展体育产业的指导意见》[2]明确提出,努力开发体育竞赛和体育表演市场,积极引导规范各类体育竞赛和体育表演的市场化运作,支持地方根据当地自然人文资源特色举办体育竞赛活动,鼓励企业举办商业性体育比赛,努力打造有影响力、有特色的赛事品牌,以及加强体育产品品牌建设,推动体育企业实施商标战略,增加体育产品商标内涵,提高产品附加值,提升体育产品的市场竞争力的重点任务和主要政策措施,这些法规文件不但为武术赛事品牌建设工作提供了必要的法定依据,而且从国家层面赋予了武术赛事品牌建设

---

① 国务院. 全民健身条例(中华人民共和国国务院令第 560 号)[R]. 2009.
② 国务院办公厅. 国务院办公厅关于加快发展体育产业的指导意见(国办发〔2010〕22 号)[R]. 2010.

特殊的使命和重要地位。一般来说,武术赛事品牌建设是加强武术赛事工作的重要环节,是有效、科学、规范管理武术赛事工作的根本举措。据此可认为武术赛事品牌建设在武术赛事工作中发挥着积极作用,是武术赛事实现可持续发展的重要前提条件之一。武术赛事要获得发展,则必须要对武术赛事品牌建设工作进行监督与检查,制定出利于武术赛事发展的品牌建设战略,方可使其走向可持续发展之路。另外,虽然武术赛事品牌建设也是保障武术赛事工作的有效手段,但由于某些客观原因,造成武术赛事数量众多、观赛受众较少、武术赛事市场化程度较低、赛事质量遭到质疑等现实问题发生,因而迫切需要进一步加大武术赛事品牌建设的力度,致力于打造具有中国特色的武术赛事品牌。

2011 年 4 月,国家体育总局政法司制定并印发的《体育事业发展"十二五"规划》中明确要求加快发展体育产业,增强体育产业竞争力,积极探索体育赛事运作的新模式,大力培育具有中国特色的体育赛事品牌。2011 年 5 月,国家体育总局下发《关于印发〈体育产业"十二五"规划〉的通知》[①]主要措施中,强调加快实施品牌战略,积极推进体育赛事营销和管理的创新,大力培育具有中国特色的体育赛事品牌。2014 年 10 月,国务院颁布《关于加快发展体育产业促进体育消费的若干意见》[②]的文件,明确提出推动专业赛事发展,打造一批有吸引力的国际性、区域性品牌赛事。从以上三个国家级文件可以看出,在短短 4 年间,国务院和国家体育总局三次强调发展体育事业及产业的重要性,并且把"培育和打造具有中国特色的体育赛事品牌"作为主要措施之一,也已说明体育产业在调整产业结构、促进经济转型和惠及民生等方面所发挥的积极作用,而武术赛事作为体育赛事的重要组成部分,理应在满足人民群众多元化武术需求、保障和改善民生、增加就业,以及培育新的经济增长点、弘扬民族精神、增强国家凝聚力和文化竞争力等方面持续发挥有效作用。因而,武术赛事品牌建设是对国家体育事业和产业全面发展的有效促进方式,更是对武术赛事工作的强化,这也必将是当前和今后武术赛事实现可持续发展需要始终强调的核心任务。

---

① 国家体育总局.关于印发《体育产业"十二五"规划》的通知(体经字〔2011〕178 号)[R].2011.
② 国务院.关于加快发展体育产业促进体育消费的若干意见(国发〔2014〕46 号)[R].2014.

二、我国武术赛事品牌建设的功能

对于武术赛事品牌建设而言,就是在国家有关体育事业发展的政策法规视域下,结合武术项目自身的特点,以市场为导向,把时代特征元素融入赛事主体,进而运用品牌学、管理学和体育赛事学等学科理论知识,使其在我国经济发展方式转变、经济结构实施战略性调整及消费结构逐步升级等方面快速发展的战略机遇期持续发挥正能量,在践行和落实国家政策法规的前提条件下,规范各类型武术赛事实现可持续发展的良性操作行为,以确保武术赛事质量稳步提高。因此,以引导、预防和反馈等方式为重要手段的武术赛事品牌建设,在武术赛事工作中发挥着以下功能。

首先是引导功能。由于现阶段武术赛事整体质量较低,导致武术赛事市场缺乏活力,赛事品牌核心竞争力较弱,致使武术赛事的处境令人担忧。国家为此出台相应的政策性文件试图改变现状,诸如武术产业观、大武术观等推动武术赛事实现品牌化发展的利好政策,但这些政策措施在武术赛事运营过程中,由于赛事经营机构缺乏武术赛事品牌建设意识和为赛事发展作出长远规划的办赛理念,致使利于武术赛事发展的政策法规难以落实,赛事运作过程中呈现的一系列问题视而不见,进而影响武术赛事品牌价值提高,究其根源在于缺少科学的武术赛事品牌建设理论引导。构建武术赛事品牌理论不仅可以保障不同类型的武术赛事实现品牌化发展,而且有助于推动我国武术产业政策的顺利落实,在理论联系实际的基础上,避免赛事经营环节出现盲区,提高武术产业政策法规对规约对象的有效回应,助推武术赛事实现又快又好发展。对各类型武术赛事进行引导,可以保障武术赛事政策法规达到有效贯彻,改善和提高体育行政与武术赛事品牌化管理水平,为武术赛事的品牌化发展提供行之有效的模型支撑,推动武术赛事工作实现良性运转。

其次是预防功能。武术赛事的主要目的是以武术活动为手段,打造有国际影响力的赛事品牌,进而推动中华武术全面发展。如果只把赛事目标定位在提高赛事质量和影响力,那么武术赛事的内涵和外延将显得很苍白,凸显不出武术作为具有中国特色的民族体育项目在实现中华民族伟大复兴的中国梦的实践中的特殊地位和作用。为此,我们只有充分认识武术的内涵与外延,包括武术物质文化层面的武术技术、武术器械、武术练功器具、场馆、服装等内容,武术文化形态制度习俗层的武术组织方式、承传方式、教授方式、礼仪规范、武德内容、比赛方式等内涵,以及武术文化形态心理价值层所体现的民族性格、民族心理、民族情感等内容①,在武术赛事活动举办过程中彰显项目特点的同时,使赛事的社会效益和经济效益达到最佳效果。武术赛事的特殊性使其无论在赛事内容与办赛模式的设计还是在武术赛事活动的开展等方面都需较强的专业性。在武术赛事品牌建设中既要实现科学化,又要借助法治化手段解决举办武术赛事过程中面临的一切问题。例如,过分追逐经济效益,忽视赛事品牌建设对武术赛事发展的重要作用;赛事内容缺乏新意;武术赛事运作模式创造市场价值较小,导致武术赛事产业化程度较低等现实问题。解决这些现实问题的有效措施就是加快构建武术赛事品牌运作体系,建立正确有效的武术赛事运作模型,以规范科学的办赛模式和品牌建设体系来衡量武术赛事工作,指导武术赛事又快又好地实现品牌化发展。

最后是反馈功能。武术赛事的发展亟须两种助推力,即赛事品牌化管理和赛事质量,二者相辅相成,不可分割。因此,保障与推动武术赛事实现品牌化发展不但需要强化武术赛事的品牌管理,而且尚需对武术赛事的质量进行合理评估与检验。武术赛事品牌建设的效益主要依据全国武术工作会议和武术产业政策法规,提高武术赛事品牌的整体质量和经营效率。对于武术赛事的品牌化建设主要根据武术赛事的价值、效益、政策,以及武术赛事的规律提高武术赛事的整体质量,进而促进中华武术全面发展。通过武术赛事品牌建设,不仅能够发现武术赛事在当前经营过程中存在的实际问题,赛事运作机构管理人员的品牌赛事打造意识、经营理念和操作能力,而且可以为武术赛事的可持续发展提供借鉴经验。

三、我国武术赛事品牌建设在武术产业发展中的作用

武术赛事品牌建设对武术产业发展有着重要推动作用,对于促进武术产业相关政策法规的有效实施,规范武术赛事经营,凸显武术赛事的重要性方面都

---

① 全国体育院校教材委员会. 武术理论基础[M]. 北京:人民体育出版社,1997:23-28.

具有积极效益。武术赛事品牌建设对武术产业良性发展既是约束，又是激励，贯穿于武术产业整个管理过程中，并不断助推武术产业创造新的经济增长点。1992 年，国家体委在第二次全国武术工作会议上提出开发武术资源，树立武术产业观的武术发展方针和指导思想之后，遵循社会主义市场经济规律，以开展武术有偿服务为依托的产业实体相继建立，为武术赛事的品牌建设提供了政策和资源支撑。2009 年，国务院提出支持、鼓励、推动与人民群众生活水平相适应的体育消费和产业发展的全民健身政策，给中国特色的民族传统体育项目武术的产业化发展注入了新的政策推动力，给武术赛事助推全民健身国家战略效力的充分发挥植入了催化剂，并为武术赛事社会效益和经济效益双赢模式的形成赢得了国家政策优势。

从品牌赛事构建的角度而言，在武术赛事品牌建设过程中，办赛理念和规范化的赛事运作模式等版块应是建设的重点；在赛事品牌构建中，武术赛事品牌名称、赛事品牌要素设计、赛事品牌定位和赛事品牌管理等环节更是武术赛事品牌建设的核心内容。因此，通过对武术赛事各有机组成部分的品牌化打造，有助于促进各种类型武术赛事主管部门和运作主体在国家政策法规许可范围内，提高武术赛事的管理和服务水平，在规范武术赛事品牌化管理基础上，促进武术赛事的健康和谐发展。

第三章

品牌视野的中国武术赛事回顾和现状审视

本章导语

通过品牌视野的中国武术赛事回顾和现状审视认为,我国武术赛事包括尝试与探索(1949~1978年)、恢复与拓展(1979~1999年)、蓬勃发展(2000~2008年)和转型与升级(2009年至今)四个阶段,呈现从官办到自发的培育特征,历经最初的武术活动、武术表演大会、武术比赛、武术竞赛向蕴含多元价值武术赛事发展的过程。武术赛事品牌建设实践虽取得相应成绩,但尚存在诸多突出问题。

政府主导的常规性武术赛事,低估参与赛事的赞助商、新闻媒体及其他社会团体对赛事品牌化发展贡献的正能量,致使此类赛事的市场化程度较低;以市场为导向的武术赛事,政府缺乏赛事品牌战略规划及品牌构建理论的宏观指导,使得武术赛事的整体市场效益不高。而从文化产业发展角度来看,武术赛事的私人产品属性,以及其相关产品和服务的供需特征决定其必须实施市场化经营,当前武术赛事市场效益及结构不理想,促使武术赛事主体的赛事品牌打造意识增强。因此,在"互联网+"新引擎引领行业急剧发展时代背景下,实现我国武术赛事的创新发展,必须对我国武术赛事品牌模型进行构建,并对其实施品牌战略规划和品牌构建理论的顶层设计,方可扭转当下武术赛事运营不力的局面。

新中国成立后,党和政府为把中国武术不断推向前进,积极培育了多种类型武术赛事,其中,部分赛事逐步透显品牌赛事显著特征,展现出了积极效益。本章主要通过对我国武术赛事发展历程及赛事特征的审视,阐述我国武术赛事品牌建设的动力因素,以及武术赛事品牌培育中政府、中国武术协会、市场(企业)各自对于赛事运营存在的问题及原因等相关内容。

第一节 我国武术赛事发展历程

武术作为独具特色的民族传统体育项目,在中华文化的浸润哺育下,已经历经了数千个春秋,虽然它源于中国,但是却属于世界。近年来,伴随着国家体育理论政策的逐步实施,她的独特魅力更加受到国内外武术爱好者青睐,继而以武术项目为依托的武术赛事成为各国人民进行友好交流的平台和纽带。然而随着我国社会的持续转型,作为社会系统生态链组成部分的我国武术赛事也在不断地主动调适,以适应发展市场经济为导向的生存环境。因此,业内大部分学者结合当前国家助推体育发展的理论政策,对武术赛事的发展方向提出各种假设,诚然,我国武术赛事品牌化发展已成为研究者关注和讨论的焦点,品牌武术赛事打造已成为武术赛事产业化发展的必然选择。

当然,从事中国武术赛事研究,必须要对我国武术赛事的发展史和现状进行全面且深入的了解,否则就不能透过武术赛事现象把握赛事的基本发展规律,造成诸多关于武术赛事和谐发展的政策法规和现实操作迷惑不解,进而难以对新时期我国武术赛事面临的严峻挑战给出合理化建议。本研究着眼于使我国武术赛事发展的纵向历程和横向的武术赛事个体相结合,以历时性考察为视角,对我国武术赛事的变迁过程进行整体梳理和科学分析。

改革开放以来,国家体育总局主持召开的 7 次全国武术工作会议和《中共中央国务院关于进一步加强和改进新时期体育工作的意见》(中发〔2002〕8 号)、《国务院办公厅关于加快发展体育产业的指导意见》(国办发〔2010〕22 号)及《关于加快发展体育产业促进体育消费的若干意见》(国发〔2014〕46 号)三个关于体育事业发展的重要文件,对我国武术赛事的建设和发展具有积极推动作用。由于政策法规文件是我国武术赛事事业健康发展的风向标,所以我们以国家层面的理论政策为主要依据,结合我国武术赛事发展过程中的标志性事件,对我国武术赛事发展历程进行扼要回顾,并将其划分为四个阶段。

一、我国武术赛事尝试与探索阶段(1949～1978 年)

新中国成立以来,武术作为民族体育的重要组成部分,其性质、地位、目的和作用也发生了巨大改变,由于受到党和政府的高度重视,使其活动形式、社会地位和价值功能也随之发生深刻变化。为推进武术及其他民族形式体育的发展,1953 年 11 月在天津举行了全国民族形式体育表演及竞赛大会,武术作为这次大会的主要内容,通过沿用民国时期"打练合一"的竞赛表演方式,展现了建国初期我国武术赛事的最高水平,受到当时社会大众的广泛关注[1]。从某种程度来说,此次大会的召开,标志着我国武术以体育项目的身份开始进入赛事领域,对武术赛事的迅速发展起到了积极助推作用,进而拉开了武术赛事的序幕。随后又举办了多项全国性武术赛事,如 1956 年 11 月在北京举行 12 单位武术表演大会、1957 年 6 月在北京举行 27 个省、自治区、直辖市全国武术评奖观摩大会、1958 年 9 月在北京举行 27 个省、自治区、直辖市全国武术运动会[2]。这些武术比赛在赛事组织、项目评议、评分标准及裁判员业务能力培训等方面都明显进步,并使武术竞赛逐步呈现现代武术赛事核心要素。

随着 1956 年颁发的《中华人民共和国运动竞赛制度暂行规定(草案)》把武术列为表演项目、同年举办的武术表演大会 5 条 40 字评分标准的试行和1957 年国家体委把武术列为正式比赛项目,这些重大举措推动我国第一部以长拳、南拳、太极拳为主要竞赛内容的《武术竞赛规则》于 1959 年由国家体委正式公布实行。此部《武术竞赛规则》按照竞赛项目分类,规定了竞赛套路的组别、内容、动作标准、错误动作扣分标准,以及允许创编自选套路等,使武术第一次有了相同条件下的评分标准,这部规则的制定实施使武术赛事步入了竞技体育赛事行列[2]。依据《武术竞赛规则》,1959 年 3 月在北京举行的全国青少年武术运动大会,出现许多独特、新颖的武术套路,要求每名运动员至少参加 3 项比赛

① 国家体委武术研究院. 中国武术史[M]. 北京:人民体育出版社,1996:361-369.
② 邱丕相. 中国武术史[M]. 北京:高等教育出版社,2008:173-176.

的规定，丰富了竞赛内容，对武术赛事项目的全面发展起到了积极促进作用。同年在北京举办的第一届全国运动会，开设了武术比赛项目和表演项目，比赛项目按单项和团体总分多少取前 8 名；表演项目只评分不记名次，根据水平高低对优秀者分别授予一、二、三等奖。新规则的使用，对武术套路的继承和技术水平的提高具有巨大推进作用。1960 年 9 月在郑州举行的全国武术运动会，开设比赛项目和表演项目，比赛项目根据运动成绩以团体、全能（男、女分开）、单项名次进行录取，表演项目录取方法保持不变。此次大会中，武术套路的高难度动作明显增多，而且速度快、跳得高、落得稳。1963 年 10 月在上海举行的武术暨射箭锦标赛，武术被设为表演项目，录取方法无明确规定。1964 年 9 月在济南举行的武术暨射箭锦标赛，按甲、乙两组进行，甲组必须参加全能 6 项比赛，各项按成绩取前 6 名，不计团体名次，乙组只参加表演。此次比赛中出现了许多难新的组合动作，套路结构、内容也更加丰富多彩。竞赛规则采用 1963 年对《武术竞赛规则》的补充修订，对技术水平的评价以主观性评定为主，注重动作准确、劲力完整、节奏鲜明和形象逼真等方面表现，并第一次规定武术套路比赛在 1 分 45 秒～2 分 30 秒内完成。1965 年 9 月北京第二届全国运动会，武术被列为表演项目，此次武术竞赛表演，不受以往武术竞赛规则限制，内容及形式多样化，但从武术赛事科学化发展层面来讲，它对初步形成的武术竞赛规程和竞赛规则的继续贯彻执行产生一定程度的消极影响。

三年困难时期和"文化大革命"使已形成的武术竞赛制度遭到破坏，武术赛事活动被迫停止，使新中国成立初期的武术赛事发展进程严重受阻。但在刘少奇、周恩来等国家领导人的重视和亲自关怀下，总体上武术还是在曲折中向前发展着。1972 年 11 月在济南举行全国武术表演大会，表演规模较大，且有创新性技术动作出现。自选套路在结构、难度、腾空和跳跃上有明显突破，出现旋风脚接各种步型的新颖动作，体现出速度快和节奏合理的特点，并首次出现集体基本功表演赛事项目。随后于 1974 年 8 月在西安举办的全国武术比赛大会、1975 年 9 月在北京举办的第三届全国运动会武术比赛、1976 年 8 月在哈尔滨举办的全国武术汇报表演大会，以及 1977 年 8 月在内蒙古临河和 1978 年 10 月在湘潭举办的全国武术比赛[①]，从整体分析，这些武术赛事在参赛单位、参赛运

---

① 国家体委武术研究院. 中国武术史[M]. 北京:人民体育出版社,1996:418-419.

动员数量、竞赛项目、动作难度及奖励措施等环节都有较大改观,但鉴于当时我国所处的特殊历史时期,致使品牌武术赛事培育意识淡薄,使得表演型武术赛事一直在"高、难、新、美"的发展道路上被反复实践,它作为现代武术赛事主体的一个标志性文化符号,体现着极强的官方意识。

综上,该时期武术赛事特征主要表现:一方面此阶段官方赛事及文件并没有出现武术赛事概念,但部分赛事呈现显著效益;另一方面武术竞赛市场驶入法治化运营轨道,赛事管理科学化、规范化及官方意志凸显。

二、我国武术赛事恢复与拓展阶段(1979～1999 年)

(一) 全国性武术赛事发展历程回顾

1978 年 12 月党的十一届三中全会召开,给我国的体育事业带来了勃勃生机,武术运动也得到全面恢复和发展,并进入一个崭新的历史时期。在"解放思想"工作方针指引下,武术工作被提到应有的、与实际相符的地位,使武术运动散发出沉寂许久的活力[1],进而为我国武术赛事引擎的开启提供了精神动力和智力支持。1979 年 9 月在石家庄举行的第四届全国运动会武术比赛,分别进行了单项和个人全能比赛,以及散手和短兵表演。此次武术赛事实施遵循国家体委重新修订的《武术竞赛规则》,突出了武术动作规范、基本功、攻防意识和技击特点等要求,对武术技击训练水平的提高起到了有效促进。1980～1983 年,分别在昆明、福州、杭州和郑州举行全国武术表演赛,在竞赛规程中,对表演项目进行了必要限制,各参赛队根据具体情况介绍反映本区域传统项目(拳术、器械)一套,为积极响应 1979 年 1 月国家体委下发的《关于挖掘、整理武术遗产的通知》,表演项目也被列入全国武术观摩交流大会。1983 年 9 月在上海举行的第五届全国运动会,武术被定为表演赛项目,也是以全国武术表演赛命名的武术赛事的"谢幕战役"。

1984 年国家体委把全国武术表演赛更名为全国武术比赛,且同年 10 月在武汉举行全国武术比赛大会,使武术赛事的级别更上一个台阶。1985 年 1 月,国家体委颁布与实行《武术运动员技术等级试行标准》,按照武英级、一级武士、

---

① 　国家体委武术研究院. 中国武术史[M]. 北京:人民体育出版社,1996:369.

二级武士、三级武士和武童级等级设置五个级别,提高了武术运动员的地位,激励和鼓舞了广大武术运动员为提高技术水平而奋力拼搏。同年5月在银川举办的全国武术比赛,分别有15名男、女运动员首获武英级称号,成为我国第一批最高级别的武术运动员。1986年6月在济南举办的全国武术比赛和同年9月在南京举办的全国武术精英赛,为我国武术竞赛分级赛事模式的形成,即团体赛和个人赛分开举办开创了先例。1987年第六届全国运动会,武术被正式列为全运会比赛项目,设金牌16块,武术竞赛成绩计入各参赛团体总分,这一决定使武术赛事的社会地位得以确立,有力调动了各阶层武术团体的积极性和主观能动性,为武术赛事整体水平的提高注入了新动力。据1987年对20个省市自治区的调查,民间的各种武术馆、校、社有1万多个,全国习武人数已达6 000万①。遍布全国的武术馆(校),对推动我国武术赛事的广泛开展,提供了非常坚实的组织和人才基础。1988年6月在长沙举行的全国武术赛事,较多年轻的武术赛事运动员脱颖而出,为我国武术赛事后备人才队伍的有序发展壮大提供了人员保障。

随着武术赛事规模扩大和赛事运作过程中呈现的不合理因素增多,严重制约这一时期武术赛事的总体发展水平。1989年国家体委采取一系列改革措施,首先变更武术赛事名称,将全国武术比赛改为全国武术锦标赛,不同级别赛事的划分更加明确,武术套路团体赛和个人赛各自单独进行。这一重大举措不仅为武术赛事运动员创造了较多参与竞争的机会,而且也强化了体育赛事公平竞争的赛事体制,最终促进了武术套路训练和技术水平的明显提高,也标志着我国的武术赛事步入新的发展阶段。同年在江西宜春举办第一次武术散手正式比赛,即全国武术散手擂台赛,正式采用《武术散手竞赛规则》,是我国武术散手发展历史上的一个重要转折点。1990年国家体委公布实施《武术散手技术等级标准》,逐步形成了由裁判员、运动员和竞赛规则构成的武术散打赛事运作体系,为武术散打赛事的品牌化发展起到了积极助推作用。在1990年第十一届和1994年第十二届亚运会上,武术均被列为正式比赛项目,间接说明武术赛事的综合效益已经受到国际社会认可,其赛事影响力在不断扩大。1991年,国家体委颁布《太极拳、剑竞赛规则》,推动太极拳、剑比赛进入新阶段。自1986年该项赛事单列以来,到1993年先后在全国8个省份不同区域举办8次太极拳、

---

① 周伟良. 中国武术史[M]. 北京:高等教育出版社,2003:124.

剑赛事,在全国已经形成了一支实力雄厚的太极拳后备人才队伍,为太极拳赛事的规范化和品牌化发展提供了必要的人才保障。1992在济南召开的第一次全国太极拳推手观摩交流研讨会,推动了太极拳推手赛事竞赛办法和技术水平的提高,为该项赛事向竞技体育赛事行列迈进打下坚实基础。1993年第十届全国少年"武士杯"武术比赛的成功举办,标志着通过10年的探索发展,该项赛事取得了丰硕成果,在推动该项赛事走向专业化过程中,使少年运动员的技术和运动能力也得到不同程度的提高,在培养武术后备人才的基础上,促进了少年武术赛事的规律性开展。

这一时期民间的武术赛事主要有:①全国老革命根据地的武术比赛;②"全国武术之乡"的武术比赛;③民间武术馆(校)、社的武术比赛三种赛事举办形式。1990年11月在江西井冈山举行的首届全国老革命根据地武术比赛,竞赛规程明确规定参赛运动员的户籍必须是老革命根据地;参赛项目必须是各地区较为流行的优秀传统拳术、器械和对练;奖励措施是对成绩优秀者分别授予一、二、三等奖。此类武术赛事这些明确规定,在一定程度上突出了赛事品牌个性,对区域性武术赛事品牌的构建具有积极作用,但因其严格的参赛资格限定,不利于新的武术项目参与,致使赛事本身缺乏足够的创新性,赛事品牌的社会效应难以达到最大化。1992年12月在广东汕尾举办第二届全国老革命根据地武术比赛,此次赛事除了套路比赛之外,还开设有武术散手比赛,在参赛项目设置上的明显变化,积极调动了参赛运动员的比赛热情,使得本次赛事无论在组织规模、参赛队数量、参赛运动员、参赛项目和竞技水平等方面,与第一次赛事相比,都有较大改进和提高,致使此项武术赛事的品牌价值得到本质性改善,为武术赛事品牌效应的产生植入了催化剂,为赛事品牌价值链的有效形成提供了强大动力。民间武术馆(校)、社及各种年会、武术节的比赛是在武术运动发展的新形势下,于20世纪80年代中期产生并发展起来的新型武术赛事。1992年12月在海南琼海举行的首届"全国民间武术馆(校)、社武术邀请赛",广泛调动了全国武术馆的参赛积极性,在保证参赛队伍满足参赛条件的前提下,把赛事分为武术套路和武术散手两大类,最终团体运动成绩按照一、二、三等奖授予。这类武术赛事虽然缺乏明显的赛事品牌建设意识,对武术赛事品牌元素缺少科学化设计与挖掘,但是因其参赛条件的自由度较大,对全社会习武群体的参赛积极性起到催生作用,在它给整个民间武术活动增添活力的同时,推动了整个武术赛事产业的良性发展。1993年8月在河南温县举行首届"全国武术之乡"武术比赛,参赛运动员必须是"武术之乡"户籍,年龄无具体限制,竞技水平无明显要求,竞赛内容主要以武术套路和散手为主,竞赛规则无明确规定,导致该项赛事在常规武术赛事视域下的品牌化程度较低,不清晰的品牌定位和模糊的品牌个性使此类武术赛事缺乏强劲有力的市场竞争力,其市场化程度必然走低。1994年中国武术协会综合分析开展武术赛事的多方面因素,最终决定隆重推出中华武术散手擂台争霸赛和挑战赛系列赛事[①],由此开启了我国武术散手商业性赛事探索历程,并成为我国武术赛事品牌运作模式的先行者。1997年第八届全国运动会所设的28个比赛项目中,武术是唯一的非奥运会项目,并设15块金牌,充分说明国家对武术事业的重视,并为我国武术赛事向更高层次赛事迈进提供了精神动力。1998年全国武术散手锦标赛更名为全国武术散打锦标赛,使长期遭受禁锢的散手成为竞赛项目,给单一的武术赛事模式注入了新鲜血液,使与武术套路相对应的赛事体系逐步形成,为我国武术赛事品牌的打造提供了先决条件[①]。1999年举行的全国武术对练精英大奖赛,武术套路竞赛首次尝试商业化运作,这是武术套路竞赛走向市场化的首次尝试[②]。与此同时,中国功夫VS美国职业拳击争霸赛、搏击职业试点赛、水上搏击擂台赛及中华武术散手擂台争霸赛等多种形式的商业性武术赛事,为我国武术赛事体系的日益完备提供了积极效益。

（二）国际性武术赛事发展历程回顾

根据1982年全国武术工作会议提出"要积极稳步地把武术推向世界"的指导方针,1984年4月在武汉举办国际太极拳邀请赛,18个国家和地区的运动员参加了比赛和表演,此项赛事是我国第一次举办的国际性单项武术比赛,它不仅推动了太极拳运动的健康发展,增进了各国运动员之间的相互了解和友谊,而且为武术走向世界创造了一个良好的开端。1985年8月在西安举行由12个国家和地区参加的第一届国际武术邀请赛,这是我国第一次正式举办的国际武术邀请赛,此类武术赛事不仅是武术走向世界的重要步骤,也是促进国内武术

---

① 杜胜林,洪浩.现代武术竞赛五十年回顾与展望[J].武汉体育学院学报,2004,38(5):26-29.
② 高亮,朱瑞琪.中国武术职业赛事发展研究[J].中国体育科技,2011,47(6):55-63.

事业发展的重要环节。这次赛事包括比赛和表演两大项,比赛内容分 3 类 9 项,表演项目凡是中国武术均可参加,每人可参加 1～3 项。为方便武术在全世界进行推广,个人全能项目安排较少,且参赛项目在规定要求中进行选取,以便于形成统一的评分标准。在运动成绩评定方面,比赛项目分别取前 3 名,表演项目授予优秀奖称号。在此次赛事举办期间,国际武术联合会筹备委员会成立,为武术的国际化传播和推广提供了重要组织机构保障。1986 年 11 月在天津举办由 20 个国家和地区参加的第二届国际武术邀请赛,并有部分国家派出观察员,如菲律宾、比利时、尼泊尔等。这次武术赛事无论从参赛队及其人数、表演项目和运动技术水平,都比第一届比赛有明显的提高,体现出此类武术赛事的世界影响力在逐渐扩大,且赛事本身的吸引力日益彰显。1988 年中国国际武术节期间,于 10 月份在杭州举行 31 个国家和地区参加的第三届国际武术邀请赛,共进行 531 项次比赛和表演,此次赛事是武术国际发展史上的空前壮举,参加项目是历届国际武术邀请赛最多的一次,在参赛国之间推广我国武术项目的同时,为武术赛事的国际化进程起到了积极助推作用。1989 年由国家体委武术研究院审定的长拳、南拳、太极拳、刀术、枪术、剑术和棍术 7 个项目作为第十一届亚运会竞赛套路和国际性武术赛事的正式项目,受到大多数国家认可,参赛项目的明确规定,对武术赛事规范化、标准化和国际化推广进程具有显著促进作用,对武术赛事国际化舞台的搭建起到了积极效益,并为国际化武术赛事品牌的构建提供了重要的项目和技术支撑。1991 年 10 月在北京举办第一届世界武术锦标赛,由 40 个国家和地区参加了武术套路比赛和散手表演赛,此次赛事是盛况空前的全世界武术习练群体的大聚会,把国际性武术赛事的社会效应进一步推向高潮。1993 年 10 月在马来西亚吉隆坡举行的第二届世界武术锦标赛,在保持原有套路竞赛项目基础上,散打也被列为比赛项目,参赛项目的变化,为国际性武术赛事市场竞争力的增强注入了活力。通过以上 3 次国际武术邀请赛和 2 次世界武术锦标赛的发展过程来看,此类武术赛事的规模、参赛人数、参赛项目及赛事的国际影响力呈显著性变化,随着赛事举办次数增多,赛事性质发生质的飞跃,尤其是从国际邀请赛发展到世界锦标赛,它标志着中华武术正式进入世界竞技体育赛事行列,并且把赛事规模不断推向前进。

　　1987 年日本横滨、1989 年中国香港及 1992 年韩国汉城举办的三届亚洲武术锦标赛,使武术在亚洲的影响力逐步攀升,并且在第三届赛事项目设计中,散手被列为表演项目,为武术赛事项目的多元化发展植入了新的元素,对其市场竞争力的增强具有积极效益。1993年在上海举办首届东亚运动会,武术被列为正式比赛项目,为武术项目进军综合性运动会开始了破冰之旅,为提高武术赛事在其他综合性体育赛事体系中的影响力开启了有益尝试。1996年第三届全国武术工作会议强调"要把中国建设成世界武术的中心",这一方针政策为90年代正式提出武术入奥设想吹响了号角,1997年在意大利召开的国际武联代表大会上,首次提出竞技武术进入奥运会的设想,1998年国际武联向国际奥委会递交了竞技武术入奥申请书,这些重大事件为我国武术赛事驰骋世界最高级别的体育赛事赛场赢得了先决条件。在1991~1999年间,依次在北京、吉隆坡、巴尔的摩、罗马和香港成功举办了第一至五届世界武术锦标赛,为武术赛事的品牌化发展增添了持久动力,在汲取举办地区域文化特征基础上,为武术赛事品牌的元素设计植入了和谐音符。在此期间,第十一至十三届亚运会都增设武术赛事项目,这是在本国地域内举办的丰富多彩的国际武术赛事,这些武术赛事有效促进了中华武术在世界范围内的发展,并为各种类型的武术赛事品牌构建起到有效促进作用。

纵观该时期所有类型武术赛事主要体现在全国性和国际性两个层面,通过梳理其共同特征获悉,一方面此阶段随着改革开放新政陆续落地,政府部门确立中国武术市场化发展战略,以此为发展方向,武术赛事规范化文件相继实施;另一方面基于武术赛事品牌建设法治化程序增强,武术赛事品牌影响力逐步扩大,赛事的内涵及外延都日益丰富,武术赛事品牌个性不断凸显、赛事品牌定位逐步清晰,武术赛事品牌识别差异性增强,有力推动了我国武术赛事品牌建设。但是相关武术赛事市场化政策体系不完备,使得武术赛事品牌培育主体缺乏构建品牌武术赛事的竞争意识;先进的赛事品牌管理理念及理论缺乏,致使赛事运作主体的品牌意识淡薄,武术赛事品牌要素设计无新意,品牌个性不鲜明,无法有效吸引目标消费群注意力,进而使武术赛事品牌难以给赛事消费者完美印象和总体感觉。

三、我国武术赛事蓬勃发展阶段(2000~2008年)

2000年3月,在我国商业性武术赛事成功办赛模式影响下,由国家体育总局武术运动管理中心领导，中国武术协会主办、北京国武体育交流有限责任公司承办的中国武术散打王争霸赛在北京正式启动，此项赛事的成功运营，标志着我国股份制武术赛事运作模式登上历史舞台，并预示着我国武术赛事品牌领航者闪亮登场。同年 10 月，由亚洲武术联合会举办的第五届亚洲武术锦标赛在越南河内举行，它作为每两年举行一次的顶级武术赛事，吸引了来自 22 个国家和地区的 400 多名运动员参加角逐和表演，本次武术赛事设有武术套路、散打比赛、武术集体项目和对练项目表演，并分别增设长拳、南拳三项全能及太极拳两项全能等男女各 3 个全能项目。伴随着此次武术赛事的圆满落幕，凸显亚洲武术赛事正在健康稳定地向前发展，并表明武术赛事有能力也有信心成为国际性体育赛事大家庭中的一员，间接反映了这一时期武术赛事品牌建设工作取得的显著成效。与此同时，由于亚洲武术联合会在武术赛事制度方面作出的重要变革，使得裁判员的培训和考核制度得到进一步完善，因而促进了整个武术赛事事业的健康发展。2000 年 11 月 20 日第四届全国武术工作会议在安徽合肥召开，提出推动武术发展，要以武术健身为重点，紧紧抓住推动传统武术发展、力争竞技武术进入奥运会和实现武术产业化发展三条主线，在试办全国武术运动会的基础上，从武术市场创办名牌着手，开辟更为广阔体育赛事新领域等重大举措，拉开了 21 世纪武术赛事蓬勃发展的序幕。

　　2001 年 7 月 13 日北京获得了 2008 年奥运会举办权，为中华武术步入奥运会国际顶级赛事殿堂提供了重要机遇，并助推武术赛事的发展速度迎来新的高潮。同年 7 月由亚洲武术联合会举办的首届亚洲青少年武术锦标赛在越南河内举行，来自 13 个国家和地区的 100 多名青少年武术运动员参加了此项赛事。本次赛事由套路和散手两个大类组成，套路比赛设 7 个项目，分为甲、乙两组；散打比赛按照体重分 6 个级别进行角逐。此次赛事共设 34 块金牌。同年 11 月由国际武术联合会举办的第六届世界武术锦标赛在亚美尼亚首都埃里温举行，来自 30 个国家和地区的武术运动员参加，共决出了 41 个项目的优胜名次。此次赛事首次按照竞技体育赛事参赛标准，对运动员进行兴奋剂检查，表明国际武术联合会对此次赛事的重视程度和为打造国际性武术赛事品牌所做出的大胆尝试。本次世界武术锦标赛，亚美尼亚共耗资 100 万美元，其中政府补贴 20 万美元，对于一个人口只有 300 多万的国家来说，简直是一笔巨大的开支①。然而亚美尼亚政府坚定的办赛信念、有条不紊的办赛规程和井然有序的安保措施,使本届赛事圆满完成,足以显示国际武联成员国的精诚团结意识和为武术赛事品牌建设进行的积极努力,并对国际性武术赛事的蓬勃发展所持有的鲜明态度。同年 12 月国际武术联合会向国际奥委会提出将武术列为奥运会比赛项目的正式申请,这一重大举措对武术赛事品牌影响力提升起到至关重要作用。

2002 年 7 月由国际武术联合会和中国武术协会主办、上海市体育局和上海市武术运动管理中心承办的首届世界杯武术散打赛事在上海举办,来自世界 16 个国家和地区的 44 名优秀运动员参加比赛,此次赛事采用国际武术联合会审定的《武术散打竞赛规则》,实行淘汰赛制,共分 11 个级别,为武术散打赛事新篇章的谱写开启了新的征程。由此可见,中国散打不仅是全国锦标赛、全运会的正式比赛项目,而且也是亚运会的比赛项目,在世界锦标赛成功举办的基础上,开启世界杯赛事运作模式,表明该项赛事基本形成了相对完整的品牌化操作程序,为此项赛事的品牌构建赢得了宝贵的实践经验。

2003 年 8 月,第四届中国功夫 VS 泰国职业泰拳争霸赛在曼谷举行,本次赛事共设 5 个级别,每个级别都进行 5 回合较量,每回合规定时间为 3 分钟,采用国际通用的竞赛规则,为参赛运动员创造了公平竞争的机会,并为品牌武术赛事的打造提供了政策制度保障。同年 10 月由亚洲武术联合会举办的第二届亚洲青少年武术锦标赛在北京举办,来自 18 个国家和地区的 201 名优秀青少年武术运动员参加比赛。同年 11 月由国际武联举办的第七届世界武术锦标赛在澳门举行,来自 58 个国家和地区代表队的武术运动员参加比赛,最终有 29 个国家和地区的运动员获得奖牌,对于奖牌数量的"扩大化",有专家认为,其主要原因是武术赛事的整体技术水平有了明显提高,国外武术运动员的参赛意识增强,进一步说明此项赛事的国际影响力在逐步提升,赛事品牌的内涵和外延在不断地丰富②。

2004 年 10 月由国际武术联合会、国家体育总局武管中心和中国武术协会主办,郑州市政府和河南省体育局承办的第一届世界传统武术节在郑州举办,来自 62 个国家和地区的 160 多个团体、2 100 多名武术运动员参加此项赛事,其

---

① 胡未名. 相约埃里温——第六届世界武术锦标赛散记[J]. 中华武术,2001(12):4-5.
② 李伯飞. 2003 年澳门第七届世界武术锦标赛[J]. 中华武术,2003(12):2.

赛事主题词是"弘扬少林武术,展示中原大地丰厚文化内涵",赛事项目设置分为拳术类、器械类、对练类和集体项目类,按照男、女分别设有 6 个组别。此次赛事体现"以武会友、共同发展、弘扬中华武术"的办赛宗旨①,足以显示此类赛事的品牌定位目标逐渐清晰,以赛事本体为依托,借助现代化商业包装理念,把中华武术独具特色的技击和功法融入赛事运作体系之中,为这一时期武术赛事品牌的构建模式提供了有效的借鉴经验。同年 11 月由国际武术联合会、国家体育总局武术运动管理中心、中国武术协会和广州市体育局主办,广州市武林会体育文化传播有限公司、广州市武术协会和广州飞跃信息技术开发有限公司承办的第二届世界杯武术散打比赛在广州举办,吸引来自 23 个国家和地区的66 名武术运动员参加此项赛事,按照体重共设男子组 11 级别,女子散手首次列入比赛项目。参赛运动员的资格要求必须是第七届世界武术锦标赛各级别前三名选手,这一规定,无形之中提高了本次赛事的竞技水平,为赛事品牌打造提供了过硬的技术保障。本届赛事的办赛宗旨是"打造武术赛事品牌、传播武术文化、搭建合作平台、全力推进中国武术全面走向世界"。"功夫王·第二届世界杯武术散打比赛"作为代表世界武术界最高级别和最高竞技水平的国际性赛事,据业内专家预测,这次赛事媒体宣传的受众指数将达到八亿多人次,商业价值将超过两亿元人民币。通过科学分析发现,本届赛事之所以拥有如此巨大的商业价值,是因为赛事品牌主体蕴含的潜在品牌价值。即如果企业选择与此次赛事合作,那么它将直接享有中国散打五年职业赛事运作的最终成果,企业的品牌形象可能由此跨出国门,扬名国际市场,与此同时,企业既然选择与本次赛事合作,间接来讲,就等同与国际武术联合会合作,因而就抓住了武术项目首次进入奥运会(2008 年于北京举办)的良机,进而就选择了中国本土体育进入奥运会最有希望夺冠的项目,且有机会成为奥运合作全球备选伙伴。企业以本次赛事为平台,对企业形象和产品品牌进行宣传,将有助于实现企业品牌文化意识与中华文化的完美结合,对企业品牌知名度的提升和市场占有率的增加将具有积极意义。赛事主体蕴含的争强斗胜、高潮迭起、悬念丛生等品牌个性设计,引起世人广泛关注,国内外将近 200 家媒体运营商面向全球的实况转播,通过三维画面、视觉、听觉相结合的全方位宣传方式,把赛事的受众指数和收视率都提

---

①　阚一工.体育赛事视域下的世界传统武术节研究[D].上海:上海体育学院,2011:7-16.

升到相当可观的层次。本届赛事组委会制订的特别诱人的招商方案，对合作企业在运作方式、企业品牌形象塑造和企业品牌价值收益等方面都进行了精心部署，在保证合作企业品牌价值收益最大化的同时，以促进中国武术散打赛事的品牌建设工作达到新的高度，且官方赛事计划显示，2004 年共计划举办 21 个品类的武术赛事，为各个类型品牌赛事的打造提供了重要机遇。

2005 年 10 月，中华人民共和国第十届运动会武术比赛分别在江苏省南京市（套路比赛）和连云港市（散打比赛）举行，在本次全运会中武术项目的金牌数量增加到 21 枚，其中套路项目 12 枚，散打项目 9 枚。且随着 2005 年 11 月 10 日第五次全国武术工作会议的顺利召开，会议提出"继续做好武术申奥工作，加大武术国际推广力度，继续抓好竞赛训练，再创全国社会武术新局面"的武术发展方略，有效推动武术赛事品牌建设进程，且以本次会议举办为契机，涌现较多有代表性的武术赛事（表 3-1）。同年 11 月 20 日，由国家体育总局武管中心和中国武术协会共同主办，开远市政府承办的首届中国传统武术节在云南省开远市举办，来自 20 个省、自治区、直辖市的 40 多个代表队共 500 多名运动员参加比赛。此次赛事项目设有武术套路比赛、散打比赛和健身方法展示 3 类；套路比赛主要有拳术、器械和对练；散打比赛按体重分别设有男子组 6 个级别、女子组 2 个级别。本次赛事的赛事品牌定位是"弘扬武术文化、促进区域发展"，此次赛事为中华武术的各个拳种和所有流派提供了一个充分展示和交流的平台，在彰显我国武术博大精深拳种体系的同时，为不同类型武术赛事品牌的打造提供了行之有效的借鉴模式。同年 12 月由国际武联主办的第八届世界武术锦标赛在越南首都河内举行，来自五大洲 65 个国家和地区的 800 多名运动员、裁判员和赛事组织人员参加比赛，本届赛事共设套路男、女 22 个项目和散打男、女 18 个级别，由于此次赛事采用了国际武联审定的新的武术竞赛规则，所以本次比赛的赛事规模、参赛人数、赛事影响力等都是历届世界武术锦标赛之最。

表 3-1　2005 年武术赛事开展情况一览表

序号	赛事名称	赛事级别	举办时间	举办地点	人数	赛事经费
1	全国武术散打锦标赛	国家级	6 月 13～19 日	福建漳州	400	承办自筹

（续表）

序号	赛事名称	赛事级别	举办时间	举办地点	人数	赛事经费
2	全国青少年武术散打锦标赛	国家级	6月1~5日	山东	300	承办自筹
3	全国武术散打职业联赛	国家级	1月10日	江苏南京	100	承办自筹
4	南北武术散打明星对抗赛	国家级	12月	安徽	22	承办自筹
5	全国武术太极拳锦标赛	国家级	5月20~25日	江西赣州	400	承办自筹
6	全国青少年武术套路锦标赛	国家级	3月25~28日	四川成都	490	承办自筹
7	全国武术套路冠军赛（传统项目）	国家级	7月28~31日	河南	300	承办自筹
8	全国青少年武术套路冠军赛	国家级	8月13~16日	—	60~70	承办自筹
9	全国武术对练精英赛	国家级	7月16日	江苏南京	100	承办自筹
10	第五届全国武术之乡武术比赛	国家级	9月9~11日	河南登封	1 000	承办自筹
11	第五届全国武术馆校武术比赛	国家级	8月4~8日	甘肃平凉	400	承办自筹
12	全国武术散打俱乐部联赛（分区）	国家级	12月4~5日	北京	190	承办自筹
13	全国木兰拳比赛	国家级	—	—	400	承办自筹
14	全国传统武术交流大赛	国家级	7月8~10日	浙江台州	300	承办自筹
15	全国武术短兵比赛	国家级	—	—	50	承办自筹
16	全国太极拳交流大赛	国家级	11月4~6日	江苏盐城	400	承办自筹
17	十运会武术散打男子预赛	国家级	5月11~15日	陕西西安	300	承办自筹
18	十运会武术散打女子预赛	国家级	4月28~30日	河南郑州	120	承办自筹
19	十运会武术套路男子预赛	国家级	4月23~25日	山西太原	260	承办自筹
20	十运会武术套路女子预赛	国家级	4月11~13日	河北石家庄	260	承办自筹

（续表）

序号	赛事名称	赛事级别	举办时间	举办地点	人数	赛事经费
21	十运会武术套路决赛	国家级	10 月 10～12 日	江苏南京	19	承办自筹
22	第三届亚洲青少年武术锦标赛	国际级	7 月 23～26 日	新加坡	—	承办自筹
23	第四届东亚运动会武术比赛	国际级	10 月 30～31 日	中国澳门	—	承办自筹
24	第八届世界武术锦标赛	国际级	12 月 8～15 日	越南河内	800	承办自筹
25	中国功夫-泰国职业泰拳争霸赛	国际级	10 月	广东	—	承办自筹
26	中国功夫-美国职业拳击争霸赛	国际级	11 月	北京	—	承办自筹
27	中国功夫-日本搏击争霸赛	国际级	7 月	广东	—	承办自筹
28	国际搏击争霸赛	国际级	12 月	越南	—	承办自筹
29	中俄武术散打对抗赛	国际级	—	—	—	承办自筹
30	中国国际传统武术大赛	国际级	—	—	—	承办自筹

数据来源：1～20 引自 2005 年全国体育竞赛计划[1]；21～30 引自 2005 年武术赛事活动及会议计划[2]。

2006 年 2 月由国家体育总局武术运动管理中心和中国武术协会主办,泰良国际搏击(北京)有限公司和重庆重视传媒有限公司承办的首届国际武术搏击争霸赛在重庆举办,吸引 6 个国家的 16 名优秀运动员参加 4 个级别的赛事,它作为国际武术搏击最高级别的赛事,在融入现代体育赛事时尚元素的基础上,引导我国独具特色的武术赛事逐步转型,本次赛事的办赛宗旨是"秉承中华武术精髓,促进武术搏击项目融入世界,共同交流,共同繁荣"。此次赛事更是给赛事消费者呈上的一场商业价值为 600 多万元的"武术赛事盛宴",按照商业性

[1] 国家体育总局官网. 2005 年全国体育竞赛计划(正式稿)[EB/OL]. [2005-01-17]. http://www. sport. gov. cn/n16/n33193/n33208/n33433/n33688/134069. html.
[2] 中国武术协会网. 2005 年武术赛事活动及会议计划[EB/OL]. [2005-01-12]. http://wushu. sport. org. cn/home/xhgg/2005-01-12/37922. html.

体育赛事运作标准,本次赛事共投入 600 万元人民币,主要包括运动员出场费、奖金、衣食住行费用,以及赛场布置等,并且赛事在吸引广告赞助、媒体关注和收视率等方面,均达到预期结果,为我国武术搏击赛事品牌的打造提供了有效的借鉴模式。同年 8 月由国际武术联合会举办的首届世界青少年武术锦标赛在马来西亚首都吉隆坡举行,来自 40 个国家和地区的 354 名优秀男、女武术运动员参加此项赛事,其中 229 人参加武术套路比赛,通过甲、乙两组对 36 枚金牌发起冲击,另外 125 人参加散手比赛,争夺按照体重设置的 12 个级别男、女冠军奖牌。此次赛事的成功举办,足以表明武术业已成为国际性的体育项目,并且得到了有效的宣传和推广,世界范围内青少年积极参与国际性武术赛事,为此类武术赛事的品牌打造提供了有生力量保障,并且在催生较多武术赛事品牌出现的同时(表 3-2),有助于国际性武术赛事产品质量的提高。

表 3-2 2006 年武术赛事开展情况一览表

序号	赛事名称	级别	时间	地点	人数	负责部门
1	全国青少年武术套路锦标赛	国家级	5 月 26~29 日	武汉	—	套路
2	全国武术套路锦标赛(女子赛区)	国家级	6 月 7~10 日	杭州	—	套路
3	全国武术套路锦标赛(男子赛区)	国家级	6 月 26~29 日	佛山	—	套路
4	全国武术套路冠军赛	国家级	9 月 17~21 日	上海	—	套路
5	全国武术套路冠军赛(传统项目)	国家级	7 月 5~9 日	大连	—	套路
6	全国武术太极拳锦标赛	国家级	9 月 9~13 日	成都	—	套路
7	全国武术散打锦标赛(男子赛区)	国家级	5 月 18~24 日	南昌	—	散打
8	全国武术散打锦标赛(女子赛区)	国家级	6 月 21~25 日	开封	—	散打
9	全国武术散打锦标赛冠军赛	国家级	9 月 5~10 日	江阴	—	散打
10	全国青少年武术散打锦标赛	国家级	6 月 6~11 日	西安	—	散打
11	第六届全国武术馆校武术比赛	国家级	8 月 28 日	山东	—	社会

（续表）

序号	赛事名称	级别	时间	地点	人数	负责部门
12	中国武术散打俱乐部争霸赛	国家级	12月31日～1月7日	—	—	散打
13	全国传统武术交流大赛	国家级	12月27～29日	大庆	580	—
14	全国太极拳、木兰拳比赛	国家级	—	—	—	—
15	第二届世界传统武术节	国际级	10月14～19日	郑州	2008	—
16	第三届全国武术功力大赛	国家级	11月下旬	郑州	281	科研
17	第三届世界杯武术散打锦标赛	国际级	9月22～24日	西安	260	外事
18	首届世界青少年武术锦标赛	国际级	8月19～26日	吉隆坡	354	—
19	第十五届亚运会武术比赛	国际级	12月11～14日	卡塔尔	—	—
20	首届国际武术搏击争霸赛	国际级	2月23～26日	重庆	16	—

数据来源：1～19引自2006年武术国内国际重要赛事预告[1]；20引自搜狐体育[2]。

在2006年国际奥委会批准武术为第29届北京奥运会非正式比赛项目决定的基础上，2007年武术赛事举办呈现猛增之势（表3-3），具有代表性的武术赛事品牌：2007年3月22～25日，由中国武术协会主办，重庆广播电视集团、重庆市南岸区人民政府、重庆传媒有限责任公司、重庆体育文化发展有限公司、重庆市体育局武术运管中心及泰良国际搏击（北京）有限公司等单位联合举办的第二届国际武术搏击争霸赛在重庆举办，来自6个国家的16名优秀运动员参加按照体重设置的4个级别"超霸王中王"比赛，运动员具体对阵情况见图3-1。本次赛事每个级别各选2名中方和国外运动员，参赛运动员选拔标准：国内战队是由2006年全国散打冠军赛优秀选手和近年来武术搏击界最具实力运动员组成；国外战队是由首届国际武术搏击争霸赛"超霸王中王"穆斯里穆、2006年世界杯散打比赛优秀选手和其他世界顶级赛事选手组成，从豪华的运动员阵容可以看出，此次对阵可谓是一场高标准的国际性武术赛事，对赛事品牌影响力

---

[1] 中国武术协会网. 2006年武术国内国际重要赛事预告[EB/OL]. [2006-05-15]. http://wushu. sport. org. cn/home/xhgg/2006-05-15/95223. html.

[2] 搜狐体育. 霸主齐聚华夏 首届国际武术搏击争霸赛岁末开赛[EB/OL]. [2006-09-27]. http:// sports. sohu. com/20050927/n227067920. shtml.

的提升具有积极意义。

表 3-3　2007 年武术赛事开展情况一览表

序号	赛事名称	级别	时间	地点	人数	负责部门
1	全国男子武术套路锦标赛	国家级	4 月	—	—	套路
2	全国女子武术套路锦标赛	国家级	4 月	成都	—	套路
3	全国青少年武术套路锦标赛暨亚青赛选拔赛	国家级	4 月	石家庄	467	套路
4	第六届全国城市运动会预赛	国家级	4 月	石家庄	—	套路
5	全国武术套路精英赛第一赛区	国家级	5 月	—	—	套路
6	全国武术套路精英赛第二赛区	国家级	6 月	—	—	套路
7	全国武术套路精英赛第三赛区	国家级	7 月	—	—	套路
8	全国武术太极拳锦标赛	国家级	7 月	温州	—	套路
9	第六届全国城市运动会预赛	国家级	5 月	—	—	套路
10	全国武术套路精英赛第四赛区	国家级	8 月	—	—	套路
11	全国传统武术套路冠军赛	国家级	8 月	—	—	套路
12	全国武术套路冠军赛	国家级	9 月	—	—	套路
13	全国武术套路冠军总决赛	国家级	9 月	—	—	套路
14	第六届全国城市运动会	国家级	10 月	武汉	—	套路
15	全国男子武术散打锦标赛	国家级	6 月	济南	400	散打
16	全国女子武术散打锦标赛	国家级	5 月	长春	200	散打
17	全国武术散打冠军赛	国家级	—	—	—	散打
18	全国青少年武术散打锦标赛	国家级	—	—	—	散打
19	第六届全国城市运动会预、决赛	国家级	5 月、10 月	漯河、武汉	—	散打
20	武术散打职业联赛	国家级	—	—	—	散打
21	全国武术散打精英赛	国家级	7 月	南京	40	散打
22	首届全国农民传统武术比赛	国家级	6 月	甘肃	1 000	社会
23	2007 年全国传统武术交流大赛	国家级	8 月	台州	300	社会
24	全国武术学校(馆)套路比赛	国家级	8 月	太原	—	社会
25	第四届焦作国际太极拳交流大赛	国际级	10 月	焦作	2 238	社会
26	2007 年全国木兰拳比赛	国家级	10 月	江苏	—	社会
27	全国武术学校(馆)散打比赛	国家级	—	合肥	—	社会
28	全国武术学校(馆)精英赛	国家级	—	—	—	社会
29	全国太极拳、剑比赛	国家级	—	淄博	—	社会
30	第二届中央国家机关太极拳比赛	国家级	—	北京	—	社会

（续表）

序号	赛事名称	级别	时间	地点	人数	负责部门
31	全国武术搏击赛	国家级	—	—	—	社会
32	全国武术长、短兵试验交流赛	国家级	—	徐州	—	社会
33	第六届全国武术之乡比赛	国家级	4月	山东	600	社会
34	武动——中国武术表演赛	国家级		河南	—	社会
35	第四届全国武术功力大赛	国家级	7月	石家庄	—	科研
36	第九届世界武术锦标赛	国际级	11月	北京	1 500	外事
37	第四届亚洲青少年武术锦标赛	国际级	6月	韩国	—	外事
38	欧洲青少年武术锦标赛	国际级	—	波兰	—	外事

数据来源:2007 年武术中心部分赛事活动安排[1]。

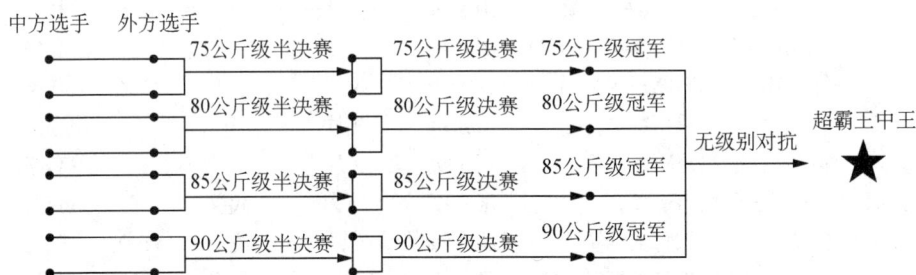

图 3-1　第二届国际武术搏击争霸赛对阵图

在奖项设置方面,以各个级别冠军奖金 2 万元人民币和"超霸王中王"得主奖金 10 万元人民币进行奖励,这一重要举措,激发了参赛运动员的战斗力,为赛事的精彩程度增添了有效砝码。在媒体转播方面,由重庆卫视对赛事实况进行全程直播,且在各电视频道投放密度较高的专题节目,并借助城市数字电视网与国内多家卫视频道的通力合作,吸引不同赛事需求层次的受众联合聚焦,最终使赛事产生极强宣传效应和广泛社会影响。

2007 年 11 月作为"好运北京"体育赛事系列重要组成部分的第九届世界武术锦标赛在北京奥体中心体育馆举行,来自世界各地 89 个国家和地区的

---

① 中国武术协会网. 2007 年武术中心部分赛事活动安排[EB/OL]. [2007-02-06]. http://wushu. sport. org. cn/home/xhgg/2007-02-06/110499. html.

1 500 名运动员、教练员、裁判员和政府官员参加本次武术赛事[①],此次赛事由中国武术协会合作伙伴黑龙江电视台对锦标赛开幕式进行全程录播。本次世界武术锦标赛共设置男女参赛项目 40 项,其中套路 22 项,散打 18 项,金牌总数 40 枚。因为此次世锦赛被纳入"好运北京"体育赛事系列,所以赛事组委会将以"有特色、高水平"的奥运会办赛标准对此次赛事进行筹划、组织和实施,以便充分调动基础设施、城市管理、文化宣传、生活服务等方面社会公共资源,从赛事场馆设施、市容景观、交通运输、安保防卫、衣食住行及水电供应等各方面严格要求,为此次武术锦标赛的顺利举办提供了切实保障,并为 2008 年北京奥运会武术比赛隆重登场赢得了声誉,且奠定了更加坚实的基础。此次赛事完全按照奥运会举办标准,以奥运会品牌运作模式为参照,在国家体育部门领导参与和武术明星助阵的和谐氛围中,把此次赛事的规格又推向新的高度,为武术赛事品牌的打造融入了新的元素,开启了这一时期武术赛事品牌建设新征程。

　　2008 年对于中国武术来说,是最令人难以忘怀的年份,它不仅成功步入体育赛事顶级殿堂奥运会的赛场,而且使赛事消费者在享受激情澎湃、酣畅淋漓、荡气回肠的武术赛事体验基础上,向世人展示着武术所蕴含的博大精深的中华文化内涵,并且多种类型的武术赛事(表 3-4)以不同的风格诠释着它的迷人魅力。2008 年 3 月 20 日由中国武术协会和重庆广播电视集团(总台)主办,重庆市南岸区政府和重庆重视体育文化公司联合承办的"第三届国际武术搏击争霸赛"(Kung Fu King,简称为"KFK")在山城重庆大田湾体育馆举办,吸引来自 10 个国家的 16 名运动员参加此项赛事,采用单循环淘汰赛,按体重角逐 4 个级别冠军,最后展开无级别争霸赛,为夺得世界"搏击王"称号而战。本项赛事作为中国武术协会隆重推出的国际性武术搏击赛事品牌,在汲取前两届办赛经验基础上,对赛事内容和播出形式进行了较大幅度的整合与改进,借助雄伟壮观的赛场背景,把催人奋发的音效、舞美、道具和灯光等现代时尚元素融为一体,以此来烘托武术赛事场馆的整体气氛,吸引观赛受众的注意力,进而把其打造成为令人瞩目的武术赛事品牌。继此次赛事之后,从同年 3 月 30 日开始,由国家体育总局武术运动管理中心主办,黑龙江电视台承办的"大比武"2008 中国武术散打功夫王争霸赛开赛,此次赛事采用系列赛赛制,共分三个阶段,每

---

① 武兵.源于中国属于世界——第九届世界武术锦标赛观感[J].少林与太极,2008(2):4-6.

个阶段统一按照体重设置70公斤级、80公斤级、90公斤级和90公斤+级四个级别在全国范围内举行选秀赛,第一阶段选秀赛分别决出每个级别前8名运动员进入第二阶段擂主赛,且规定获得2007年全国武术散打冠军赛70公斤级、80公斤级、90公斤级前6名和65公斤级、75公斤级、85公斤级前2名,90公斤级前8名的运动员可直接参加第二阶段擂主赛,与对应级别前8名海选运动员角逐擂主赛前2名席位,最后胜出者,采用无级别战斗,争夺赛事最高荣誉"功夫王"称号和丰厚奖金。本系列赛在举办期间,黑龙江电视台卫星频道对赛事实况进行30多个小时的现场直播,并有中央电视台、人民日报、中国体育报和搜狐体育等国内知名新闻媒体对赛事详情进行连续报道,观赛受众借助移动互联网浏览不同阶段赛事视频,感受不同风格运动员所带来的赛事激情。正是因为有众多技艺超群的武术散打界精英助阵、强大的赛事转播媒体对赛事实况进行的跟踪报道和赛事承办方黑龙江电视台拥有的举办国际性武术赛事的诸多成功经验,给此次系列赛的比赛结果增加了难以预测的成分,并且赛事运作机构凭借其团队的丰富办赛经验和独具特色的赛事宣传与推广手段,把赛事消费者的观赛注意力提升到新的层次,不仅为系列赛赢得了受众和媒体收视率,而且为强势武术赛事品牌的构建积累了宝贵的实践经验。

表 3-4 2008 年武术赛事开展情况一览表

序号	赛事名称	级别	时间	地点	负责部门
1	第三届国际武术散打争霸赛	国际级	3月20~23日	重庆	散打
2	中国武术散打功夫王争霸赛(第一阶段)	国家级	3月27~29日	哈尔滨	散打
3	国际武术散打争霸赛	国际级	4月11日	东莞	散打
4	中国-伊朗武术散打对抗赛	国际级	4月19~20日	哈尔滨	散打
5	"两岸四地"太极拳交流比赛	国家级	5月6~11日	太仓	社会
6	第七届亚洲武术锦标赛	国际级	5月10~17日	澳门	外事
7	全国青少年武术散打锦标赛	国家级	5月21~25日	郑州	散打
8	全国武术套路锦标赛(男子赛区)	国家级	5月22~24日	广西	套路

（续表）

序号	赛事名称	级别	时间	地点	负责部门
9	全国武术套路锦标赛（女子赛区）	国家级	5 月 29～31 日	广东	套路
10	中国功夫-世界自由搏击争霸赛	国际级	1 月	玉溪	散打
11	中国武术散打功夫王争霸赛（第二阶段）	国家级	6 月	哈尔滨	散打
12	全国武术散打精英赛	国家级	6 月	萧山	散打
13	全国武术学校（馆）套路比赛	国家级	9 月	潍坊	社会
14	全国武术学校（馆）散打比赛	国家级	7 月	—	社会
15	中-美散打对抗赛	国际级	7 月 26～27 日	哈尔滨	散打
16	北京 2008 武术比赛	国际级	8 月 21～24 日	北京	外事
17	2008 年全国传统武术交流大赛	国家级	8 月	新疆	社会
18	2008 年全国木兰拳比赛	国家级	9 月	德清	社会
19	第六届全国武术功力大赛	国家级	9 月	—	科研
20	第四届世界杯武术散打锦标赛	国际级	9 月 12～14 日	哈尔滨	散打
21	全国青少年武术套路锦标赛	国家级	9 月 20～23 日	重庆	套路
22	世界传统体育运动会武术比赛	国际级	9 月 26 日～10 月 2 日	釜山	外事
23	全国武术散打男子冠军赛	国家级	10 月 10～16 日	新疆	散打
24	第十一届中国邯郸国际太极拳运动大会	国际级	10 月 16～21 日	邯郸	社会
25	第三届世界传统武术锦标赛	国际级	10 月 28 日～11 月 2 日	十堰	社会
26	全国武术散打女子冠军赛	国际级	10 月 25～29 日	平阳	散打
27	全国武术长、短兵实验交流赛	国家级	11 月	—	社会
28	全国武术套路冠军赛	国家级	11 月 1～6 日	陕西	套路
29	全国武术套路冠军赛（传统项目）	国家级	11 月 23～25 日	江西	套路
30	中国武术散打功夫王争霸赛总决赛	国家级	11 月	哈尔滨	散打
31	第二届世界青少年武术锦标赛	国际级	12 月 7～14 日	巴厘岛	外事

（续表）

序号	赛事名称	级别	时间	地点	负责部门
32	全国武术俱乐部搏击赛	国家级	12月	—	散打
33	中国功夫-泰国职业泰拳争霸赛	国际级	—	—	散打
34	全国泰拳邀请赛	国家级	—	哈尔滨	散打
35	第三届世界太极拳健康大会	国际级	—	—	综合

数据来源:2008年武术赛事安排[①]。

　　回顾我国武术赛事蓬勃发展阶段的赛事品牌建设实践及政策实施可以发现:①随着国家层面武术产业化发展战略目标提出,武术市场赛事品牌打造意识增强,多类型武术赛事应运而生,借助国际通用竞赛规则,赛事品牌价值渐增;②政府为主导,市场(企业)为扶助的赛事运营模式逐渐成型,武术赛事品牌培育种类急增,但赛事品牌价值难以彰显,市场效应惨淡,且缺乏武术赛事品牌培育关联政策;③新型传播媒介、时尚元素及赛事理念介入,推动系列赛事出现,促进武术赛事与目标消费市场融合,但赛事品牌培育未受到政府职能部门重视,指向性政策缺失。

四、我国武术赛事转型与升级阶段(2009年至今)

　　此阶段主要是2008年北京夏季奥运会后至今。正是基于国际奥委会2006年12月26日致函各国(地区)奥委会,批准武术在北京奥运会期间作为特设项目现身奥运赛场的决定,点燃了世界各国和地区参加武术赛事的激情,但国际奥委会明确提出此次赛事项目和奖牌的刻意设计与奥运会正式比赛项目奖牌有所区别,且该项目产生的金牌不计入各个国家和地区代表团最终金牌总数的要求[②],或许是组委会对此阶段广泛开展的武术赛事存有疑虑,然而随着国际奥委会评选奥运会项目新标准的出台,即入选项目的重要比赛电视直播

---

① 中国武术协会网.2008年武术赛事安排[EB/OL].[2008-02-14].http://bbs.mzsky.com/thread-22370-1.html.

② 汤立许.北京2008武术比赛对武术竞赛市场影响的探究[J].河北体育学院学报,2009,23(6):87-90.

收视率、赛事门票收入和世界知名企业对赛事项目的赞助程度,这些新的规则要求是摆在我国武术赛事品牌建设团队面前的时代性课题,因此,在中国武术经历了 2008 年"得宠"和"无奈"之后,对于现阶段武术赛事的开展现状应该有异样的反思,并对在转型与升级中的武术赛事提出了战略性发展新要求。

唯物辩证法告诉我们,任何事物都具有两面性,当我们过分强调事物某一方面效用而弱化另一方面效用时,必定有碍事物本身的健康和谐发展。诚然,对于武术的发展也必然不能违背事物的发展规律,在我们开发武术竞技体育功能的同时,更不能忽略其强身健体功能,唯有使其实现两条腿走路,才能够使中华武术在国际范围内大繁荣、大发展。所以,国家体育主管部门在深入挖掘武术综合价值基础上,结合时代发展需求,以市场为导向,把国外现代体育赛事元素引入我国武术赛事运营体系中,并借助社会力量,对我国的武术赛事展开了新探索。官方数据显示,2009 年我国武术赛事主要以全国性比赛和国际性比赛(国内举办)两种规格进行,具体情况见表 3-5。

表 3-5 2009 年武术赛事开展情况一览表

序号	赛事名称	级别	时间	地点	人数
1	全国武术套路冠军赛	国家级	11 月 6~9 日	江西	550
2	全国青少年武术套路锦标赛暨第七届亚洲青少年锦标赛选拔赛	国家级	4 月 4~8 日	重庆	420
3	中国武术散打功夫王争霸赛	国家级	全年	全国多地	400
4	全国武术散打青少年锦标赛	国家级	4 月 3~9 日	江西	300
5	全国武术散打职业联赛	国家级	全年	—	400
6	第九届全国武术学校武术套路比赛	国家级	7 月 20~25 日	江西	400
7	第九届全国武术学校武术散打比赛	国家级	7 月 25~30 日	江西	400
8	第四届国际武术搏击王争霸赛	国际级	7 天	重庆	12
9	国际武术散打擂台争霸赛	国际级	2 天	广东	16
10	中国功夫-泰国职业泰拳对抗赛	国际级	2 天	哈尔滨	16
11	中国功夫-世界自由搏击争霸赛	国际级	2 天	—	14
12	世界功夫王争霸赛	国际级	2 天	广州	14
13	中国功夫-日本搏击争霸赛	国际级	2 天	北京	18

(续表)

序号	赛事名称	级别	时间	地点	人数
14	中国-美国武术散打争霸赛	国际级	2 天	广东	16
15	国际武术搏击争霸赛	国际级	2 天	重庆	18
16	中俄武术散打对抗赛	国际级	2 天	哈尔滨	18
17	第五届中国焦作国际太极拳交流大赛	国际级	4 天	焦作	400
18	中国四川国际峨眉武术节	国际级	3 天	峨眉山	300

数据来源:引自 2009 年全国体育竞赛计划[①]。

通过对表 3-5 中武术赛事分析可知,国际性赛事明显多于全国性赛事,并且逐步形成了具有较大影响力的赛事品牌。2009 年 2 月 24 日由中国武术协会主办,重庆广播电视集团(总台)、重视传媒有限责任公司、充实体育文化发展有限公司和重庆市体育局武术运动管理中心联合承办的第四届国际武术"搏击王"争霸赛在山城重庆拉开战幕。此次赛事吸引来自 9 个国家的 12 名冠军级运动员参赛,其中我国有 4 名运动员出战,他们都代表着现阶段这个项目的最高水平。在此项赛事成功举办三届的基础上,它俨然成为具有国际影响力的武术赛事品牌,在不断赢得业界赞誉和塑造良好赛事品牌形象前提条件下,且连续创造此赛事收视率纪录。对于本次赛事,承办机构为了满足不同阶层武术赛事受众日益增长的武术赛事文化需求,提高赛事关注度和吸引力,决定参赛运动员不受体重级别限制,采用双败淘汰制,决出前 4 名参加半决赛和总决赛,每个阶段的冠军均设有丰厚奖金,赛事实况由重庆卫视全权负责直播。这一系列品牌化的武术赛事运作程序为同质类赛事的良性发展提供了行之有效的借鉴模式,并为武术赛事产品价值效益的最大化实现,开启了崭新的思维方式,进而使武术赛事以新的形象展现在受众面前,并且根据同年 3 月第六次全国武术工作会议提出"促进武术事业规范化、标准化和国际化发展,开展武术工作新局面"[②]的要求和 9 月我国《全民健身条例》[③]颁布提出国家支持、鼓励、推动与人民群众生活水平相适应的体育消费以及体育产业的发展的体育理论政策总则,可以认为武术产业化发展的时代即将来临,武术赛事产业实现跨越式发展有了国

---

① 国家体育总局竞体司. 2009 年全国体育竞赛计划[EB/OL]. [2009-04-02]. http://www. sport. gov. cn/n16/n1122/n2013/n1825434/1829332. html.

② 周欣. 第六次全国武术工作会议召开[J]. 武当,2010(5):4.

③ 国务院. 全民健身条例(中华人民共和国国务院令第 560 号)[R]. 2009.

家层面的理论政策支持,不同类型的赛事品牌必定被成功打造,武术赛事助推武术不断走向前进的动力必定会更加猛烈持久。同年 12 月 19 日,经国家体育总局和广东省人民政府批准,由国家体育总局武管中心和泰国职业泰拳协会主办,佛山市体育局和广州我能体育发展有限公司联合承办的 2009 年中国功夫-泰国职业泰拳争霸赛在佛山岭南明珠体育馆举行。在总结前期办赛经验和考虑参赛项目特点前提条件下,为提高赛事观赏性和增强赛事自身活力,对竞赛规则作了大胆革新,并为新的赛事模式运营展开积极尝试。此次赛事按照体重共设 5 个级别,每场比赛采用 5 局定胜负,为增加赛事的精彩程度,采用每场比赛结束集中公布最终成绩的方式,赢得受众注意力和媒体收视率。此外,赛事举办地选择南派武术发源地佛山和满足不同受众需求的人性化门票价格设计,为满怀激情的赛事消费者现场观战欲望猛增起到积极推动作用。

对于此次赛事的宣传方式,承办方打破原来电视转播的惯用套路,以"没有话题也要制造话题"作为宣传理念,把泰国泰拳运动员豪言"秒杀中国功夫""灭少林",少林不接招、峨眉欲"挑大梁",最后到边茂富血书请战等五个宣传环节,以讲故事的方式在互联网门户网站跟帖,逐渐激起广大网友的"爱国"情怀,更激发了以"尚武精神"为奋斗动力的江湖义士的参赛积极性,刹那间,中泰争霸赛成为全国瞩目的重磅赛事,以至于承办方最后自信声称,此项赛事是我国有史以来举办过的最高水平的巅峰对决。毋庸置疑,通过综合分析此次赛事的整体效益,赛事承办方有其自信的资本。首先,在媒体关注度方面,根据湖南经视的收视率报告,仅长沙市的平均收视率达到 10.8%,份额为 28.5%,湖南全省平均收视率达到 11.1%,份额为 29.65%,比赛当晚湖南经视市场收视率达到 7.0%,超过黄金时段优秀电视剧的收视率;另外,移动互联网统计显示,本次赛事的视频直播和网页点击率都达到了新的峰值,仅在腾讯网的页面累计流量就达到 2.2 亿次,赛事直播时同步在线人数突破 57 万人次,超过同时段美国职业篮球联赛(NBA)赛事火箭队比赛的视频点击量,并且土豆网和优酷网视频点击率均超过 500 万次,赛事门户网站关注度创造北京奥运会后单场赛事的新纪录。其次,在赛事票房收入方面,在比赛开始前 1 小时,许多采访的记者发现亲临现场观看比赛已经是一票难求,且根据赛事推广人介绍,此次赛事的门票价格是 150～1 680 元,现场观众 7 000 人左右,尽管有一部分观众是靠赠票入场,但是总的赛事票房收入更是创造了武术赛事门票销售佳话,最终的赛事门票整体效益超过 2006 年中泰争霸赛收获的 140 万元,实现了我国武术赛事票房收入的新突破。最后是"娱乐＋比赛"的创新型赛事运作模式,为赛事关注度的迅速提升开辟了新航线。仅从赛事转播方湖南经济电视台的介入就可认定,此次赛事的娱乐性元素必定增加,同时由于娱乐被认为是所有注意力经济产品的外壳,且长期以来武术赛事运作团队在研究国外颇具影响力的体育赛事品牌运作模式发现,武术赛事的娱乐化经营是不同类型赛事成功的关键。因此,在赛事承办方和转播方对于娱乐和观赛消费者需求两者之间契合点的认识高度统一的基础上,使得双方在 1 周之内达成合作协议,致使在合理娱乐化范围内,大跌受众眼球,赢得了难以想象的观赛受众,进而使中国武术搏击赛事在其"井喷元年"实现大爆发。

总之,通过尝试 2009 年新的武术赛事运作模式的禁果,多元化的赛事经营理念逐步植入武术赛事领域,且赛事运作机构深知只有在保证赛事产品质量前提条件下,融入现代化时尚元素,以满足赛事受众日益增长的武术赛事文化需求,最终赢得广大赛事消费者参与其中,才能实现我国武术赛事市场质的转变。然而,娱乐元素的首次介入,使得此种有效的赛事经营模式遭受社会各界不同程度的质疑,"利益"和"道德"的纠缠成为议论的焦点,新的模式面临严峻挑战。

恰逢此时,2010 年 3 月《国务院办公厅关于加快发展体育产业的指导意见》[①]文件的颁布为武术赛事新模式带来的潜在价值争取了话语权。这一政策性文件提出关于积极引导规范各类体育竞赛市场化运作,借鉴吸收国内外体育赛事组织运作的有益经验,探索完善全国综合性运动会和单项赛事的市场开发和运作模式;支持地方根据当地自然人文资源特色举办体育竞赛活动,鼓励企业举办商业性体育比赛,努力打造有影响、有特色的赛事品牌和鼓励各类运动项目,特别是我国的优势项目和民族特色项目走出去,积极参与国际竞争,培育和形成一批实力雄厚、专业性强的体育贸易企业,树立我国体育服务贸易品牌的重点任务,它是合乎武术赛事发展规律的时代性要求,为这一时期武术赛事转型升级所需的理论政策指导提供了重要支持,因此,在国家体育产业政策指

---

① 国务院办公厅.国务院办公厅关于加快发展体育产业的指导意见(国办发〔2010〕22 号)[R].2010.

导下,我国武术赛事迎来了新的大发展时代。通过查阅 2010～2016 年间
(2016 年之后国家体育总局竞体司官网再无赛事计划汇总信息)每年度国家体
育总局竞体司体育竞赛计划和中国武术协会武术赛事计划(图 3-2),且在综合
分析每年武术赛事总量计划基础上,其包括全国性武术赛事和国际性武术赛事
(国内举办)两种规模,并以近 6 年武术赛事整体和局部举办数量为依据,对其
发展趋势进行简单统计学解析,足以说明国家关于体育产业不断出台的利好政
策对武术赛事产业健康和谐发展起到积极推动作用。

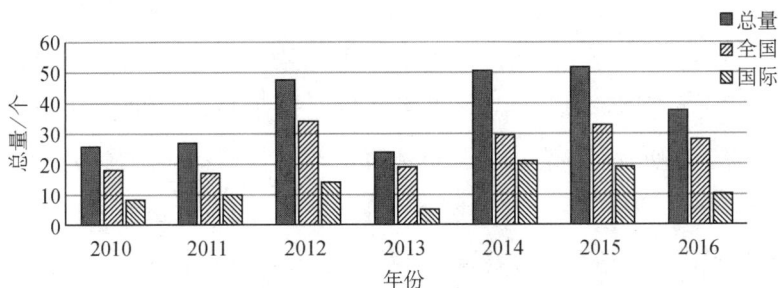

图 3-2　2010～2016 年武术赛事统计表

从图 3-2 可以得知,在 2010～2016 年的 7 年期间,其中 2015 年武术赛事
开展次数最多,本年度共有 52 项赛事计划,其中全国性赛事 33 项,国际性赛事
(国内举办)19 项,形成此种现象的原因可能有以下三个方面:首先,2011 年
2 月国务院下发的《全民健身计划(2011—2015 年)》[①]给予武术在全民健身服务
体系构建中积极效益充分肯定,即遵循"因地制宜、业余自愿、小型多样、就近就
便"的原则,组织开展以传统武术运动等具有品牌特色、形式多样、丰富多彩的
全民健身活动,不断创新活动形式和内容,提高活动普遍化、经常化、科学化和
社会化水平。这一重要工作措施对武术全民健身服务体系价值功能的整体发
挥具有理论指导作用,并为这一时期武术赛事推进全民健身型赛事活动的常态
化发展提供了政策支持,也为新型办赛模式的出现提供了创新性思维,更为全
民健身型武术赛事品牌办赛理念的形成提供了智力支持,进而把建设全民健身
型武术赛事品牌提上日程,在坚持"简化大型活动、淡化锦标、重参与、重交流、
重健身和重快乐"办赛原则指导下,把此种类型武术赛事不断推向高潮。其次,

---

① 国务院. 国务院关于印发全民健身计划(2011—2015 年)的通知(国发〔2011〕5 号)[R]. 2011.

2011年5月国家体育总局关于印发《体育产业"十二五"规划》①的通知发布,使我国武术赛事承办方的赛事品牌意识明显增强,并且根据《通知》提出加快实施品牌战略,积极推进体育赛事营销和管理的创新,大力培育具有中国特色的体育赛事品牌的具体措施要求,为体育服务企业和生产经营型企业的互利双赢合作、实现服务型武术赛事品牌带动无联动效应产生的武术赛事产品品牌推广和武术赛事产品品牌带动服务型武术赛事品牌知名度提升的良性互动发展模式的形成奠定了理论政策基础,并为这一时期武术赛事经营主体对于赛事无形资产开发和保护法律意识的增强提供了战略性指导,更为武术赛事的名称、标志和版权等武术赛事品牌元素的无形资产进行合理有序开发展开了积极的有益探索,也为武术赛事知识产权法律法规体系的形成起到助推作用。最后,2014年《关于加快发展体育产业促进体育消费的若干意见》②强调发展体育产业的主要任务之一是要丰富体育赛事活动,必须以竞赛表演业为重点,大力发展多层次、多样化的各类体育赛事。在推动专业赛事发展的同时,打造一批有吸引力的国际性、区域性品牌赛事。丰富业余体育赛事,在各地区和机关团体、企事业单位、学校等单位广泛举办各类体育比赛,引导支持体育社会组织等社会力量举办群众性体育赛事活动。这一体育产业政策为我国武术赛事品牌建设进程指明了新的航向,即在专业性武术赛事和业余武术赛事两种办赛模式融合发展前提条件下,积极开拓武术赛事市场,以中华武术博大精深的文化内涵为支撑,构建多元化的武术赛事品牌,进而酝酿了我国武术赛事的黄金年份,并为今后品牌武术赛事创建积累了有益的经验。

综上,通过概述我国武术赛事转型与升级阶段品牌打造历程及政策,中国武术以2008年北京奥运会武术比赛为契机,借助官方意志,加快了武术赛事品牌成长速度,助推培育的武术赛事品牌个性及形象提升。此阶段特征体现在以下几方面:①政策体系系统化,政策环境优越化,政策协同效应层次化,武术赛事品牌的持续性特征显著。②武术赛事市场化要素不断健全,政府统领,市场自主的"娱乐+比赛"新型赛事模式登场,赛事的"造血"功能得到提升,但赛事主体缺乏赛事品牌规划及构建理论指导,使得武术赛事品牌

---

① 国家体育总局.关于印发《体育产业"十二五"规划》的通知(体经字〔2011〕178号)[R].2011.
② 国务院.关于加快发展体育产业促进体育消费的若干意见(国发〔2014〕46号)[R].2014.

整体效益转化受限。③赛事审批松绑,武术赛事品牌培育呈井喷之势,多元化创意赛事横空出世,引领武术赛事市场航向。④中国原创性武术赛事受到目标消费群青睐,赛事品牌价值不断彰显,但此种赛事长效构建理论及政策较为滞后。

综述以上四个阶段,从武术赛事尝试与探索阶段的武术表演大会、全国运动会武术比赛的持续举办,到恢复与提高阶段的全国武术比赛、中国武术散手擂台赛及挑战赛系列赛事、国际武术邀请赛、亚洲武术锦标赛和世界武术锦标赛初创,到蓬勃发展阶段的中国武术散打王争霸赛、亚洲青少年武术锦标赛、世界杯武术散打赛事、世界传统武术节、中国传统武术节、国际武术搏击争霸赛及世界青少年武术锦标赛闪亮登场,再到中国功夫 VS××国××争霸(对抗)赛、全国武术散打职业联赛、全国武术学校武术套路(散打)比赛及中国原创搏击 IP 赛事的持续举办和活力迸发,使得这些武术赛事品牌的个性特征渐增,赛事内涵和外延不断拓展及提升,"娱乐＋比赛"创新型赛事融合现代时尚元素促使其功能逐渐放大和扩散,但是科学规范的武术赛事品牌战略和构建理论缺失,使其品牌价值效应难以达到市场预期。

第二节　我国武术赛事现状审视

武术赛事是传播和推广武术的重要杠杆,通过多种形式的赛事活动以达到提高和发展武术的目的。我国武术赛事制度的建立与形成,经历了一个由少到多、由不定期到定期、由随意性到规范性和由规范性到科学性的发展过程[①],但是任何一种武术赛制的建立与发展,都与当时的社会环境、条件、需求和目的等因素密切相关。纵览 20 世纪 50 年代以来至今武术赛事体制的变化,我国武术赛事经过了表演赛、锦标赛、分级赛、少年赛、体育院校赛、武术馆校赛、对抗赛和争霸赛等多种赛制[①],为我国武术赛事多元化发展提供了行之有效的借鉴模式,并推动各种武术赛事品牌开启独具特色的品牌建设历程。

---

① 邱丕相.中国武术史[M].北京:高等教育出版社,2008:177-178.

一、我国武术赛事分类

众所周知,合理有效的武术赛事分类,对于充分挖掘武术赛事的整体效益和加快赛事自身的品牌建设步伐具有积极意义。

按照运动形式分类,武术可分为套路运动、格斗运动和功法运动三种主要运动形式[①],基于此,我国武术赛事可分为三大类别,即武术套路赛事、武术格斗赛事和武术功法赛事。而且根据赛事的不同划分标准和分类目的[②],以及武术赛事的自身发展规律,我国武术赛事也有与之相对应的分类形式。

(一)按照武术赛事周期分类

按照赛事举办周期我国武术赛事可分为周期性综合型武术赛事、周期性单项武术赛事和全年性武术联赛赛事(表 3-6)。

表 3-6　我国武术赛事按照周期分类表

赛事分类	代表性赛事	赛事层次
周期性综合型武术赛事	世界武术锦标赛、亚洲青少年武术锦标赛	赛事级别高、影响范围大
周期性单项武术赛事	全国武术短兵比赛、全国武术太极拳公开赛等	国内赛事级别最高且影响大
全年性武术联赛赛事	全国自由搏击俱乐部联赛等	赛事影响力大

(二)按照武术赛事参赛运动员的规模分类

按照武术运动员的参赛规模我国武术赛事可分为超大型武术赛事、大型武术赛事、中型武术赛事、一般型武术赛事和小型武术赛事等(表 3-7)。

表 3-7　我国武术赛事按参赛运动员规模分类表

赛事分类	赛事名称	参赛范围	赛事周期	案例
超大型武术赛事	世界武术锦标赛	国家/地区	2 年	第 1~13 届世界武术锦标赛

---

① 邱丕相,蔡仲林,郑旭旭.中国武术导论[M].北京:高等教育出版社,2010:24-34.
② 王守恒,叶庆晖.体育赛事管理[M].北京:高等教育出版社,2007:9-12.

（续表）

赛事分类	赛事名称	参赛范围	赛事周期	案例
大型武术赛事	中国武术散打职业联赛	省、市、地区	1年	历届中国武术散打职业联赛
中型武术赛事	全国武术学校套路、散打比赛	省、市、地区	1年	第1～15届全国武术学校套路、散打比赛
一般型武术赛事	全国传统武术比赛等	省、市、地区	1年	历届全国传统武术比赛
小型武术赛事	全国"市长杯"太极拳比赛	省、市、地区	1年	历届全国"市长杯"太极拳比赛

（三）按照武术赛事级别分类

按照赛事的级别我国武术赛事可分为国际性武术赛事（国内举办）和全国性武术赛事两种（表3-8）。

表3-8　我国武术赛事按赛事级别分类表

分类级别	赛事名称	参赛范围	赛事周期	备注
国际性武术赛事	亚洲泰拳锦标赛 世界自由搏击锦标赛 国际格斗对抗赛等	国家/地区	每年	赛事规模较大，水平较高，媒体关注程度高
全国性武术赛事	全国传统武术精英赛 全国体育传统项目学校武术比赛等	省、市、地区	每年	赛事项目多，规模大，水平一般

（四）按照武术赛事包含项目分类

按照赛事包含的项目种类我国武术赛事可分为武术套路赛事、武术散打赛事、武术格斗赛事和武术功力赛事等（表3-9）。

表3-9　我国武术赛事按赛事包含项目分类表

赛事分类	赛事名称	参赛范围	赛事特点	备注
武术套路赛事	全国武术套路冠军赛 全国武术套路锦标赛 全国武术对练大奖赛等	省、市、区	以套路演练为主，观赏性较强	规模大，水平较高

（续表）

赛事分类	赛事名称	参赛范围	赛事特点	备注
武术散打赛事	全国武术散打锦标赛 全国武术散打冠军赛 中国武术散打争霸赛等	省、市、区	赛事周期较长，运作模式固定	影响大，周期性明显
武术格斗赛事	世界自由搏击锦标赛 亚洲自由搏击锦标赛 国际格斗对抗赛 全国武术短兵比赛 中欧四国武术散打争霸赛等	国家/省、市、地区	以追求经济效益为目的，明星效应突出	水平最高，影响最大
武术功力赛事	全国武术运动大会武术功力比赛	省、市、地区	赛事规模较大，参赛人员广泛，市场亲和力强	规模大，水平一般，大众参与程度高

二、我国武术赛事开展现状

武术赛事既是体育赛事的重要组成部分，又是提升武术运动员运动能力、反映和检验运动训练效果的首选途径和重要手段，更是推动武术不断向前发展最有效的方式。自从我国武术赛事制度建立以来，武术从业者经过多次社会实践和理论探索，使得其赛事体系日益丰富和完善，从最初的表演赛到现在的锦标赛、冠军赛和对抗赛等，我国武术赛事在办赛水平、规模和影响力等方面都有明显改观。

从新中国成立初期以来至今，我国武术赛事历经 60 多年的发展历程，所举办的赛事不仅包括武术套路赛事、武术散打赛事和武术格斗赛事等广泛开展的赛事类型，而且随着社会的发展和根据我国武术项目自身的特点，又不断开发了国际武术节、武术邀请赛和太极拳交流大赛等新型武术赛事形式，为我国武术赛事的多元化发展注入新的活力。通过图 3-3 可以清晰看出近年来我国武术赛事的发展规律和不同类型武术赛事的开展情况[1][2]。

根据图 3-3 各项赛事数据统计显示，可以发现 2007 年、2012 年、2014 年和 2015 年武术赛事总量相对较多，且各种类型武术赛事随着时间的推移都呈现不

---

[1]　中国武术协会网[EB/OL]. http://wushu. sport. org. cn/home/xhgg/index. html.

[2]　国家体育总局官网[EB/OL]. http://www. sport. gov. cn/n16/n1152/n2448/index. html.

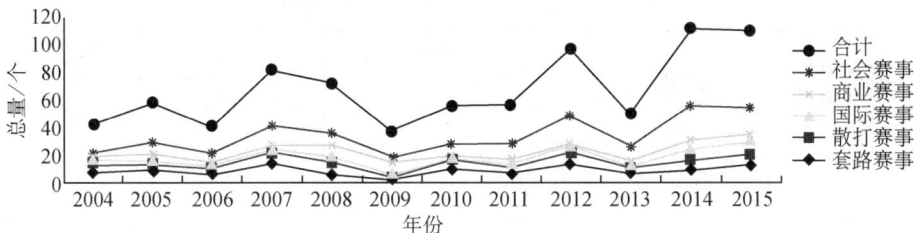

图 3-3　2004～2015 年间不同类型武术赛事开展情况统计表

同程度的正增长。虽然 2009 年和 2013 年武术赛事总量呈现急剧下滑之势,但是由于国家对体育事业的大力支持和积极有效的理论政策引导,始终使武术赛事沿着良性发展轨道运行,并逐渐显露蓬勃发展的势头。

　　近年来,随着我国武术赛事逐步向纵深方向发展,多元化的武术赛事发展格局正在悄然形成,以适应市场发展为导向的武术赛事品牌在赛事主体社会实践经验日益丰富的过程中缓慢前行,他们在武术赛事品牌文化内涵、元素设计和赛事影响力等方面的不断探索为品牌武术赛事模式构建赢得了有效经验。特别是 2014 年 2 月第七次全国武术工作会议的顺利召开和 2014 年 10 月《关于加快发展体育产业促进体育消费的若干意见》文件的下发,给缓慢前行的武术赛事产业解除了禁锢许久的枷锁,为现阶段武术赛事的腾飞植入了国家层面的理论政策支撑,进而使其呈现蓬勃发展的新局面。

　　根据表 3-10 统计数据显示,2014 年和 2015 年开展的武术赛事达到112 项,其中两年都举办的赛事 35 项,2014 年单独举办的赛事 17 项,2015 年单独举办的赛事 25 项,且总体来看,这两年武术赛事总量相差不多,只有 2015 年全国性赛事比 2014 年多 8 项,而两年国际性赛事举办数量相持平。以上分析结果足以说明 2014 年第七次全国武术工作会议和《关于加快发展体育产业促进体育消费的若干意见》文件对于武术赛事工作顺利开展的积极助推作用。通过深入研读国家关于武术事业发展的理论政策,可以窥探出国家政府部门为创新体制机制,进一步转变政府职能,使武术赛事焕发青春活力所采取的积极应对措施,服务型政府办事理念的形成为这一时期武术赛事运作模式的转变植入了现代化思维元素,特别是“取消商业性和群众性体育赛事活动审批”主要任务的提出,为多元化武术赛事的横空出世赢得了国家政策支持,进而营造了新一轮武术赛事高潮。

表 3-10　2014～2015 年武术赛事开展情况一览表

序号	赛事级别	赛事名称		赛事时间		赛事地点		年度	
				2014	2015	2014	2015	2014	2015
1	全国	全国武术运动大会	武术套路比赛	8月	11月	天津	天津	√	
2			武术散打比赛					√	
3			武术功力比赛					√	
4			传统项目、太极推手比赛					√	
5			青少年武术健身操比赛					√	
6		全国武术套路冠军赛(传统项目)		4月		广东	重庆	√	
7		全国武术套路锦标赛(男子赛区)		6月		内蒙古	山东	√	
8		全国武术套路锦标赛(女子赛区)		5月		四川	上海	√	
9		全国武术套路冠军赛		9月		云南	江苏	√	
10		全国武术套路锦标赛(太极拳)		6月		浙江		√	
11		全国武术对练大奖赛		12月		西安		√	
12		中国武术套路王中王争霸赛		12月		江苏		√	
13		中国武术套路王中王争霸赛(挑战赛)		10月	9～11月	绵阳	江苏	√	
14		中国武术套路王中王争霸赛(总决赛)		12月	11～12月	太仓		√	
15		全国女子武术散打锦标赛		4月		江苏	重庆	√	
16		全国男子武术散打锦标赛		5月	4月	山东		√	
17		全国武术散打锦标赛第一赛区		—	4月	—	重庆		▲

（续表）

序号	赛事级别	赛事名称	赛事时间		赛事地点		年度	
			2014	2015	2014	2015	2014	2015
18		全国武术散打锦标赛第二赛区	—	5月	—	黑龙江		▲
19		全国武术散打冠军赛	8月	9月	吉林	山西	√	
20		中国武术散打百强争霸赛	3月	12月	陕西	广东	√	
21		中国武术散打职业联赛	—	3~4季度				▲
22		中国武术散打争霸赛	—	3~4季度				▲
23		全国泰拳比赛	3月	—	海南	—	★	
24		全国泰拳锦标赛	—	6月	—	深圳		▲
25		全国自由搏击俱乐部赛	5月	—	河南	—	★	
26		全国自由搏击俱乐部联赛	—	全年	—	北京		▲
27	全国	全国泰拳俱乐部联赛	全年	—	海南	—	★	
28		锐武终极格斗赛	全年		上海	青海	√	
29		全国传统武术精英赛	—	11月	—	徐州		▲
30		武术短兵调赛（比赛）	6月		武汉体院		√	
31		全国传统武术比赛暨农民武术比赛	5月		徐州	邵武	√	
32		第十一届全国武术之乡套路比赛	6月	—	上海	—	★	
33		全国武术之乡武术比赛	—	9月	—	峨眉		▲
34		全国"市长杯"武术太极拳比赛	5~6月		海南	景德镇	√	
35		全国"企业家杯"武术太极拳比赛	—	12月	—	海南		▲

（续表）

序号	赛事级别	赛事名称		赛事时间		赛事地点		年度	
				2014	2015	2014	2015	2014	2015
36	全国	第一届青年运动会	武术散打资格赛	—	4月	—	伊春		▲
37			武术套路资格赛	—	5月		太原		▲
38		第一届青年运动会	武术套路决赛		10月	—	福州		▲
39			武术散打决赛	—		—	泉州		▲
40		全国武术太极拳公开赛		7～8月		温县		√	
41		全国武术少林拳比赛		8～9月		—	—	★	
42		全国青少年	武术套路锦标赛	6～7月	—	福州	—	★	
43			武术散打锦标赛		—	潍坊	—	★	
44		全国青少年	武术套路锦标赛暨亚青赛选拔赛		6月	—	保定		▲
45			武术散打锦标赛暨亚青赛选拔赛			—	郓城		▲
46		第十四、十五届全国武术学校	套路比赛	7～8月	7月	伊春	合肥	√	
47			散打比赛		8月	呼和浩特	福州	√	
48		全国体育传统项目学校武术比赛		8月		宜昌	南京	√	
49	国际	第十七届亚运会武术比赛		9～10月	—	仁川	—	★	
50		中欧四国武术散打争霸赛		7～12月		西安			√
51		中亚四国武术散打争霸赛							√
52		中国-南非武术散打对抗赛		—	—	—	—		▲
53		世界杯武术散打比赛		11月		印尼	—	★	
54		中-泰泰拳对抗赛		7月		—	—		√
55		国际自由搏击争霸赛		10月		—	—		√
56		国际格斗对抗赛		11月		—	—		√
57		世界泰拳锦标赛		5月	—	马来西亚	—	★	
58		世界杯泰拳比赛		—	—	—	马来西亚		▲
59		国际泰拳争霸赛		9月		—	—		√

（续表）

序号	赛事级别	赛事名称	赛事时间 2014	赛事时间 2015	赛事地点 2014	赛事地点 2015	年度 2014	年度 2015
60		亚洲泰拳锦标赛	—	11月	—	—		▲
61		两岸四地泰拳邀请赛	11月	10月	香港	台湾	√	
62		世界自由搏击锦标赛	10月	—	海南	—	√	
63		亚洲自由搏击锦标赛	—	8月	—	印度	√	
64		第四届厦门国际武术大赛		8月		厦门		▲
65		第六届中俄青年运动会武术比赛	—	7月	—	俄罗斯		▲
66		第六届世界传统武术锦标赛	10月	—	池州	—	★	
67	国际	中国沧州国际传统武术交流赛			沧州		★	
68		中国郑州国际少林武术交流赛	8~9月		郑州		★	
69		中国·焦作国际太极拳交流大赛	—	8月	—	焦作		▲
70		中国·峨嵋国际传统武术节	—	9月	—	峨眉		▲
71		中国(广西)-东盟武术节	—	12月	—	广西		▲
72		第十二届中国邯郸国际太极拳运动会	5月	—	邯郸	—	★	
73		南京2014年青奥会武术比赛	8月	—	高淳	—	★	
74		第五届世界青少年武术锦标赛	3月	—	安塔利亚	—	★	
75		第一届世界太极拳锦标赛	11月	—	成都	—	★	
76		第十三届世界武术锦标赛	—	11月	—	印尼		▲
77		第八届亚洲青少年武术锦标赛	—	8月	—	内蒙古		▲

注：2014年举办赛事用"★"表示；2015年举办赛事用"▲"表示；两年都有的赛事用"√"表示。

数据来源：国家体育总局武管中心2014年和2015年赛事活动计划[①]；国家体育总局官网2014年和2015年体育竞赛计划[②③]。

---

① 中国武术协会网[EB/OL]. [2017-09-17]. http://wushu.sport.org.cn/home/xhgg/.

② 竞体司. 2014年度竞赛计划[EB/OL]. [2014-09-17]. http://www.sport.gov.cn/n16/n1152/n2448/6685620.html.

③ 竞体司. 2015年全国体育竞赛计划[EB/OL]. [2015-04-20]. http://www.sport.gov.cn/n16/n1152/n2448/6685647.html.

根据表 3-11 不完全统计结果显示,逐步形成规律的武术赛事共计 38 项,或许某些赛事也逐渐朝着正规化方向发展,但基于赛事信息和运作模式等环节缺乏可供核实的权威性材料,使得他们的赛事培育范式无规可循,进而对赛事本身向更高层次发展造成一定影响。尽管大多数全国性赛事都尚能体现各自的特色,并且各自随着不同历史时期的政治、经济和文化等客观因素适时做出积极的调整,努力把自己打造成具有时代特色的武术赛事品牌,但是诸多的客观原因和主观因素影响,始终使武术赛事的整体水平徘徊在较低的赛事运作阶段,这些主客观因素不但导致武术赛事无法进入国际先进体育赛事行列,而且在一定程度上对我国武术赛事的现代化发展起到了阻碍作用,致使武术赛事的核心竞争力和赛事影响力微乎其微,因而加快全国综合性和单项体育赛事管理制度改革的呼声不断高涨,最终导致这一时期武术赛事井喷之势形成,但品牌武术赛事仍是凤毛麟角,可见武术赛事品牌建设工作依然任重道远。

表 3-11　规律性武术赛事举办届数统计表(截至 2016 年 12 月)

赛事届数	代表性赛事	周期	起始年份	届数
5 届及以下	中国武术套路王中王争霸赛	每年	2012 年	5 届
	世界青少年武术锦标赛	两年	2006 年	5 届
	厦门国际武术大赛	每年	2012 年	5 届
6～10 届	全国"市长杯"武术太极拳比赛	每年	2010 年	6 届
	亚洲青少年武术锦标赛	两年	2001 年	8 届
	世界传统武术锦标赛	两年	2004 年	6 届
11～15 届	全国武术之乡武术比赛	每年	2004 年	13 届
	中国邯郸国际太极拳运动大会	两年	1991 年	13 届
16 届及以上	全国武术学校套路、散打比赛	每年	2000 年	16 届
	中国武术散打功夫王争霸赛	每年	2000 年	16 届
	亚运会武术比赛	四年	1990 年	17 届

因此,通过对现阶段国家层面常规武术赛事的综合分析,深知对于我国武术事业发展来说,优质、高效和多元化武术赛事的广泛开展既是推动中华武术不断取得新突破的有效方式,又是保障赛事整体质量稳步提升不可或缺的重要手段。而武术作为我国独具特色的民族体育项目,在践行武术全民健身国家战略的历史进程中,在全社会营造了重视武术、支持武术和参与武术的良好氛围,

激发了社会大众参与武术赛事活动的热情,并为其树立了文明健康的体育生活方式理念,进而推动充满活力的武术赛事消费市场的形成。然而在以市场为导向和遵循武术产业发展规律的前提条件下,把不同风格的武术赛事打造成具有国际影响力的赛事品牌,进而缩小与国外知名体育赛事品牌整体效益的差距,尚需业界不断在理论和实践方面持续探索,这些客观现实也进一步表明武术赛事品牌构建理论对武术赛事产业良性发展所起的重要促进作用,且使赛事经营主体深谙合理完善的武术赛事品牌建设理论构建对于指导武术赛事品牌建设实践具有的多重积极效益。

三、我国武术赛事品牌创建中存在的问题和原因探析

改革开放以来,随着一些重要的武术工作会议、武术重大方针和政策的陆续出台,且在总结新中国成立以来有关武术发展重要经验和教训的基础上,使得我国的武术事业逐步驶向常态化发展道路。同时在十一届三中全会确立的"解放思想、实事求是、团结一致向前看"工作方针和我国社会主义市场经济广泛深入开展的前提条件下,中华武术在以"发展"为主题的国际政治经济新秩序历史进程中,主动把握机遇,并遵循社会主义市场经济规律,以市场为导向,积极促使自身不断调适和转型,把武术赛事资源的利益共享主体逐步转向市场,赛事资源主体由传统的政府大包大揽向以市场为主导的多元化方向发展,从而形成了以政府、中国武术协会和市场(企业)交叉合力共同举办武术赛事的理想运作模式,然而这种理想化的武术赛事经营模式不仅影响武术赛事市场资源的及时更新,而且制约赛事整体价值和效益的最大化实现。

(一) 政府在我国武术赛事品牌建设中存在的问题

一是长期以来,由于我国体育管理体制的客观现实和政府在体育赛事管理过程中所表现出的"错位"和"越位"等有碍赛事正常发展的不合理现象,使其通观全局的宏观调控能力遭受严重质疑。然而在政府直接干预武术赛事事务,且对武术赛事事必躬亲的过激行为,直接导致政府和赛事承办方的关系紊乱。另外,从政府部门的赛事参与程度来讲,一旦政府参与了武术赛事的市场运作过程,凡事极易形成以政府为主导的办事程序,在其操控赛事管理和经营等环节

基础上,致使较多的管理超出自身权限,做出了本该赛事承办方才能行使职权而形成的最终决定,从而影响和挫伤了武术赛事承办方参与赛事运作的主观能动性和积极性。政府这种管理体制所导致的自身角色定位失衡和权限过度集中的客观现实,极不利于武术赛事市场繁荣和赛事核心竞争力增强。

二是武术赛事的经费管理。政府预算部门和资金管理部门对赛事资金的严格控制,以及武术赛事行政管理部门对赛事运作资金的无可奈何,最终导致武术赛事管理部门对划拨来的资金听之任之。这种对武术赛事资金过于集中的管理方式,虽然有助于政府部门对整个资金链做出有效分配,但是从某种程度来说,这种办事方法却抑制了武术赛事管理部门积极组织、宣传、推广赛事的主动性和办赛活力,进而使其萌生了"给多少钱,办多少事"的消极想法,从而导致赛事管理部门"等、靠、要"寄生思想产生,依靠社会力量开发武术赛事的积极性不断受到打击,按照社会主义市场经济规律对武术赛事资源进行有效合理开发的构想也不断成为泡影。

综上,造成以上系列问题的主要原因是政府部门对自身职能定位不清。针对不同类型的武术赛事,政府在履行应有行政职能同时,还应结合事物的发展规律及综合权衡有利于赛事健康发展的各方面因素,对武术赛事的品牌化培育做出相应宏观指导。然而由于政府行政部门在武术赛事运作过程中,缺少必要的结合自身行政职能对在各类型武术赛事中应承担的实际任务进行具体分析的重要环节,从而导致不同武术赛事市场管理秩序紊乱。对于公益性武术赛事,政府虽然沿袭大包大揽的办赛风格,但是没有发挥"举国体制"推动武术赛事品牌打造优势;在以政府为主导的武术赛事运作中,尽管政府拥有作为重要经济行为主体对武术赛事的决策权,但是由于它低估以其他方式参与赛事的赞助商、转播媒体和其他社会团体、组织及有影响力的个人对赛事运行所贡献的正能量,所以政府部门不仅没有从宏观上把握武术赛事的公益性,而且在微观上也弱化了其他赛事经营主体的权益和既得利益,进而打击了社会团体踊跃经营武术赛事的积极性;在政府主办其他单位承办联合经营的武术赛事中,虽然双方都是赛事运作主体,均对赛事的组织管理享有充分的参与和决策权,但是由于缺乏建立统一平等的市场合作基础,使得二者之间的关系不断出现问题;在以市场为导向的武术赛事中,政府部门对武术赛事缺少必要的宏观调控和监管,使得部分武术赛事的组织机构因为追求赛事利益最大化的过激行为,导致武术赛事整体运行环境遭受不同程度的伤害。

（二）中国武术协会在我国武术赛事品牌建设中存在的问题

根据国家体育总局和中国武术协会官网公布的武术赛事计划可以发现，从2004年开始，我国武术赛事被逐步纳入国家层面赛事计划行列，武术赛事运行主体多数是由国家体育总局武术运动管理中心、中国武术协会和地方武术协会三者共同发力形成。当前我国大部分武术赛事是由政府和中国武术协会合力作用结果，且从2004年以后，国家体育总局武术运动管理中心的组织管理也发生了巨大变化，其组织运行的具体情况如图3-4所示。

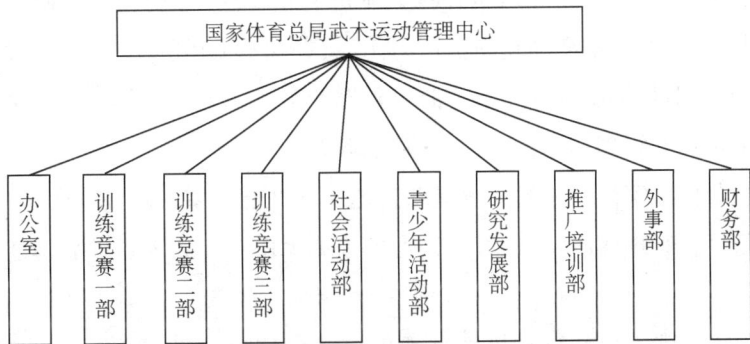

图3-4 国家体育总局武术运动管理中心机构设置图

国家体育总局武术运动管理中心作为中国武术协会常设办事机构，被赋予武术运动项目的全面管理职能，其下设九部一室，训练竞赛一部主要负责拟订武术套路项目的发展规划和竞赛管理制度，指导全国的武术套路训练、竞赛和运动队建设工作，组织国际性武术套路赛事的备战和参赛工作，以及组织开展武术联赛，抓好武术套路赛事赛风赛纪、反武术赛事兴奋剂工作的教育、管理和监督；训练竞赛二部负责拟订武术散打项目的发展规划草案和赛事的管理制度，指导全国的武术散打训练、竞赛和各级别散打运动队建设工作，组织协调国内外武术散打赛事的备战和参赛工作，以及开展联赛和赛风赛纪的监督和管理；训练竞赛三部负责制定自由搏击、泰拳和武术功力等项目的发展规划草案和赛事管理制度，指导相关项目的训练和竞赛工作，组织协调国内外相关赛事的备战和参赛工作，以及所有相关赛事的监督和管理；社会活动部负责制定传统武术和群众性武术工作的发展规划草案，组织开展相关武术项目的赛事表演工作；外事部负责国际武术联合会秘书处和中心外事工作，组织开展与国际体育社会组织和国家间的武术交流与合作；青少年活动部负责拟订青少年武术发展规划和相关训练的管理制度，指导开展青少年业余武术训练、国际武术比赛参赛工作和国际性武术交流活动；研究发展部负责国家体育总局武术研究院的工作规划和常规性事务，主要有制定武术事业的发展规划草案、提出武术发展的政策建议、武术文化资源挖掘整理与保护工作、调查研究武术发展过程中的重大问题并提出相应方案、起草有关武术发展的法律法规草案和会员制及段位制工作；推广培训部负责武管中心和武术研究院的宣传教育任务，拟定全国学校武术和武术学校的教学推广方案及政策、规范教学大纲、武术教材编写和武术训练的标准化工作，指导组织开展武术的宣传工作，推动和谐的武术文化建设，协调相关重大武术活动新闻报道工作，负责武术无形资产开发及使用、武术项目的场地、器材和服装等元素的商业开发和市场化运作以及对外投资和独立武术经济实体的管理；办公室负责日常事务。

通过分析国家体育总局武术运动管理中心九部一室各自具体职责，并根据我国现行体育管理体制特点，可以认为中国武术协会在武术赛事品牌建设中存在相应的不足。

一是中国武术协会行政权力过于集中，管理方式相对简单。总体来讲，我国武术协会的组织管理机构一直是近似"直线型"管理设置，存在较少的分权和分工，行政权力集中性较强。虽然这种管理设置有其明显优势，即权责明确、信息传递迅速、问题处理及时和拥有较高管理效率等优点，但是因其管理事务的依赖性劣势，即相对固定的少数几人参与、缺少专业化团队管理的职能分工、倘遇突发事件难以应对等现实问题，致使大部分武术协会的执行部门呈现职能分工不清晰、内部不协调、调动缺乏灵活性及管理效率低下等状况。

二是各级武术协会作为以服务性质为主的武术社团组织，其管理应该是一个系统性的调适过程，各级中国武术协会不仅要与国家体育总局合作，而且又要处理与其竞争资源和市场的关系。倘若这一系列环环相扣的相互关系存在问题，那么势必影响所有武术协会相关业务正常开展。

三是各级中国武术协会团体的市场开发意识有待增强，受到传统的"等、靠、要"思想影响，在武术赛事组织推广方式上沿袭计划经济时期的办赛经验，因而造成武术赛事市场缺乏活力。因为赛事组织机构对武术赛事宣传力度不到位,所以以我国独具特色的民族体育项目武术所开展的赛事活动无法有效吸引社会各界注意力,致使培育民族传统体育赛事成为我国体育赛事的主体尚需较长时间;由于赛事组织机构社会影响力较低,武术赛事的市场化程度较差,在实际的赛事运作过程中,因其缺乏武术赛事品牌建设意识,且没有按照社会主义市场经济规律对赛事进行市场化管理,因而经常出现与商家签订的协议不能够及时达成的现象,进而使武术赛事的品牌形象受损。

(三) 市场(企业)在武术赛事品牌建设中存在的问题

随着 20 世纪 90 年代社会主义市场经济运行体系的确立,市场推动各领域资源实现最优化配置。而民族传统体育赛事资源的市场转化既是民族传统体育融入社会的重要渠道,又是民族传统体育向社会化和产业化方向发展的积极表现之一。武术不仅是民族传统体育的重要组成部分,且具有广泛的群众基础,在我们积极倡导武术赛事融入市场机制过程中,应该明确各类型武术赛事的性质,在兼顾武术赛事的教育性、公益性、竞争性和营利性等主体特征有效凸显基础上,以期赛事整体效益最大化。然而由于市场自身调节机制所具有的盲目性特点,使武术赛事运作机构经常表现出一定的近视性和短期性,各个赛事经营主体具有的自发性调整特征,使其各自以微观局部利益为出发点,依据政府武术事业政策和市场运行机制对武术赛事资源进行合理优化,然而因其盲目关注部分武术赛事,所以经常引发个体利益和社会利益之间的冲突。

虽然市场的调节机制对武术赛事资源配置具有自发性和盲目性,对武术赛事的常态发展具有相应制约作用,但是市场在解决武术赛事运作机构经费短缺、提高武术赛事运营效率和赛事自身影响力等环节尚有积极表现。

一是在解决武术赛事运作机构经费短缺方面。现代武术赛事的发展历程已经表明,政府对武术赛事大包大揽且承担全部经费开支的做法已经不符合赛事本身发展的内在规律,更不合乎时代发展的根本要求。武术赛事未来的发展,必须冲破政府包办的藩篱,政府借助国家政策支持,运用组织协调等手段参与武术赛事运作,通过赛事运营实现政府职能转变,使政府的集权管理和干预过度等突出问题得到进一步改变,在积极鼓励市场参与的前提条件下,为借助市场活力承办赛事所需的供给和生产创造优越条件。

二是在提高武术赛事运营效率方面。武术赛事可以作为一个产品来经营,因而它就具有产品的消费性和市场性特征，唯有将其列入市场方可提高办赛效率。政府是以服务社会大众、实现社会福利最优化分配为目标，因而武术赛事仅仅依靠政府的计划内供给，势必因为缺乏相应的竞争导致赛事运作效率偏低，进而加重政府财政负担，加大赛事的整体成本，造成过度消耗资源和占用社会财富的不良后果。而市场是以实现产品利润最大化为目标，赛事运作机构在赛事效益最大化目标驱使下，必然对赛事各环节进行精密设计，以提高武术赛事的运营效率。赛事运作机构通过市场竞争机制的激励作用，将会借助市场高效地达到武术赛事管理整体目标和要求。

三是在提高赛事影响力方面。武术赛事的快速发展需要广泛宣传其在推动武术教育、技术和提高身体素质，以及提升民族自信心、自豪感和爱国情感等方面的积极作用，尚且需要新闻媒体和全社会的广泛关注与有效参与。近年来，随着社会物质文化和精神文化等方面日趋朝着多元化方向发展，武术赛事逐渐成为休闲、高效和健康的品牌及相关产品的营销载体，社会大众对武术赛事相关产品的需求呈现不断增长势头，武术赛事的市场化运作，需要赛事运作机构投入较多的人力、物力和财力对赛事进行宣传，在保证赛事顺利举办前提条件下，对武术赛事影响力的提升具有重要推动作用。

（四）我国武术赛事品牌建设发展滞后原因探析

通过以上三方面对我国武术赛事品牌建设过程中存在的问题进行剖析，可以发现当前武术赛事品牌建设面临的客观现实，在"互联网＋"新引擎引领行业发展的时代背景下，对武术赛事品牌建设的滞后原因进行探析，有助于清晰掌控武术赛事品牌打造的新航向。

一是政策指向不明，建设理念落后。改革开放以来，我国武术赛事品牌建设的法治化进程取得了长足发展。《全民健身条例》《国务院办公厅关于加快体育产业的指导意见》《全民健身计划（2011—2015 年）》《关于加快发展体育产业促进体育消费的若干意见》等法规文件和七次全国武术工作会议对武术赛事品牌建设起到积极助推作用。但由于武术赛事的特殊性，武术赛事品牌建设始终处于学术研究的边缘地带。虽然国家制定的相关法规和制度政策对武术赛事品牌建设具有积极促进作用，但基于武术赛事整体质量得不到有效提升的客观现实说明武术赛事品牌建设的政策执行力有待进一步增强，此种结果源于现有政策法规和文件对武术赛事品牌建设要求的条款措辞含糊、指向不明,从而造成执行相关政策的过程中出现空档,致使赛事品牌建设的效果较差。

二是武术赛事品牌建设队伍培养滞后,品牌管理意识淡薄。武术赛事运营队伍是武术赛事品牌建设的质量保证。理想型武术赛事品牌建设队伍应该是具备一定的品牌学、管理学及营销学等学科理论素养,且具有武术赛事常识、技能和赛事运作经验的武术赛事管理团队。鉴于目前国内尚未有专门的人才培养体系,武术赛事几乎是随意发展,武术赛事课程设置和赛事运作职业资格等规范性问题都无明确规定,而造成此种现象产生的主要原因是武术赛事品牌建设团队对待武术赛事发展中的问题,通常采取的是被动解决的措施,从而导致武术赛事品牌建设队伍培养缺乏系统性的品牌管理规划,承办武术赛事成为皆可胜任的事件,在缺乏武术赛事品牌管理意识的前提下,致使武术赛事品牌建设工作效率低下。

三是武术赛事品牌建设理论研究滞后,技术与实践服务缺失。鉴于武术赛事的特殊性,武术赛事品牌建设不能一味模仿竞技体育赛事品牌构建的操作方法,它必须要有自身独特的理论构建体系和实践应用技术。目前国内关于武术赛事品牌建设的研究成果较少,从某种程度上来说,虽然个别案例研究丰富了武术赛事品牌建设理论,但是这些寥若晨星的科研成果理论基础相当薄弱,成为制约武术赛事品牌化发展的瓶颈。此外,我国体育院校武术赛事品牌构建理论课程设置的缺失,致使赛事品牌建设理论和技术层面出现严重缺位,导致武术赛事品牌建设工作仅有其表层意蕴,从而出现"赛事何其多,经典有几个"的尴尬局面。因此,加强武术赛事品牌建设理论研究不仅是现阶段武术赛事创新发展亟待解决的基本问题,而且是我国武术赛事品牌打造的动力源泉。

第三节 我国武术赛事品牌模型构建

一、变量选取与数据来源

通过对前文研究成果进行梳理,并结合中国式现代化的武术赛事品牌创新发展现实需求,本研究最终将影响武术赛事品牌建构的多维影响因素,归纳划分为武术赛事品牌识别、品牌定位、品牌价值、品牌传播、品牌延伸、武术赛事品牌建设政府层面、组织管理层面、市场层面及武术赛事品牌认同九个因素作为潜在变量(因子)对武术赛事品牌模型建构效应及其路径进行观察分析。各潜在变量尚无法直接观测或度量,因此,在具体观测过程中,以理论分析为基础,结合新时代以来与该选题密切关联的研究成果及数据信息,选取了一系列可观测变量解释对应的潜变量。

通过发放电子问卷进行数据收集。调查问卷分为两部分:第一部分,了解新时代以来问卷填写者对于武术赛事的基本需求;第二部分,调查问卷填写者所关注的武术赛事品牌构建的情况,并采用 Likert(李克特)量表进行积分。考虑到问卷涉及品牌学、体育学理论学识,首次面向全国部分高校体育从业者、其他领域的体育管理者和武术爱好者等人群发放调查问卷,发放过程中部分高校体育从业者及体育管理者反馈调查问卷针对性太强,难度系数过大,于是收回问卷。经过调整,针对全国部分高校武术从业者、其他领域的相关武术管理者、武术界学者再次发放问卷,累计发放问卷 303 份,收回 301 份,有效回收率99.34%。

二、数理统计与模型建构

(一)信度分析

信度分析又称可靠性分析,是为检验所得数据是否可靠、可信的常用数理统计方法。信度分析通常采用克隆巴赫系数法,当克隆巴赫系数≥0.7,说明问卷具有相当可观的信度。因此,利用 SPSS26.0 软件对 9 个潜变量共 50 个题项进行信度分析(表 3-12),可知各维度下的克隆巴赫系数均大于 0.8,且整体题项的克隆巴赫系数大于 0.9,这说明问卷的信度非常高,收集的数据可靠程度强。

表 3-12　问卷数据信度分析结果

潜变量	克隆巴赫系数	项数
武术赛事品牌识别	0.967	7
武术赛事品牌定位	0.902	5

（续表）

潜变量	克隆巴赫系数	项数
武术赛事品牌价值	0.920	6
武术赛事品牌传播	0.887	6
武术赛事品牌延伸	0.925	5
政府层面	0.882	5
组织管理层面	0.910	5
市场层面	0.922	5
武术赛事品牌认同	0.875	6
总量表	0.975	50

（二）探索性因子分析

探索性因子分析主要用于考查每个题项对于解释和表现每个维度的变异系数。通过探索性因子分析不仅能对题项进行归纳分析，还能将相同本质的变量归入一个因子达到优化问卷结构的目的。具体分析流程如下。

（1）采用 KMO 值和巴特利特球形检验进行效度检验，检验结果见表 3-13，其中 KMO 值大于 0.9，且显著性水平小于 0.05，表明所选取的变量之间具有明显的相关性，整体量表的结构效度非常好，达到进一步因子分析的标准。

表 3-13　问卷数据效度检验结果

KMO 和巴特利特检验		
KMO 取样适切性量数		0.951
巴特利特球形度检验	近似卡方	15 012.983
	自由度	1 225
	显著性	0.000

（2）利用"碎石图"（图 3-5）和"主成分分析法"（表 3-14）提取公因子。观察"碎石图"可知，前 7 项因子折线较陡，后续因子折线趋于平缓；而总方差解释分析量表提取出 7 个公因子，且累积方差贡献率达 72.587%（大于 70%），说明检测出的 7 个公因子能很好地解释各题项和绝大部分指标要素信息。

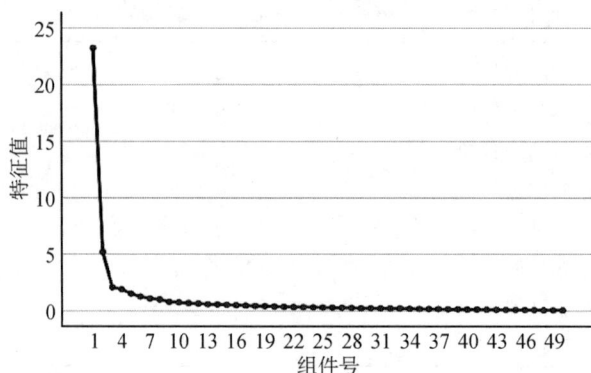

图 3-5　因子载荷碎石图

表 3-14　问卷数据总方差解释分析量表

组件号	初始特征值			提取载荷平方和			旋转载荷平方和		
	总计	方差百分比	累积/%	总计	方差百分比	累积/%	总计	方差百分比	累积/%
1	23.253	46.506	46.506	23.253	46.506	46.506	10.230	20.460	20.460
2	5.208	10.416	56.922	5.208	10.416	56.922	7.185	14.371	34.831
3	2.066	4.133	61.055	2.066	4.133	61.055	4.240	8.480	43.311
4	1.901	3.802	64.857	1.901	3.802	64.857	3.859	7.717	51.028
5	1.523	3.045	67.902	1.523	3.045	67.902	3.841	7.681	58.710
6	1.250	2.500	70.402	1.250	2.500	70.402	3.688	7.376	66.086
7	1.092	2.185	72.587	1.092	2.185	72.587	3.250	6.501	72.587
8	0.998	1.996	74.583						
9	0.800	1.600	76.183						
10	0.755	1.510	77.693						
11	0.688	1.375	79.068						
12	0.645	1.290	80.357						
13	0.591	1.182	81.539						
14	0.577	1.154	82.693						
15	0.540	1.079	83.773						
16	0.514	1.029	84.802						
17	0.475	0.951	85.752						
18	0.453	0.905	86.658						
19	0.426	0.852	87.509						
20	0.392	0.784	88.293						
21	0.376	0.752	89.045						

（续表）

组件号	初始特征值			提取载荷平方和			旋转载荷平方和		
	总计	方差百分比	累积/%	总计	方差百分比	累积/%	总计	方差百分比	累积/%
22	0.346	0.693	89.738						
23	0.338	0.676	90.413						
24	0.328	0.655	91.068						
25	0.315	0.630	91.698						
26	0.299	0.597	92.296						
27	0.293	0.585	92.881						
28	0.276	0.551	93.432						
29	0.247	0.494	93.926						
30	0.244	0.489	94.415						
31	0.236	0.473	94.888						
32	0.229	0.457	95.345						
33	0.217	0.433	95.778						
34	0.191	0.383	96.161						
35	0.187	0.374	96.534						
36	0.181	0.361	96.896						
37	0.175	0.349	97.245						
38	0.161	0.323	97.568						
39	0.157	0.313	97.881						
40	0.139	0.279	98.160						
41	0.133	0.267	98.426						
42	0.120	0.240	98.666						
43	0.109	0.218	98.884						
44	0.103	0.206	99.090						
45	0.095	0.191	99.280						
46	0.092	0.185	99.465						
47	0.079	0.159	99.624						
48	0.073	0.146	99.770						
49	0.061	0.122	99.891						
50	0.054	0.109	100.000						

提取方法：主成分分析法。

（3）通过旋转因子载荷矩阵为7个公因子命名，并分别剔除公因子，根据累积方差贡献率的变化情况筛选出最终影响武术赛事品牌构建的主要因子。旋转后因子载荷矩阵结果见表3-15。

表 3-15　旋转后的成分矩阵

题项内容	公因子						
	C1	C2	C3	C4	C5	C6	C7
武术赛事助推武术文化传播	0.801						
市场单一的资源配置方式制约武术赛事传播效益	0.770						
市场消费需求导向会引导武术赛事向高质量发展	0.759						
武术赛事增进中华文化国际影响力	0.752						
国家政策赋能利于武术赛事品牌构建	0.738						
市场能引导社会资本走向进而缓解武术赛事运作机构经费短缺的问题	0.714						
市场自身调节机制存在盲目性、自发性,易引发武术赛事个体利益与社会利益冲突	0.711						
您知道相关武术赛事的赛制设计		0.875					
您知道相关武术赛事品牌标识内涵		0.869					
您知道相关武术赛事的宣传标语		0.851					
您知道相关武术赛事运营机构的办赛理念		0.851					
您知道相关武术赛事的标识		0.847					
您清楚您所关注的武术赛事的特色		0.844					
您知道相关武术赛事的明星选手		0.785					
武术赛事能增强中华传统文化认同感			0.772				
武术赛事助推体育强国建设			0.770				
武术赛事有利于"美美与共"的人类命运共同体构建			0.713				
武术赛事能拉动内需、提升经济效益、促进社会和谐稳定			0.634				
武术赛事能让您找到武术认同共同体			0.560				
观看武术赛事能提高自身的运动技能			0.502				
您认为武术赛事能满足大部分目标受众需求				0.759			
您认为武术赛事品牌形象十分鲜明				0.745			
您认为武术赛事产品与其自身资源相契合				0.707			

（续表）

题项内容	公因子						
	C1	C2	C3	C4	C5	C6	C7
您认为武术赛事具有明显的地域针对性				0.675			
武术赛事的观赛成本受众都能承受				0.642			
您是通过户外媒介（户外广告、出租车广告、站台广告等）了解武术赛事品牌					0.724		
您是通过人际传播（亲人、好友、同事等）了解武术赛事品牌					0.690		
您是通过传统型媒介（图书、报纸杂志、广播、电视等）了解武术赛事品牌					0.682		
您是通过组织传播（武术赛事传播主体、民间武术团体、武术协会等）了解武术赛事品牌					0.589		
您是通过新型通信技术（5G 网络技术、人工智能、云计算等）了解武术赛事品牌					0.588		
延伸的武术产品能满足您的个性化需求						0.705	
武术赛事延伸产品一经推出您就知道						0.689	
延伸产品质量高且相关议题很吸引人						0.650	
武术赛事关联延伸产品（武术影视产品、武术文化创意产品等）您基本都知道						0.635	
政府参与武术赛事市场运作会削弱市场关系并挫伤赛事承办方积极性与创造性							0.746
政府"错位""越位"干预武术赛事会影响赛事正常发展							0.700
对武术赛事资金过度管控会抑制武术赛事相关（管理、宣传、推广等）部门办赛积极性							0.613
阶梯式武术协会管理设置致使部分环节出现问题，从而影响所有武术协会相关业务正常展开							0.575

注：提取方法，主成分分析法；旋转方法，凯撒正态化最大方差法。

根据公因子下的题项内容共性为其命名,C1 下的题项多是武术赛事品牌认同及市场层面影响因素的相关问题,而武术赛事品牌认同包含市场对于赛事品牌的认同,故此将 C1 命名为"武术赛事品牌认同";C2 下的题项均为赛事识别情况的相关题项,因此将 C2 命名为"武术赛事品牌识别";C3 下的题项大都是关于武术赛事品牌价值的相关题项,将 C3 命名为"武术赛事品牌价值";C4 下的题项主要包含赛事产品、市场、价格定位,故将 C4 命名为"武术赛事品牌定位";C5 下的题项均与赛事传播渠道相关,因此将 C5 命名为"武术赛事品牌传播";C6 下的题项多是关于品牌延伸情况的题项,故将 C6 命名为"武术赛事品牌延伸";C7 下的题项大都是政府对于武术赛事品牌建设的影响问题,故将 C7 命名为"政府层面影响因素"。

分别剔除公因子,累积方差贡献率变化情况见表 3-16,可知只有在剔除公因子 C1(武术赛事品牌认同)时,累积方差贡献率呈上升趋势,这说明武术赛事品牌认同在武术赛事品牌模型建构中的结构占比不足,即现阶段社会对武术赛事品牌认同所表现出来效果不明显,因此,在武术赛事品牌模型建构时暂不考虑武术赛事品牌认同方面的因素。其他公因子在剔除时,累积方差贡献率均呈下降趋势,说明这些因子对武术赛事品牌模型建构的影响较大,这其中检测出政府层面影响因素(C7),符合理论认知及实际情况,而政府作为宏观层面的领导者,其颁布的政策不仅能引导武术赛事品牌建设进行战略规划,而且能推动武术赛事产业向高质量发展迈进,但无法为武术赛事品牌建构方提供精细化的举措,且武术赛事品牌建构方并不能左右政府的决策,因此,在武术赛事品牌模型建构时暂不考虑政府层面的因素。最终,择选出影响武术赛事品牌模型建构的 5 个公因子(C2、C3、C4、C5、C6),此时的累积方差贡献率高达 75.335%,即武术赛事品牌识别、武术赛事品牌价值、武术赛事品牌定位、武术赛事品牌传播及武术赛事品牌延伸是影响中国式现代化的武术赛事品牌模型建构的五个关键因素。

表 3-16　剔除公因子后累积方差贡献率变化情况

剔除公因子项	剔除前累积方差贡献率	剔除后累积方差贡献率	累积方差贡献率变化规律
C1	72.587%	74.511%	上升
C2	72.587%	70.422%	下降

（续表）

剔除公因子项	剔除前累积 方差贡献率	剔除后累积 方差贡献率	累积方差贡 献率变化规律
C3	72.587%	71.786%	下降
C4	72.587%	72.290%	下降
C5	72.587%	72.175%	下降
C6	72.587%	71.738%	下降
C7	72.587%	72.026%	下降

（三）武术赛事品牌理论模型建构

通过上述分析所得的五个关键因素同属于品牌学的理论学识,而在品牌学中,品牌定位是品牌战略的核心内容;品牌识别系统界定了品牌营销传播的方向,而构成品牌形象的因素只有在传播中体现它们的价值;品牌延伸是凭借现有知名品牌或有一定影响力的成功品牌推出新产品的过程,通过"向下""向上""双向"的延伸实现收益最大化[1]。而在武术赛事品牌建设的代表性研究成果中,武术赛事品牌定位是武术赛事品牌传播的基础;武术赛事品牌传播是使受众认同并忠诚品牌的手段,且武术赛事品牌核心价值是传播的焦点;武术赛事品牌延伸是在原有的影响力、认知度、忠诚度的基础上扩展其衍生品[2]。因此,在梳理品牌学品牌建设理论和新时代以来学术界关于武术赛事品牌建设主流观点的基础上,初步构建武术赛事品牌理论模型(图 3-6)。

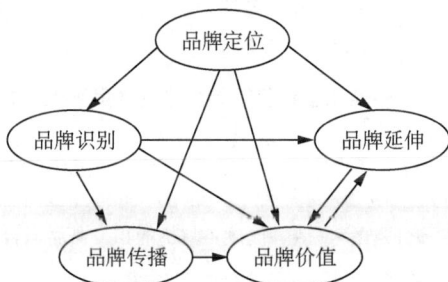

图 3-6　武术赛事品牌理论模型

---

① 生奇志.品牌学[M].北京:清华大学出版社,2011:3.
② 李臣.我国武术赛事品牌建设研究[D].武汉:华中师范大学,2016.

三、武术赛事品牌模型验证与修正

（一）武术赛事品牌模型验证

为进一步探索武术赛事品牌模型构建影响因素的关系,在 AMOS26.0 软件中导入问卷数据,进行验证性因子分析,得到包含路径系数的理论模型(图 3-7)和模型相关的拟合值(表 3-17)。在模型拟合指标一览表中,各拟合指数均未达到理想的标准值,即当前建构的武术赛事品牌理论模型拟合程度不太理想,需对当前的模型进行修正。

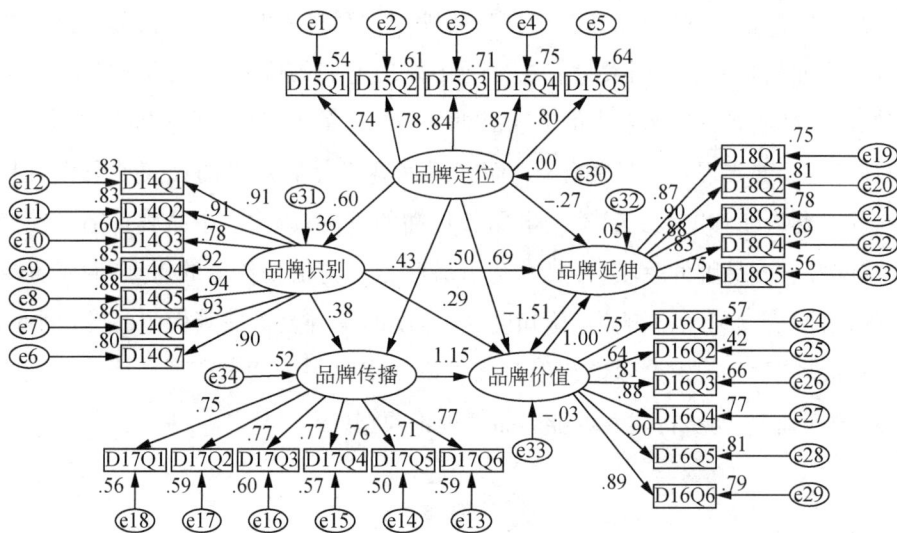

图 3-7　标准化估计值下的武术赛事品牌理论模型

表 3-17　武术赛事品牌理论模型拟合指标一览表

评价指标	卡方自由度比 (χ^2/df)	近似误差均方差 (RMSEA)	拟合优度指数 (GFI)	调整的拟合优度指数 (AGFI)	规范拟合指数 (NFI)	增值拟合指数 (IFI)	比较拟合指数 (CFI)
理想标准值	1~3	<0.08	>0.9	>0.9	>0.9	>0.9	>0.9
拟合值结果	3.383	0.089	0.765	0.721	0.858	0.896	0.895
拟合程度	不符合	接近	不符合	不符合	不符合	接近	接近

（二）武术赛事品牌模型修正

结构方程模型修正通常采用增加缺失路径或删除不显著路径两种修正方法。增加缺失路径一般是指潜变量之间的路径缺失和观测变量残差之间存在相关性需要添加路径。删除不显著路径，即删除无法对模型产生显著影响的变量及路径。以 AMOS26.0 软件提供的模型修正指数为参考对现有的模型进行修正，模型修正指数表明部分残差之间存在显著的相关性，先采用增加缺失路径进行修正，结果除调整的拟合指数（AGFI）不达标外，其余各指标均达标，但部分学者认为残差之间拉相关（增加路径）不严谨且不具备解释性。因此，该选题采用删除不显著路径的方法进行模型修正，同时对修正后的模型进行检验，修正后的模型拟合指数达到理想水平（表 3-18），即该结构模型数据拟合效果显著，同时说明所构建的（标准化估计值下）中的武术赛事品牌模型（图 3-8）较为合理，能够满足研究的需要。

表 3-18　模型修正后拟合指标一览表

评价指标	卡方自由度比（χ^2/df）	近似误差的均方差（RMSEA）	适配度指数（GFI）	调整后适配度指数（AGFI）	规准适配指数（NFI）	增值适配指数（IFI）	比较适配指数（CFI）
理想标准值	1~3	<0.08	>0.9	>0.9	>0.9	>0.9	>0.9
拟合值结果	1.564	0.043	0.934	0.910	0.956	0.984	0.983
拟合程度	符合	符合	符合	符合	符合	符合	符合

结果显示，武术赛事品牌模型建构关键因素之间密切相关，武术赛事品牌定位与武术赛事品牌延伸和武术赛事品牌延伸与武术赛事品牌价值呈负相关，即现有的调查数据显示武术赛事品牌定位在一定程度上会限制未来武术赛事品牌延伸的方向或范围；武术赛事品牌延伸可能会对其品牌价值产生负面影响进而削减其品牌价值。武术赛事品牌定位、品牌识别、品牌传播、品牌价值、品牌延伸相互之间存在明显的正相关，即现有的调查数据表明只有在武术赛事品牌定位、品牌识别、品牌传播、品牌价值、品牌延伸通力合作下才能实现武术赛事品牌价值的最大化。同时，可以观察到各潜变量的观测变量有明显的变化，即剔除现阶段武术赛事品牌模型建构不明显因素后：武术赛事品牌定位主要体现在市场定位、需求定位、形象定位和价格定位四个方面；武术赛事品牌识别经

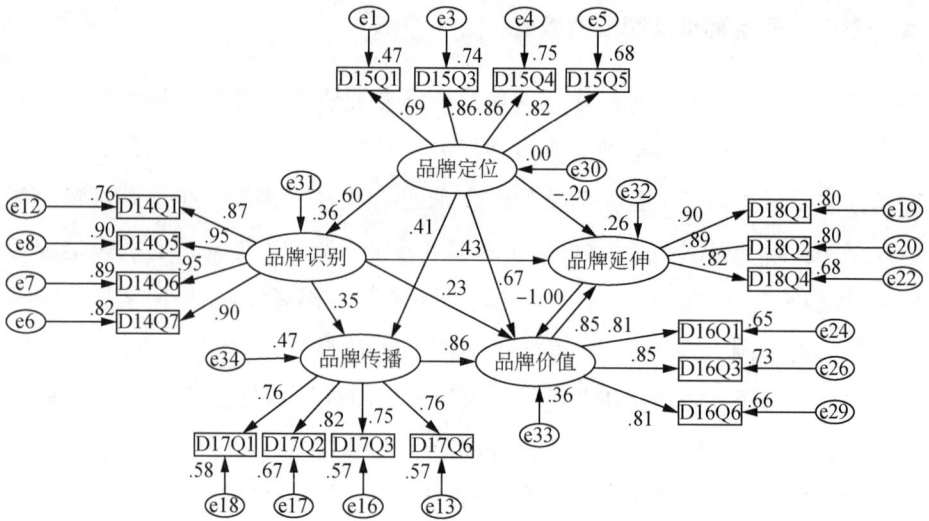

图 3-8   修正后的武术赛事品牌模型

由赛事标识、标识内涵、办赛理念、赛事特色凸显；武术赛事品牌传播更多依靠传统媒介、户外媒介、人际传播和新型通信技术进行有效传播；武术赛事品牌价值更多体现在对个人、社会、全人类方面的价值；武术赛事品牌延伸借助赛事品牌原有的关注度、需求定位及关联产品的传播进行品牌延伸。

第四章

我国武术赛事品牌战略规划

本章导语

　　我国武术赛事品牌战略规划是赛事经营机构致力于构建武术赛事品牌、实现赛事经营机构的经济目标和社会效益而制定的发展计划。武术赛事经营机构的赛事品牌规划不仅要科学、全面、系统、长期，而且它是自身赛事品牌持续发展的宏伟蓝图。

　　武术赛事品牌战略是赛事经营机构的根本性策略，它应包括武术赛事品牌构建环境、武术赛事品牌定位、武术赛事品牌元素设计、武术赛事品牌个性、武术赛事品牌价值、武术赛事品牌传播和武术赛事品牌延伸等环节内容。

　　基于我国武术赛事品牌战略，在系统分析赛事品牌构建环境基础上，对武术赛事品牌定位的意义、概念、步骤、原则及方法依次阐述，为我国武术赛事品牌构建体系设计奠定坚实研究基础。

　　规划亦作"规画"，有谋划、筹划之意。《宋史·张洎传》云："洎捷给善持论，多为准（寇准）规画，準心伏，乃兄事之，极口谈洎于上。"后小指较全面或长远的计划，如科研规划、十年发展规划①。品牌战略规划是为品牌建设设立目标、方向与指导原则，为日常的品牌建设活动制定行为规范，包

---

① 辞海编辑委员会.辞海:1999 年版缩印本[M].上海:上海辞书出版社,2000:1743.

括品牌现在与未来的属性、结构、范围、内容、愿景及管理机制等问题①。构建武术赛事品牌也必须对武术赛事实施品牌战略规划,进行合理的赛事品牌要素设计、有效的赛事营销及传播。武术赛事品牌战略规划是着眼于赛事经营主体打造品牌赛事、实现自身经济发展目标和社会效益而制定的纲领性架构。当武术赛事品牌化经营成为赛事经营主体的必然选择时,武术赛事品牌战略规划便成为其发展的必然环节,并为赛事经营主体打造赛事品牌确定发展框架,它必须是科学的、全面的、系统的、长期的,是对赛事经营主体的资源、市场环境全方位考评后制订的战略部署,是赛事经营主体推动赛事品牌化发展的宏伟蓝图。科学完善的武术赛事品牌战略规划必须对武术赛事品牌决策及武术赛事品牌定位给出方向性指示和可操作性指导,从而构建系统化的武术赛事品牌体系,践行武术赛事品牌运作。

第一节　我国武术赛事品牌战略

品牌战略是市场经济发展到高级阶段的必然产物,它是企业为了提高自身的市场竞争力,围绕产品的品牌所制定的一系列长期的、带有根本性的总体发展规划和行动方案②。武术赛事品牌不仅具有良好的视觉形象效果、较高附加价值和独特个性等显著特征,而且透过武术赛事品牌的内涵和属性可知,武术赛事品牌战略是赛事经营主体通过对武术赛事市场整体环境的现实状况和未来趋势的分析,依据自身条件,以武术赛事品牌战略思想为指导所进行的赛事品牌塑造和整体发展规划及实施。武术赛事品牌战略包括武术赛事品牌要素设计、武术赛事品牌市场定位、武术赛事品牌价值的创新与积累、武术赛事品牌的营销和传播等诸方面内容。武术赛事经营主体赛事品牌战略的优劣,不仅源于赛事管理者赛事品牌战略的制订与执行,而且更取决于武术赛事市场的竞争

---

① 崔蕾.品牌成长16步[M].北京:机械工业出版社,2005:1.
② 余明阳,杨芳平.品牌学教程[M].2版.上海:复旦大学出版社,2009:92.

密度和强度,以及竞争者的赛事品牌策略。

一、我国武术赛事实施品牌战略的意义

武术赛事品牌整体效益的发挥取决于赛事经营主体采用的赛事品牌战略。武术赛事品牌战略选择既是赛事经营主体的根本性决策,又是其经营武术赛事品牌的总纲领。假如赛事经营主体缺乏赛事品牌整体运作系统规划,必将引发武术赛事的无序经营,从而对其资源造成极大浪费。纵观现阶段我国武术赛事市场,重视赛事品牌战略的经营主体尚不多见,尽管经常看到赛事经营主体对其运作的武术赛事不断增加新元素,但是很少对赛事品牌的发展方向作出明确决策,边操作边改进的赛事经营主体比比皆是,致使同质化武术赛事充斥整个武术赛事市场。

(一) 品牌战略是使武术赛事从渠道竞争升级为品牌竞争的必然选择

众所周知,武术赛事品牌不仅是一个标志符号,而且它还应该是精心设计的商业运作系统,其范围包括从最初的武术赛事基本元素选择一直延伸到终端的赛事受众服务。赛事消费者购买的不仅是赛事产品本身,而是一个完整的赛事系统,且由于品牌武术赛事是同类武术赛事间个性化和差异性最明显的特征,所以武术赛事差异化竞争的焦点是赛事品牌打造。因此,品牌战略便成为武术赛事经营主体获得生存、实现创新及可持续发展的关键,一旦武术赛事自身差异性和赛事品牌个性化定位使武术赛事品牌形象形成,武术赛事关联产品市场的融合发展便有了清晰前进方向。

(二) 品牌战略是武术赛事品牌"人性化"的重要体现

武术赛事品牌定位是赛事经营主体自己设定的武术赛事品牌的核心竞争力,它是理性的规划,但是武术赛事消费者对赛事品牌都有自己客观的感性认识,这体现赛事受众的非理性消费行为。因为赛事经营主体认知理念和赛事消费者认知程度存在差异,所以他们对武术赛事品牌价值认识不一样。赛事经营主体更应该关注赛事消费者的认识,在其坚持以赛事消费者为核心与导向的武术赛事经营过程中,此种举措正是武术赛事品牌"人性化"的具体表现。人性化是当今所有行业都在倡导的经营理念,因为只有人性化才能让每个个体体验到被尊重的感觉,促使员工高效地工作,且利于建立良好的人际关系和组织氛围及经营团队的文化建设①。虽然人性化是企业对员工的现代经营理念,但是武术赛事品牌建设以目标消费者为导向的设计方式,合乎武术赛事品牌打造理念。武术赛事品牌运作是一项系统性战略工程,它不仅具有长期性、全局性、持续性和统一性等重要战略特征,而且假如赛事经营主体缺乏信誉和诚信度,赛事品牌定位和推广是针对所有人,对赛事目标消费群来说,他们对赛事品牌的认知度就较低,那么赛事品牌在推广过程中必将受到重创,足以显现品牌诚信是何等重要②。因此,推行武术赛事品牌人性化,不仅要让赛事品牌的每个环节都时刻聚焦在服务终端,而且能够渗透到每个人的文化层面,才能够被赛事受众所感知,所以,武术赛事品牌诚信度和人文化的人性化内涵,最终还是要依托武术赛事品牌战略逐步实施。

二、我国武术赛事品牌战略制定与实施

虽然构建武术赛事品牌需要长期的系统性投资,但是随着 2014 年《关于加快发展体育产业促进体育消费的若干意见》出台和体育产业成为新的经济增长极的时代背景下,武术赛事产业逐步成为一门独特的、具有无限潜力的新型经济领域,并且打造武术赛事品牌正在成为一个相对完整的商业运营系统,它不仅需要赛事管理主体在赛事元素选择、产品销售、赛事传播等环节做出正确决策与行动,而且更需要赛事经营主体以战略规划的眼光,通观全局,长期持续的操作。品牌战略是烦琐复杂且时间跨度较大的系统工程,通常来说,企业的整个品牌战略包括四个阶段,即品牌的自我评估、品牌的定位与建立、品牌的推广传播及品牌的管理维护③。因此,结合武术赛事自身属性和基本特征,参照品牌战略实施四阶段,拟定我国武术赛事品牌战略包含武术赛事环境、品牌定位、品牌元素设计、品牌个性、品牌价值、品牌传播、品牌延伸和品牌监控等基本内容。

环境通常是指存在于某一系统之外并对该系统产生一定影响的外部事物

① 孙军正.领导的执行智慧[M].北京:中国财政经济出版社,2014:179.
② 周文敏.公司策划总监工作细化执行与模块[M].北京:北京工业大学出版社,2014:297.
③ 郜明.广告学原理与实务[M].上海:上海人民美术出版社,2014:287.

和现象[①]。武术赛事环境是赛事经营主体存在和发展的空间,而赛事环境分析为其战略制订和武术赛事品牌管理提供了主要依据。通过分析武术赛事品牌战略所依赖的环境,即外部环境和内部环境。前者包括武术赛事行业总体市场信息、竞争对手市场信息和目标武术赛事消费市场信息等内容;后者包括赛事经营主体业务范畴、赛事经营主体资源状况、远景规划和发展战略等内容。明确其核心竞争优势、整合赛事经营主体资源和有效运用赛事营销手段,使目标消费者对武术赛事品牌有深入了解,在赛事消费群体中建立赛事品牌地位,进而促进武术赛事目标受众对武术赛事品牌的忠诚度。

品牌定位就是希望目标消费群感受、思考及感觉该品牌异于竞争者品牌的一种方式[②]。武术赛事品牌定位是武术赛事品牌战略的重要组成部分,是塑造、设计、确定武术赛事品牌形象的核心和关键。对于众多同质化武术赛事产品,赛事经营主体的赛事品牌定位决定着武术赛事品牌的特性及其未来发展潜力。武术赛事品牌定位不仅是确立与武术赛事市场有关的武术赛事品牌形象的过程与结果,而且是勾画武术赛事品牌形象及其提供价值的行为,从而使细分武术赛事市场的目标受众理解和辨别某赛事品牌与其他赛事品牌的差异化特征。武术赛事品牌定位只有通过深入调查,才能以目标受众为导向,体现差异,突出个性。唯有通过准确有效的武术赛事品牌定位,才能树立个性鲜明的武术赛事品牌形象,方可形成赛事品牌的巨大竞争优势,武术赛事品牌才有可能融入赛事目标消费群的意识当中。武术赛事品牌定位作为赛事经营主体在激烈的赛事市场竞争中赖以取胜的关键环节,具有不可低估的营销战略意义。

品牌元素是指构成品牌标志的一些基本元素,包括图案、文字及其他一些视觉符号,它本身也具有信息内涵[③]。武术赛事品牌元素设计是武术赛事品牌战略必不可缺的有机成分,有效的武术赛事品牌设计,能够在赛事消费者心中产生良好印象,并有助于增强武术赛事品牌的市场竞争力;失去灵魂的武术赛事品牌设计,不仅不能赢得赛事消费者的青睐,反而促使他们对赛事的关注度降低。武术赛事品牌设计有助于"赛事品牌形象"的塑造和在赛事消费者群体中影响力的提升,使赛事经营主体的相关产品在赛事消费者心目中享有较高知

① 张向东.管理的协调艺术[M].武汉:武汉大学出版社,2014:49.
② 黄静.品牌营销[M].2版.北京:北京大学出版社,2014:26.
③ 晁钢令,楼尊.市场营销学[M].4版.上海:上海财经大学出版社,2014:168.

名度、美誉度和信任度,在同类赛事产品中居于不可撼动的领先位置。

品牌个性就是指品牌在建设过程中逐渐形成的对消费者而言稳定的心理感受,也是针对目标受众的个性,将品牌的定位向拟人对象进行适当的扩展和延伸①,它被视为品牌成败的关键。据此可推理,武术赛事品牌个性是武术赛事品牌的灵魂,是区别于其他赛事品牌的重要依据,它是对武术赛事品牌所体现的独特价值、存在形式,以及赛事经营主体将此种独特价值,在有效向赛事消费者传达过程中,所采用的独特表现方式和风格而做的人格化描述。武术赛事品牌最终的目标受众是享有或追求不同赛事品牌个性的赛事消费者,且已有经验事实表明,武术赛事消费者总是选择符合自己个性的武术赛事品牌,所以,武术赛事品牌若想有效吸引赛事目标受众,就必须具备清晰而鲜明的品牌个性。

品牌价值是指品牌在某一个时点的,用类似有形资产评估方法计算出来金额,一般是市场价格,也可认为是品牌在需求者心目中的综合形象②。武术赛事品牌价值是赛事品牌为赛事消费者提供其整体效益的全面反映,主要由赛事品牌带给赛事受众的功能价值和情感价值两部分构成,也是与赛事品牌相关联的武术赛事品牌资产的总和。武术赛事品牌价值不仅透显赛事品牌对赛事消费者的重要意义和终极效益,而且也是一个武术赛事品牌经营能否得到肯定的重要标志。只有通过先进的科学方法、精准定位赛事目标群体的需求、结合有效的武术赛事品牌经营策略对武术赛事品牌价值实施管理,才能实现赛事品牌价值效益的最大化,以达到最佳办赛效果。

品牌的构建取决于消费者的认知,而不仅是企业自身的努力③。武术赛事品牌的形成过程,既是赛事品牌在赛事消费者中间的传播过程,又是赛事消费者对某个武术赛事品牌的不断认知过程。品牌传播是品牌所有者通过各种品牌传播手段持续地与目标受众交流,最优化地增加品牌资产的过程,它以多样的方式,向目标消费群传输品牌文化、价值观及饱满的品牌形象④。武术赛事品牌传播是赛事品牌构建者利用赛事品牌能够满足赛事消费者的优势价值,通过恰当的方式持续有效地与赛事消费者交流,增进赛事消费者认可、体验、信任,

① 周云.品牌学 知识体系与管理实务[M].北京:机械工业出版社,2014:100.
② 林桂明,陈高如.电子商务客户服务[M].北京:企业管理出版社,2014:33.
③ 陈春花.经营的本质[M].北京:机械工业出版社,2013:242.
④ 李杰.品牌审美与管理[M].北京:机械工业出版社,2014:124.

从而对武术赛事产品产生消费或再消费的强烈愿景,能够不断维护对该武术赛事品牌产生好感的操作过程。武术赛事品牌传播需要借助现代化媒体手段进行赛事传播活动,以便最终影响赛事目标受众,它主要包括赛事品牌元素设计、宣传广告制作和新闻报道等环节活动,把握与赛事消费者沟通的一切机会,从而使赛事消费者每次与赛事产品接触时,均能够体验到赛事品牌核心价值的创新信息。

武术赛事品牌凭借其知名度、认可度和资产价值等内容产生的赛事品牌效应,能够对赛事相关产品带来延伸功能。品牌延伸是指企业借助原有品牌已建立起来的市场声誉及形象,将现有品牌名称应用到新产品上的一种经营策略[①]。武术赛事品牌延伸是在业已确立赛事品牌重要地位的基础上,把原有武术赛事品牌融入新的武术赛事产品或服务,从而增加武术赛事品牌的核心竞争力,减少新的赛事产品进入武术赛事市场的风险,以相对较低的营销成本获取较高的市场价值,借助原来武术赛事品牌的良好品牌形象,对武术赛事资源进行充分挖掘,以实现武术赛事品牌整体效益的最大化。

品牌监控是品牌管理的一个动态运作系统,它能够及时掌握品牌的市场表现,为品牌的有效管理提供信息和决策依据[②]。对武术赛事品牌实施监控是武术赛事品牌化管理不可或缺的重要工作,根据赛事品牌管理的动态运作系统特征,认为其目的是准确及时地掌握武术赛事品牌推出后在整个武术赛事市场的相关表现,以便为武术赛事品牌的有效管理提供动态真实信息和决策依据。武术赛事品牌监控既可以由赛事经营主体的管理机构操作,又可以借助专业的外部机构进行实施,从而达到预期效果。通过武术赛事品牌监控,赛事经营主体能够系统客观地对武术赛事品牌定位、武术赛事品牌元素设计、武术赛事品牌的整合传播和武术赛事品牌延伸等方面内容作出客观全面的评估,既可以修订完善武术赛事品牌的整体管理方案,又可以有效增强和提升武术赛事品牌的核心竞争力。赛事经营主体还可以通过资产评估权威机构对武术赛事品牌进行整体评估,把赛事品牌的整体价值确定为量化的资本财富,从而使武术赛事品牌资产成为融资、合资及合作的重要手段。

---

① 李海廷,华吉鹏.市场营销学[M].北京:机械工业出版社,2014:186.
② 李业.品牌管理[M].2版.广州:广东高等教育出版社,2011:68.

武术赛事品牌建设和赛事品牌战略的制定与实施过程，应该遵循科学、规范、有效、可操作性的原则对武术赛事品牌整体进行构建。因此，为了科学有效地制定和实施武术赛事品牌战略，赛事经营主体务必明确赛事品牌建设的关键问题。

首先，提高实施武术赛事品牌战略的长远意识，构建独具特色的武术赛事品牌。战略意识是一种高层次的意识，它是人类意识活动中的目的性、能动性、创造性的突出表现①。目前，虽然品牌战略在多种赛事经营机构渐趋盛行，但是较多武术赛事经营主体管理人员尤其是领导者的赛事品牌意识较淡薄，在赛事经营过程中，较多的武术赛事经营主体注重眼前利益，缺乏构建品牌赛事的战略意识，致使赛事经营主体的武术赛事品牌竞争力较弱，缺乏自主性和品牌影响力，难以促其实现品牌化构建。因此，在武术赛事经营合作过程中，赛事经营主体应该尽可能均衡各方面利益，进行战略思维转型，明晰赛事管理机构的战略关注点，把提高武术赛事品牌意识作为武术赛事经营机构的长远发展策略，从而促进赛事经营机构的和谐发展。

其次，武术赛事品牌战略是一项系统性工程，它包括武术赛事的品牌形象、武术赛事品牌元素设计、武术赛事品牌的产品质量和服务质量等赛事品牌的相关系列元素。实施武术赛事品牌战略首先要有良好的赛事品牌形象，通过武术赛事品牌元素设计，不仅能够提升武术赛事品牌的知名度，而且更重要的是，良好的赛事产品质量和服务是保持武术赛事品牌具有较强竞争力的关键。武术赛事品牌的产品质量决定着赛事品牌的发展高度，仅以新闻媒体的短暂轰动效应来提高武术赛事品牌的知名度和影响力，并不是武术赛事品牌战略实施的真实目的。

再次，实施武术赛事品牌战略，要提升赛事品牌的民族文化内涵。武术赛事品牌传播要有效注入本土文化元素，精准体现中华民族的"尚武"精神，唯有如此，才能使武术赛事品牌具有广泛的生存基础，进而使赛事经营主体开创的武术赛事品牌在不同区域得到认可。武术赛事品牌的文化元素，使赛事消费者在体验武术赛事产品的同时也能感受到中华文化气息，并赋予武术赛事品牌新的特色，从而赢得武术赛事受众的青睐。因此，武术赛事在功能性消费向文化

---

① 孟鹰，余来文.企业战略 基于动态战略能力的观点[M].北京：中国经济出版社，2010：113.

性和心理性消费转变的今天,其品牌的文化元素含量是保持武术赛事品牌吸引力的重要内容。

最后,要关注赛事经营机构的赛事品牌保护状况。而品牌保护是企业在品牌运营中所采取的一系列维护品牌市场竞争优势的活动,它包括巩固提高品牌的竞争力与市场影响;延长其市场寿命;维持品牌与顾客之间的长期忠诚关系,树立良好的品牌形象及促进品牌资产不断增值①。武术赛事品牌战略与赛事品牌具有密切关系,实施武术赛事品牌战略必须加强赛事品牌保护,它直接关系到赛事经营主体武术赛事品牌战略的有效实施,其主要包括武术赛事品牌识别、赛事经营商业秘密、域名等武术赛事品牌资产的维护与管理,是一种维护赛事品牌权益的行为。

第二节　我国武术赛事品牌定位

一、武术赛事品牌定位的概念及意义

(一) 武术赛事品牌定位的概念

品牌定位是让品牌在顾客的心智阶梯中占据有利的位置,使品牌成为某个类别或某种特性的代表品牌,它包含产品品牌的目标消费者和该品牌与众不同的价值两方面内容②。武术赛事品牌定位既是武术赛事品牌战略的有机组成部分,又是设计、塑造、发展及确定武术赛事品牌形象的核心和关键环节。只有通过精准有效的武术赛事品牌定位,才能确定其鲜明的品牌形象,形成武术赛事品牌的竞争优势,最终占据赛事消费者的心智。

基于以上分析,可以延展出武术赛事品牌定位的概念,即建立与目标赛事市场有关的武术赛事品牌形象的过程与结果,是勾画武术赛事品牌形象及其所提供价值的行为,从武术赛事品牌的产品、价格、包装、服务等方面找寻与其他

---

① 李滨. 品牌资产管理[M]. 西安:西安交通大学出版社,2014:54.
② 费明胜,刘雁妮. 品牌管理[M]. 北京:清华大学出版社,2014:58-59.

赛事品牌的差异点,塑造武术赛事品牌的核心价值、赛事品牌个性和品牌形象,从而使其在目标赛事消费者心中占据有利位置。

(二)武术赛事品牌定位的意义

首先,武术赛事品牌定位是对武术赛事市场细分过程的结果。市场细分是针对赛事消费者的不同需求、价值观念、生活方式等特征把赛事市场设计为若干赛事消费群体的过程[①]。武术赛事经营主体只有将武术赛事市场细分出适合自身赛事品牌特色、自身能够提供有效服务的目标赛事市场,且根据赛事目标消费者特征进行合理定位,从而使赛事经营主体的武术赛事营销计划顺利实施。

其次,武术赛事品牌定位是有效连接赛事品牌形象与赛事目标消费者的无形纽带。在实现武术赛事品牌形象与赛事目标消费者的最佳融合过程中,赛事经营主体应当根据武术赛事的文化内涵、举办地的文化特征和武术赛事受众的广泛需求,积极主动地为适应新的武术赛事市场而不断改变策略和形象。

再次,武术赛事品牌定位是确立武术赛事品牌个性的必要条件。精准有效的武术赛事品牌定位,能够使武术赛事品牌个性格外清晰。目前,武术赛事产品的同质化使赛事产品的功能性效益根本无法满足赛事消费者的情感性效益和自我表达效益需求,赛事消费者渴望在武术赛事品牌定位中寻求满足自己身心需求的归宿,而武术赛事品牌个性则是武术赛事品牌诸多效益的集中体现。

最后,武术赛事品牌定位是武术赛事品牌传播的基础,并为赛事经营机构的武术赛事产品开发和赛事营销计划指引方向。品牌传播是品牌的拥有者以品牌的核心价值为原则,在品牌识别的整体框架下,选择广告、公关、销售及人际等传播方式,将特定品牌推广出去,以建立品牌形象,促进市场销售,它是培养目标消费者忠诚度的有效手段[②]。武术赛事品牌传播是指借助数字化媒体、公关、包装等多样化宣传手段将武术赛事品牌形象传递给赛事目标消费群体的过程。武术赛事品牌定位依赖积极有效的传播强化其在赛事消费受众心中的赛事品牌形象,并通过武术赛事品牌传播达到赛事定位目的,从而显示较于其

---

① 彭石普.市场营销 理论、实务、案例、实训[M].3 版.大连:东北财经大学出版社,2014:68.
② 生奇志.品牌策划管理[M].北京:清华大学出版社,2014:212-213.

他武术赛事品牌的相对优势,这种优势也间接规定了武术赛事品牌传播的方向。与此同时,赛事经营主体通过对武术赛事品牌定位,可以使其实现武术赛事资源的有效整合,赛事产品开发务必践行赛事品牌向消费者做出的承诺,从而使其各阶段营销计划都以武术赛事品牌定位为导向,持续不断地提升赛事经营机构的核心竞争力。

二、武术赛事品牌定位的原则、步骤和方法

(一) 武术赛事品牌定位的原则

在数字化媒体发达、各种赛事产品信息充斥赛事消费者视听的新时代,武术赛事经营机构在选择用于武术赛事品牌定位的特性和差异时,应遵循以下原则。

1. 武术赛事消费者导向原则

消费者导向是指按照消费者类型,决定企业市场进入定位,企业在决定市场进入定位时,应注意消费者导向与竞争者导向的有机结合及与企业的战略目标和资源禀赋相一致等因素[①]。武术赛事品牌定位的出发点是赛事消费者的需求,以给赛事消费者提供武术赛事品牌价值为核心,且武术赛事品牌定位是在与赛事消费者的互动中形成,并被赛事消费者接受赛事信息的思维方式和身心需求所牵引,突破赛事信息传播沟通的障碍,从而使武术赛事品牌定位信息进驻赛事消费者心灵。因此,武术赛事品牌定位的全过程都是以赛事消费者为导向,其定位的核心是赛事消费者的心理,只有对赛事消费者的心理把握准确,赛事品牌定位才能更有价值。

2. 差异化原则

差异化是企业向市场提供有独特属性的产品,以与其他产品形成区分并构成竞争力的竞争手段之一[②]。它也是打造武术赛事品牌的目的之一,没有差异点的武术赛事不能称为品牌赛事。武术赛事品牌差异化应从赛事品牌定位做起,差异化的武术赛事品牌定位,才能将自主赛事品牌与其他武术赛事品牌区

---

① 陈明森.市场进入退出与企业竞争战略[M].北京:中国经济出版社,2001:172-173.

② 周朴雄.互联网企业成长与盈利模式创新研究[M].广州:华南理工大学出版社,2014:76.

别开来，才能将赛事品牌信息烙在赛事消费者心中，从而吸引赛事受众注意力，并使其产生相应的武术赛事品牌联想。

3. 个性化原则

个性化就是与众不同，而拥有个性化物品将使拥有者感觉到自己与众不同，从而带来自我满足感，或者使他们容易获得别人的注意而产生自豪感①。在武术赛事产品日益同质化的赛事市场环境中，个性化的武术赛事品牌才能吸引具有相同价值观的赛事消费者，通过武术赛事品牌定位手段赋予赛事产品鲜明的赛事个性，并使其个性得到赛事消费者认同，从而迎合相应的赛事受众需求。应该说，通过武术赛事品牌定位后的赛事产品是为目标赛事消费者群体量身定做的产物，武术赛事品牌定位是应赛事个性化需求而产生，也必将在武术赛事个性化需求中实现自身价值。

4. 静态定位与动态调整相结合原则

余明阳、杨芳平和薛可等品牌研究专家认为，在不同的时期，定位的参照维度不是永恒不变的，所以品牌定位自然也应该随之动态调整。基于此，武术赛事品牌定位也只有适时调整发展方略，才能跟上武术赛事市场不断变化的节奏。因此，随着武术赛事品牌定位参照维度的相应变化，其定位必将随之动态调整。然而，如果武术赛事品牌定位点不确定，那么它根本无法在赛事消费者心中占据有利位置。所以，武术赛事品牌在坚持静态定位和动态调整相结合原则基础上，从赛事品牌定位启动到赛事目标实现，乃至武术赛事品牌的长远发展，都应坚持此原则，才能使武术赛事品牌始终拥有市场活力。

（二）武术赛事品牌定位的步骤

武术赛事品牌定位是一个动态复杂的过程，且有效的武术赛事品牌定位要有科学系统的操作步骤，不仅要考虑武术赛事品牌自身和竞争者所处的环境差异，而且要注意其共同拥有的特征，以便缜密有效地分析，从而作出精准的武术赛事品牌定位。

1. 武术赛事品牌环境分析

环境分析是企业战略管理活动中的一个重要过程，它是指企业监测、评估

---

① 沈征,胡亮.旅游工艺品设计与制作[M].北京:清华大学出版社,2014:109.

来自企业内部和外部的环境信息,并发现潜在的机会与威胁[①]。而武术赛事品牌环境主要包括赛事经营机构的内部信息和外部信息。内部信息包括赛事经营机构的业务范畴、机构资源状况、组织机构、文化和赛事经营机构的赛事品牌远景描述;外部信息包括武术赛事市场信息、赛事竞争对手信息和赛事消费者信息。可通过武术赛事品牌环境分析,明确武术赛事品牌的核心竞争优势,准确了解武术赛事市场、具有竞争力的武术赛事品牌和赛事消费者。

颜明健认为,组织的管理环境应包含外部和内部两方面,不同因素对组织的业绩影响程度不同,外部环境包括宏观和微观两方面,内部环境一般包括组织文化和组织经营条件两大部分[②]。因此,武术赛事品牌环境分析应以武术赛事品牌愿景、武术赛事目标消费群体的特征与其需求、武术赛事品牌自身产品优势、赛事经营机构的规模和实力等相关因素和有别于赛事竞争对手的品牌定位五个环节为重点,对武术赛事品牌环境实施有效分析。

2. 确定具体的武术赛事品牌定位

在武术赛事品牌环境分析基础上,武术赛事经营机构可以实施具体的赛事品牌定位(图 4-1)。

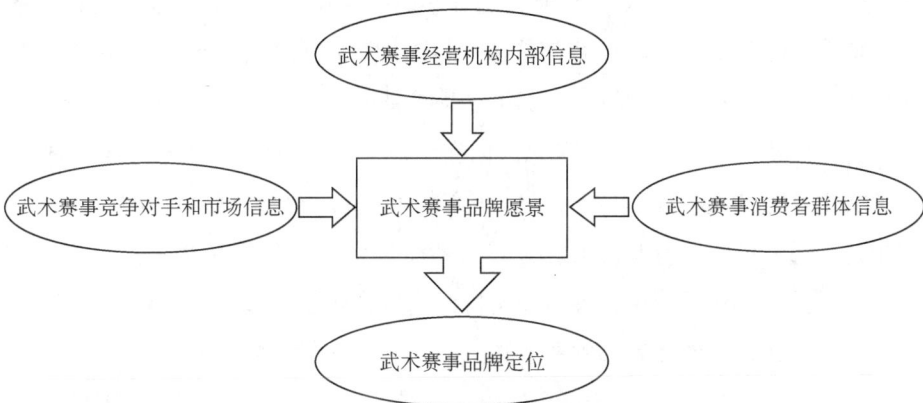

图 4-1　武术赛事品牌定位模型图

确定武术赛事品牌定位必须充分体现武术赛事经营机构相对于其他武术赛事品牌竞争对手的优势,使其符合武术赛事消费者需求,体现可持续发展特

---

① 邓新明.企业战略管理[M].北京:清华大学出版社,2014:21.
② 颜明健.管理学原理[M].厦门:厦门大学出版社,2014:81-82.

征,准确精练地表达武术赛事品牌内涵,从而便于武术赛事目标消费者记忆。

确切地说,武术赛事品牌定位应注重三个环节。首先是武术赛事品牌核心利益的选择。核心利益是企业应该满足的最低营销标准①。武术赛事定位的目的是给赛事消费者充分的参与理由,因此确定武术赛事品牌传递给赛事消费者的利益至关重要。其次是武术赛事品牌定位的维持与强化。倘若武术赛事品牌在赛事消费者心中确立了有利位置,那么还需要借助各种赛事营销活动持续巩固和强化,即便武术赛事定位非常清晰,但是核心竞争力较强的武术赛事品牌也必须通过持续的资本投入来强化其品牌定位。最后是做好武术赛事品牌元素设计和包装设计。在竞争日趋激烈的同质化武术赛事市场上,利用武术赛事品牌名称和赛事品牌良好的视觉形象,引起赛事消费者注意并催发其参赛热情,从而在赛事消费者心中烙下鲜明深刻的赛事品牌印记,才有利于武术赛事品牌定位成功。

3. 传播武术赛事品牌定位

传播是把资讯、意见、经验、态度从一个人传给另一个人,是与他人建立共同意识的人类信息交流行为和活动②。武术赛事经营机构在清晰明确的赛事品牌定位基础上,还必须有效传播制订的赛事品牌定位。武术赛事品牌定位传播应包括赛事经营机构内部和外部传播,且应从理念、行为和视觉三方面促使其达到和谐统一。赛事经营机构内部传播是指其内部沟通,主要目的是改善赛事经营机构运营理念,促使其共同的目标和价值观形成,通过培育赛事经营机构品牌文化,从而形成与武术赛事品牌核心价值相符合的组织机构文化,最终有利于赛事经营机构进行制度文化建设。赛事经营机构外部传播主要是指借助数字化媒体和针对性赛事公关活动向目标消费者传递赛事品牌定位,从而使武术赛事品牌在赛事消费者心中留下深刻印象,以此吸引赛事消费者与其建立长久牢固的亲密关系,最终保证武术赛事品牌核心价值与赛事消费者心理实现有效联结。

4. 检测与评估武术赛事品牌定位

评估是指运用科学的研究方法和技术,系统地评价社会工作的介入结果,

---

① Hynes G,Morris M. 8小时学会市场营销:写给繁忙经理人及初学者的营销实用指南[M]. 屈小淳,李怡锦,译. 北京:企业管理出版社,2013:26.
② 蔡铭泽. 新闻传播学[M]. 4版. 广州:暨南大学出版社,2014:17.

总结整个介入过程,考察社会工作的介入是否成效、是否达到了预期目的与目标的过程[①]。因而,武术赛事品牌定位的检测与评估包括评估赛事经营机构拥有的武术赛事品牌在赛事消费者心中的形象和其核心价值,检测调查结果与赛事经营机构最初确定的武术赛事品牌定位是否一致、赛事消费者对该赛事品牌定位是否认同,评估武术赛事品牌战略实施后赛事品牌价值,以确定武术赛事品牌价值的最终效益。这些方面都可以通过评估武术赛事品牌的赛事消费者价值、武术赛事市场价值和赛事产生的财务价值来实现,其具体指标包括武术赛事品牌知名度、武术赛事市场占有率、新闻媒体广告影响度及赛事资产报酬率等。

诚然,武术赛事品牌定位应随着市场竞争环境的变化,不断做出积极的理性应对,在武术赛事经营机构有效审视武术赛事市场内外环境的前提条件下,依据武术赛事品牌的核心价值,逐步迎合赛事消费者的需求,从而保证清晰明确的武术赛事品牌定位,并不断实现武术赛事品牌定位的优化升级。

(三) 武术赛事品牌定位的方法

目前,关于品牌定位的方法主要有 USP(unique selling proposition,即"独特销售卖点")定位法、3C(消费者 customer;竞争者 competitor;企业自身 corporation)分析法和品牌定位图分析法三种[②]。基于以上品牌定位方法,本研究认为武术赛事品牌定位不仅是项技术性较强的营销策略,而且需要科学严密的逻辑思维,必须讲究相应的策略和方法。所以归纳武术赛事品牌定位方法主要有以下几种。

1. 武术赛事对比定位

对比定位是指通过与竞争对手的客观比较来确定自己的定位,也可以理解为排挤竞争对手的定位。企业利用此种方法改变竞争对手在目标消费者心目中的现有形象,明晰自身的优缺点,从而确立自身独特的市场地位[③]。所以,本研究拟定武术赛事对比定位是指通过与其他武术赛事品牌的客观比较以确定

---

① 社会工作者职业水平考试试题研究组.2014 年社会工作实务中级[M].北京:中国法制出版社,2104:31.

② 生奇志.品牌策划管理[M].北京:清华大学出版社,2014:87-89.

③ 卢彦.移动互联网时代品牌十诫[M].北京:机械工业出版社,2014:94.

自己的赛事品牌定位,也称为排挤其他武术赛事品牌的定位。在该赛事品牌定位中,赛事经营机构设法改变其他武术赛事品牌在赛事消费者心中的现有形象,寻求其不足之处,并用自己的赛事品牌进行对比,从而确立自身赛事品牌地位。例如,2013 中国武术散打百强争霸赛通过散打主体性与搏击主体性的客观比较,最终确定散打主体性优于搏击主体性的事实,从建立有影响力的赛事推广平台、赛事规则及擂台设置等方面,明确亮出自己的赛事品牌定位,从而树立了专业性的散打赛事品牌形象。

2. 武术赛事文化定位

文化定位是指将文化内涵融入品牌,形成文化上的品牌识别①。该定位是将文化内涵融入武术赛事品牌,从而形成文化上的赛事品牌差异,武术赛事文化定位不仅能够提升赛事品牌的核心竞争力,而且能够促使武术赛事品牌形象更加彰显特色。例如,2015 中国武术散打国际争霸赛以"武林战歌"为主题,在弘扬武术文化的同时,体现了赛事赞助企业积极响应建设国家级武术赛事文化产业服务体系的号召,加快构建"武术赛事文化＋"战略体系,在有效促进武术与现代化体育赛事融合基础上,更好地传播中国武术文化。

3. 武术赛事自我表现定位

自我表现定位通过表现品牌的某种独特形象和内涵,让品牌成为消费者表达个人价值观、审美情趣、自我个性、生活品位、心理期待的一种载体和媒介,使消费者获得一种自我满足和陶醉的快乐感觉②。据此可归纳武术赛事自我表现定位是通过传达赛事品牌的某种独特形象,宣扬其独特个性,让赛事品牌成为赛事消费者表达个人价值观、审美情趣、表现自我的载体和媒介。该定位不仅体现一种社会价值,而且能给赛事消费者一种展示自我个性和精神追求的审美体验。例如,2015 全国"企业家杯"武术太极拳比赛以宣称"武术精神,文化传承,民族崛起"为主题,重点强调企业主导,赛事受众互动,凸显太极文化传承并扩大其影响力,从而提升太极文化和谐发展的新高度。通过太极文化在企业家群体间普及,既能够使企业家体魄强健,又能够使其精神境界得到升华,从而使全部参赛企业家产生心灵共鸣,有助于太极文化健康向上正能量理念的积极

---

① 周利红.CI 设计[M].2 版.长沙:中南大学出版社,2014:44.
② 刘治江.市场营销学:知识、技能与应用[M].2 版.北京:经济管理出版社,2014:278.

传播。

4. 武术赛事经营理念定位

经营理念(也称企业理念)是一种将组织的存在意义与使命通过能被大家理解的表达方式表现出来的基本价值观①。此种定位方法是赛事经营机构利用自己具有鲜明特点的经营理念作为武术赛事品牌定位诉求,体现赛事经营机构的内在本质,并借助清晰准确的文字和语言表达出来。赛事经营机构如果秉承正确的办赛宗旨、良好的精神形象和独特的经营哲学,那么其采用理念性赛事定位策略就易于建立受到赛事认可的赛事经营机构形象,从而提高武术赛事品牌的价值并提升其品牌形象。例如,2014 年横空出世的中国原创搏击品牌昆仑决以"激发中国武术活力、弘扬尚武精神"为经营理念,秉承"高大上"的办赛思路,积极促成国内外参赛选手直接对话,通过与国外赛事运作团队和高水平运动员的交流合作,将先进的搏击技术和赛事管理理念移植国内赛事,不断助推中国武术搏击赛事整体向前发展。

---

① GLOBIS 商学院. MBA 管理学基础手册[M]. 顾彼思中国,译. 上海:上海交通大学出版社,2014:4.

第五章

我国武术赛事品牌构建实践

本章导语

　　基于武术赛事品牌战略规划和武术赛事品牌模型建构可知，武术赛事品牌运作不仅要有宏观、全局及整体规划，而且要注重具体操作程序，以便赛事经营主体架构的赛事品牌能够顺利落地。因此，构建武术赛事品牌体系，应在武术赛事品牌要素设计、武术赛事品牌个性、武术赛事品牌价值、武术赛事品牌传播和武术赛事品牌延伸五个环节丰富武术赛事品牌建设，在确定武术赛事品牌识别系统、明确赛事品牌个性、定义赛事品牌价值、开展赛事品牌传播、确定武术赛事品牌谱系基础上，全方位、立体地构建武术赛事品牌系统，从而赋予武术赛事品牌以真实的市场生命和长久活力，为武术赛事品牌打造和发展提供坚实保障。

第一节　我国武术赛事品牌要素设计

一、武术赛事品牌要素内涵

　　根据品牌专家的研究成果，品牌的构成要素包括显性要素和隐性要素两部分,其显性要素是品牌外在的具象元素,可以给消费者直接的感觉冲击,它主要包括品牌的名称、标识、图标、标记、标志字、标志色、标志包装、广告曲;隐性要素是品牌的内涵因素,是品牌的精神和核心,它包括品牌承诺、品牌个性和品牌体验①。基于此,对武术赛事视作品牌进行构建,其要素设计也必须以品牌要素为模型逐步实施,针对不同人群对武术赛事品牌设计的不同理解,武术赛事品牌要素设计可分为赛事品牌战略设计和赛事品牌识别系统设计。武术赛事品牌战略设计是赛事品牌的价值定位过程,它主要包括武术赛事市场界定、武术赛事品牌理念设计、赛事目标消费者设计、赛事产品概念设计及武术赛事市场设计等内容;武术赛事品牌识别系统设计包括规范的武术赛事品牌视觉识别设计、应用型的武术赛事产品造型设计和包装设计等内容,是武术赛事品牌战略设计中赛事价值定位的外在表现,其主要目的是将武术赛事品牌个性转化为武术赛事品牌形象。鉴于武术赛事品牌战略设计前文已经详细阐述,本节主要对武术赛事品牌识别系统设计内容展开研究。

(一) 武术赛事品牌识别系统内涵

品牌识别即基于物理性和心理性的各种维度对品牌进行描述和写真,创造或保持与品牌有关联的事物和理念,使品牌成为超越产品的存在,同时又赋予产品生命和灵魂②。品牌识别设计应以促使品牌形象按照管理预期实现和利于建立牢固的顾客关系为前提,因此武术赛事品牌识别系统也应刻画赛事经营机构个性、突出赛事经营机构精神,把现代品牌设计观念和科学管理理论相结合进行整体化运作,使武术赛事消费者产生深刻的赛事形象认同感,从而达到武术赛事产品促销目的的一种活动。它应包括武术赛事品牌理念识别、武术赛事品牌行为识别及武术赛事品牌视觉识别三个子系统。

理念识别(mind identity,MI)是企业经营管理过程中形成的,并为员工所认同和接受的企业经营理念、发展战略、企业哲学、行为道德准则、企业精神、企业文化、经营方针及策略等③。它是企业蕴含的精神财富和长远发展规划的理性升华,所以武术赛事品牌理念识别既能促使赛事经营机构在培育赛事品牌过

---

① 余明阳,杨芳平.品牌学教程[M].上海:复旦大学出版社,2009:5-7.
② 吴廷玉.产品设计与品牌管理[M].杭州:浙江大学出版社,2014:14.
③ 大众财经图书中心.新编常用管理词典[M].北京:中国法制出版社,2013:188.

程中运作理念和经营战略有机统一，又是赛事经营机构的运作思想和经营标准，它包括赛事运作机构的经营信条、办赛哲学、办赛策略及赛事经营机构的办赛风格等。赛事经营机构精神标语是其具体表现。例如，2015"武林战歌"中国武术散打国际争霸赛的"弘扬武术文化，构建'武术赛事文化＋'战略体系"，世界传统武术锦标赛的"武术界的奥运会"，全国武术运动大会的"促进传统武术与竞技武术协调发展"等，这些浓缩的武术赛事经营机构办赛理念是其自身崇尚和追求的真实反映，在赛事经营机构内部可以统一全体工作人员的意志和振奋其精神，对外不仅能够获得武术赛事受众的认同与信赖，树立良好的武术赛事机构形象，而且有助于武术赛事产品的顺利销售，为赛事经营机构赢得更好的整体效益。武术赛事品牌理念识别是武术赛事品牌识别系统的核心和基础。

　　行为识别（behavior identity，BI）是理念的体现和贯彻方式，它是实现企业理念的动态识别系统，包含对内行为识别和对外行为识别两方面[①]。据此认为，武术赛事品牌行为识别是在武术赛事品牌营建过程中具体操作行为的规范化和协调化，以及武术赛事品牌经营理念的统一化，是赛事经营机构非视觉要素的形象展示和塑造，它是以武术赛事品牌理念识别为动力源的动态识别形式，包括武术赛事品牌管理、武术赛事产品营销及武术赛事市场公共关系，武术赛事品牌行为识别是赛事经营机构理念目标顺利实现的重要保证，其对内行为包括赛事经营机构全体员工教育，赛事整体工作环境、薪金福利及研究开发武术赛事产品项目；对外行为包括武术赛事品牌市场调查、武术赛事品牌产品推广、武术赛事品牌促销及武术赛事品牌公益文化等重要环节。

　　视觉识别（visual identity，VI）是在经营理念、战略范围及经营目标支配下，运用视觉传达方法，通过企业识别符号来展示企业独特形象的设计系统[②]。它包括基础要素和应用要素两方面内容。所以武术赛事品牌视觉识别也应是武术赛事品牌视觉信息传递各种形式的统一（包括武术赛事品牌名称、标志符号、标准字体、武术赛事品牌经营规范），是武术赛事品牌最直接具体的形象传播和展示，它的传播感染力最为具体，是把武术赛事品牌识别的本质视觉化，充分展现赛事经营机构的运作理念和独特个性。由武术赛事品牌识别到整个赛

① 夏洪胜，张世贤.公共关系管理［M］.北京：经济管理出版社，2014：100-101.
② 周利红.CI设计［M］.2版.长沙：中南大学出版社，2104：56.

事运作系统开发所展现的外观形象将直接影响赛事经营机构形象的最终形成，表明武术赛事品牌识别系统在赛事整体性开发中，武术赛事品牌视觉识别开发具有突显的重要作用。

武术赛事品牌的理念识别、行为识别和视觉识别，三个子系统构成了完整的武术赛事品牌识别系统。识别战略包括所有的识别程序及关于一个品牌如何投射到市场所做的决策[①]。因此，武术赛事品牌识别战略也应是以创建武术赛事品牌为目的的系统化形象设计，通过武术赛事品牌理念识别、行为识别及视觉识别的确立和完善，逐步实现武术赛事品牌形象的个性化塑造及规范化和标准化管理实施，有助于进一步提升赛事经营机构的个性形象。因此，武术赛事品牌识别系统是构建武术赛事品牌最为重要的基础环节。

（二）武术赛事品牌识别战略实施步骤

品牌专家大卫·艾克认为，品牌识别系统主要由三个层面构成，内核是品牌精髓，中层是品牌核心识别，外层是品牌延伸识别[②]。所以武术赛事品牌识别系统的精髓也应是激励赛事经营机构全体职员确立品牌赛事经营理念，透过赛事经营机构的赛事市场活动特性，充分展现武术赛事品牌的宗旨和赛事品牌文化。对于武术赛事经营机构导入赛事品牌识别系统，武术赛事经营者必须与相关人员达成共识，且应有共同的办赛观念和武术赛事期望。因此，在构建武术赛事品牌识别系统前，赛事经营机构内部必须对全体员工进行沟通与教育，在外部应对武术赛事市场环境进行有效分析和调查，且基于营建武术赛事品牌识别系统是赛事经营机构长远战略的主题，所以拟定其构建过程可以分为 5 个环节进行实施。

1. 武术赛事实态调查

实态调查是为了准确把握企业的实际状态，以决定是否导入企业识别，以及其导入的目标、内容及方法，而对企业的基本素质、经营理念及业务形态，对市场竞争状况及其未来发展趋势，对社会公众对企业形象评价等方面进行切实、充分及细微的调查[③]。此阶段是对武术赛事经营机构的内外部环境展开全

①　朱丽安妮,朱勒.广告创意战略[M].9 版.杭虹利,等,译.上海:复旦大学出版社,2011:52.
②　李荣日,王笑梅,朱振伟.体育市场营销实务[M].天津:天津科学技术出版社,2005:187.
③　佘元冠.品牌与名牌:企业名牌战略的理论与实践[M].北京:机械工业出版社,1997:166.

面调查与分析,明晰其目前赛事经营概况、武术赛事市场整体发展状况、赛事品牌具备的优劣之势、在武术赛事行业中何种位置及在现实社会中的品牌形象等内容,且以此依据制订利于武术赛事品牌发展的短期规划、长期规划和整体发展战略。

2. 设立武术赛事品牌形象概念

品牌形象(brand image)是企业或其某个品牌在市场上、在社会公众心中所表现出的个性特征,包括品名、包装及图案广告设计等,体现目标消费群对品牌的评价与认知,反映品牌的实力与本质[①]。因此,在武术赛事长远发展战略规划前提下,根据武术赛事市场竞争状态和发展趋势、武术赛事产业发展前景、社会对武术赛事人才的特殊需求及武术赛事品牌彰显的文化内涵需求,从而确认武术赛事品牌的核心形象,在武术赛事形象概念界定的基础上,武术赛事品牌识别系统的策划与发展才有可靠依据。

3. 武术赛事品牌形象概念具体化

具体化是指在头脑里把抽象、概括出来的一般概念、原理及理论同具体事物联系起来的思维过程,也是用一般原理去解决实际问题,用理论指导实际活动的过程[②]。尽管武术赛事经营机构设定完美的赛事经营理念,但如果缺乏有效的表达方式,武术赛事品牌识别战略也可能沦为空谈。因此,武术赛事经营机构如果要使其办赛理念及武术赛事品牌识别系统达到明确的辨别目的,除了使武术赛事形象概念转化为赛事品牌的标准字、标志符号等要素以外,其关键是能够在武术赛事市场上产生共鸣效应。

4. 实施与传播武术赛事品牌形象

武术赛事品牌识别系统是将武术赛事经营机构的办赛理念、战略思想和战略目标有效传达给赛事经营机构全体工作人员,并且应得到赛事消费者的充分认可。因而,武术赛事经营机构应首先在内部公布武术赛事品牌识别策划的结果,通过对赛事品牌营建全体工作人员培训,逐步渗透实施武术赛事品牌识别新概念,并在赛事经营机构内部管理中有序推行,使武术赛事品牌识别战略与赛事经营机构办赛理念深入赛事运作主体内部,从而使其效能实现最大化发

---

① 丁栋虹.创业学[M].上海:复旦大学出版社,2014:306.
② 贾林祥,张新立.心理学基础[M].南京:南京大学出版社,2014:88.

挥。与此同时还应积极实施对外传播,扩散武术赛事品牌的应用设计系统,即把赛事品牌标准字和标志广泛应用在新闻媒体宣传、赛事场馆布局设计和武术赛事经营机构专用运输工具等方面,使武术赛事设计系统应用全面具体化,使武术赛事经营机构统一行为,将武术赛事品牌的个性形象展示给全体消费者,在获得社会公众认可的基础上,进而产生良好影响。

5. 武术赛事品牌识别监督与评估

武术赛事品牌识别系统的导入是前置性赛事品牌计划,为确保此项计划真正付诸实施,必须对武术赛事品牌识别的实施和传播进行相应的监督与评估。评估主要包括赛事经营机构内部测评、武术赛事市场外部测评和武术赛事品牌识别效果测评三个方面,以此为基点,确保其实施效果符合武术赛事品牌识别导入的赛事品牌形象概念,从而与全体赛事消费者达成共识与认同,并根据其实施过程的反馈信息对相应的策略进行调整,进而使之持续不断完善。

二、武术赛事品牌识别系统

武术赛事品牌既具有较强的识别作用,又能使之从众多武术赛事同质化产品中脱颖而出,便于赛事消费者进行理性选择。此种识别是武术赛事消费者对武术赛事品牌的综合体验,通过功能、情感和价值等方面效益的整体展现,使其产生个性化的价值主张,从而使武术赛事品牌和赛事受众之间建立亲密的关系。它既包括武术赛事品牌的个性化差异和赛事消费者的认同感等内部功能差异,又包含武术赛事品牌外在表现即武术赛事品牌名称、术语、符号及其相应组合对武术赛事消费者形成的视觉差异。武术赛事品牌识别系统是具体化和视觉化赛事品牌符号识别的传达方式,它将武术赛事品牌经营理念、武术赛事品牌文化和武术赛事品牌包括内容等抽象化语言,通过视觉传播手段,转译为具体的符号概念,借助武术赛事品牌形象展示,使武术赛事品牌的相关视觉要素与其他武术赛事品牌具有显著差异性。例如,"UFC"终极格斗冠军赛事标志图案、"武林风"站立式商业搏击赛事图案设计、"昆仑决"中国原创搏击赛事品牌标志及"K-1"国际站立式格斗赛事品牌标志等都给武术赛事消费者强烈的视觉冲击(图 5-1)。

UFC官方标志　　　武林风标志　　　昆仑决标志　　　K-1官方标志

图 5-1　国内外典型武术赛事品牌标志

（一）武术赛事品牌识别战略内容

企业识别战略是通过建立组织化、规范化、系统化及视觉化的企业识别体系,将企业经营活动及指导企业经营活动的理念,透过规范而又一致的信息传达,来增进企业内部和外部公众认同,从而达到企业发展目标的一种适应市场竞争需要的经营战略[①]。它包含理念识别、行为识别及视觉识别三个系统。因此,基于企业品牌战略和武术赛事相关特征,认为武术赛事品牌识别战略规划应包含两个子系统,一个是以武术赛事品牌识别设计为基本要素的视觉识别设计系统,包括武术赛事品牌名称、武术赛事品牌标志、武术赛事品牌标准字体、武术赛事品牌标志造型和武术赛事品牌宣传语等内容;另一个是由视觉识别设计系统在武术赛事经营机构所有视觉项目中具体操作的应用设计系统,包括武术赛事品牌相关事务用品、武术赛事品牌包装、武术赛事品牌环境、武术赛事运输工具和武术赛事制服等内容。

1. 武术赛事品牌视觉识别设计系统

（1）武术赛事品牌名称:品牌名称是品牌识别中可以用文字表述并用语言进行传播的部分,也称"品名",品牌名称本身就是最简洁、直接的广告语,能够迅速而有效地表达品牌的核心内涵和关键联想[②]。因此,具有较强吸引力的武术赛事品牌是使其被赛事消费者接受、认知及建立武术赛事品牌忠诚的前提,武术赛事品牌名称不仅对武术赛事品牌联想有一定影响,而且对武术赛事产品的营销产生直接影响,它作为武术赛事品牌的核心要素甚至有时会导致武术赛事品牌兴衰。因此,武术赛事经营机构在确定武术赛事名称前应有明确的武术赛事品牌定位,以便于其赛事名称的传播。

---

① 汪向雷.企业形象战略[M].长春:吉林人民出版社,1995:117.
② 黄静.品牌营销[M].2版.北京:北京大学出版社,2014:45.

（2）武术赛事品牌标志：品牌标志是极具象征性的视觉语言，是具有商业价值的艺术符号，是品牌识别系统的视觉核心；通过形象化的艺术概括，生动、具体、感性、形象地将产品特征、品牌价值及企业经营理念等信息转换为视觉符号传递给受众，最终实现认知品牌、传播品牌及促进销售的目的[①]。因为武术赛事品牌标志和武术赛事品牌名称都是完整武术赛事品牌概念的构成要素，所以武术赛事品牌标志是通过简单、明确、有统一标准的视觉符号，将武术赛事品牌的经营理念、赛事品牌文化、赛事品牌内容及武术赛事品牌产品特征等要素，传递给武术赛事受众，并提供武术赛事识别与认同。它是武术赛事品牌识别系统中视觉识别要素设计运用频率最高的，除了具有区分不同武术赛事品牌的功能外，还有助于体现武术赛事品牌形象，并利于武术赛事产品销售。

（3）武术赛事品牌标准字体：规定武术赛事品牌广告和宣传等环节使用的统一字体，以确立清晰明确的武术赛事品牌形象。武术赛事品牌标准字是武术赛事品牌识别系统的基本构成要素，是构建武术赛事品牌不可缺少的内容。由于武术赛事品牌经营理念和包括内容的差异性，以及赛事经营主体的不同构思，从而使武术赛事品牌标准字体设计各具特色。

（4）武术赛事品牌标志造型：武术赛事品牌经营机构为了强化武术赛事品牌个性及赛事产品特性，经常借助武术赛事品牌标志造型给武术赛事消费者深刻的视觉印象。武术赛事经营机构通过选择具象化的标志、图形或符号，能够给赛事受众强有力的记忆印象，利于成为视觉焦点。

（5）武术赛事品牌宣传语：品牌宣传语是用来宣传的语言，它是用来传递有关品牌的描述性或说服性信息的短语[②]。它不仅能够强化品牌定位，而且尚能指明产品的特殊性，所以据此认为，武术赛事品牌宣传语是武术赛事品牌在营销传播过程中的宣传主题、赛事主张及理念，并且武术赛事品牌的主张及服务都是通过宣传语来实现的。例如，康龙武林大会"无拳套、无级别、无演绎"、武林风"弘扬中华武学文化、展示中原武术功力"、昆仑决"激发民族尚武精神"等。具有深厚文化内涵的宣传语是武术赛事品牌核心理念和宗旨的真实体现，它所主张的武术赛事品牌价值理念和武术赛事目标消费者观赛需求的价值理念具

---

① 喻荣,宗林,孙明海. 品牌 VI 形象设计[M].武汉：华中科技大学出版社,2013:26.
② 洪丽娟. 媒体品牌管理[M].北京：中国广播电视出版社,2012:147.

有高度一致性。

2. 武术赛事品牌应用设计系统要素

（1）武术赛事品牌相关事务用品：专用的武术赛事品牌信封、信纸及名片等与武术赛事相关的事务用品，对其进行标准化设计有利于节省赛事成本。

（2）武术赛事品牌包装：包装是品牌理念、产品特性、消费心理的综合反映，它直接影响目标消费者的购买欲望[①]。所以武术赛事品牌包装在武术赛事品牌产品销售中具有十分重要的作用。武术赛事品牌包装应包括武术赛事品牌名称、标准字、代表色、标志图案及武术赛事品牌产品识别等一切可感的外在特征。武术赛事品牌包装设计要求是在简单、明晰、大方的视觉表现上，还能够传达武术赛事品牌内涵、宗旨及价值。

（3）武术赛事品牌环境：武术赛事经营机构办公场所环境设计、武术赛事场馆选择及赛事场馆内外观形象设计等环节都应进行独特的构思，从而展现武术赛事品牌的独特形象。

（4）武术赛事专用交通运输工具：保障武术赛事正常运营所需的交通运输工具个性化识别系统设计，应积极体现武术赛事品牌形象，在此基础上，逐渐追求更高的赛事品牌视觉认同性和传播性。

（5）武术赛事专用制服：武术赛事经营机构办公室、接待宾客及进行赛事服务用的专用服装、徽章和标志物等，对于武术赛事经营机构外部而言是体现武术赛事品牌识别的变化，而对于武术赛事经营机构内部而言是不断增强武术赛事品牌的与时俱进意识。

（二）武术赛事品牌识别系统设计原则

1. 以武术赛事品牌理念为中心原则

品牌理念是指能够吸引消费者，并且建立品牌忠诚度，进而以客户为中心创造品牌优势地位的观念[②]。武术赛事品牌视觉识别设计要素是传达武术赛事品牌经营理念、武术赛事品牌宗旨及武术赛事品牌价值等武术赛事品牌精神文化的重要载体，假如武术赛事品牌脱离了以上要素，只能算是普通的武术赛事

---

① 生奇志. 品牌策划管理［M］.北京：清华大学出版社，2014：142.
② 生奇志. 品牌策划管理［M］.北京：清华大学出版社，2014：30.

符号而已。具有代表性的武术赛事品牌视觉识别都是在武术赛事品牌理念环节营造独特差异性。

2. 目标性原则

目标性原则是指广告创意必须与广告目标和消费目标相吻合,在创意活动中,广告创意必须围绕广告目标和营销目标进行,基于广告服务对象,最终又回到服务对象的创造性行为[①]。即在明确目标性原则和充分了解武术赛事品牌具体情况基础上,针对不同阶段武术赛事品牌追求的外部形象存在的差异性,并借助这些差异化外部形象,将武术赛事品牌自身整体价值及外显形象等多元化信息传递给武术赛事受众。

3. 普适性原则

普适性原则强调标志的运用非常广泛,在企业的建筑物、产品的包装、办公用品、员工徽记、广告媒介及交通车辆上都可应用[②]。武术赛事品牌视觉识别设计普适性原则应符合武术赛事举办地风俗习惯、具有国际性、具有传播推广的代表性符号和个性化语言、具有清晰的可读性与辨识性,且能够体现武术赛事品牌管理的效率化和赛事成本最小化。

4. 美学原则

虽然武术赛事品牌视觉识别符号的功能主要在于识别,但这种识别功能是借助武术赛事品牌的情感功能才得以实现。从此种意义上讲,武术赛事品牌视觉识别符号设计是一种视觉艺术,而武术赛事受众所进行的赛事识别过程,从美学艺术角度来看,也是对武术赛事的完整审美过程。

5. 创新性原则

创新性原则是指战略思维要贯穿创新精神,创新是战略思维的灵魂,没有创新,战略思维就失去了活力和生命力[③]。创新性原则也能够塑造具有显著差异的武术赛事品牌文化和个性清晰的武术赛事品牌形象。因此,武术赛事品牌识别设计必须强调创新性,在运用风格迥异的武术赛事实施手段前提下,充分挖掘武术赛事品牌独特的文化理念,并设计有强烈视觉冲击的武术赛事品牌识别标志。

---

① 李颖杰.与受众互动 广告策划从思维到行动[M].长春:吉林人民出版社,2014:131.

② 刘光明.品牌文化[M].北京:经济管理出版社,2013:265.

③ 衣芳,张朝谱.战略思维:理论与实践[M].北京:中共中央党校出版社,2003:71.

（三）武术赛事品牌识别系统设计标准

1. 显著性标准

显著性是指商标应具有独特性，商标的构成要素立意新颖、独具风格，消费者容易识别①。标准是从事生产建设、经营管理和商品流通的一种共同的技术依据，它是在总结生产活动中，对具有多样性、重复性的事物，在一定范围内所做的统一规定②。据此可认为，显著性也是武术赛事品牌要素选择应具有差异化特征，它有助于对武术赛事品牌进行识别，而武术赛事品牌要素选择的显著性标准，主要体现在武术赛事品牌要素选择的独创性和新颖性方面，通过独具特色的武术赛事品牌要素策划，使武术赛事受众对其产生深刻印象。

2. 记忆性标准

品牌美学符码的可记忆性是符码要素既能够代表品牌，又能在与消费者进行感性沟通时产生独有的、可被记忆和联想的功能③。因此记忆性也应是武术赛事品牌要素选择应具有的内在识别功能，它能够使武术赛事目标消费群对武术赛事品牌产品产生较强的依赖性，并使武术赛事品牌容易识别和忆起。

3. 转换性标准

品牌要素的可转换性是对产品线和产品种类的延伸应用与转换③。因此，武术赛事品牌要素选择应顾及武术赛事品牌的延伸功能，主要是便于其在将来的赛事品牌延伸中能够打破地域和赛事产品类别束缚，以保证武术赛事品牌具有较强的扩展力。

第二节　我国武术赛事品牌个性

基于武术赛事品牌个性化形象通常与赛事目标消费者个性相一致的共同特征，所以武术赛事品牌经常暗示其目标消费者，他们对武术赛事品牌的选择

---

① 王莲峰. 商标法学[M]. 2 版. 北京：北京大学出版社，2014：64.
② 马保振，张玉芝. 互换性与测量技术[M]. 2 版. 北京：清华大学出版社，2014：3.
③ 贾丽军. 品牌美学[M]. 北京：中国市场出版社，2014：247-248.

足以彰显自身的人生品位和精神追求等价值取向,且通过高端时尚的品牌武术赛事体验,以满足赛事目标消费者的个性化心理需求。因此,武术赛事品牌能够拥有广大武术赛事受众的重要前提是必须具有鲜明的赛事品牌个性,且能够将此种个性准确无误地传达给赛事目标消费者,从而与其建立良好的武术赛事品牌关系。

一、武术赛事品牌个性内涵及作用

个性是指一个人整个的心理面貌,是经常出现的、比较稳定的心理倾向性和非倾向性特征的总和①。品牌个性是指品牌在建设过程中逐渐形成的对消费者而言稳定的心理感受②。因此,基于个性和品牌个性的概念,延伸出武术赛事品牌个性是指武术赛事品牌体现出的独特价值、存在形式及赛事经营机构将此种独特价值向赛事目标受众传达过程中,对其采用的差异化表现方式和风格进行的人格化描述。武术赛事品牌个性化就是赋予武术赛事品牌以人的特征,即它不仅具有独特的文化内涵和精神风貌,而且具有典型化性格,也就是所谓的武术赛事品牌个性。它既是武术赛事品牌的灵魂,又是区分和识别武术赛事品牌的重要依据。

整体效益是指企业对社会的影响,企业作为整个社会的一个重要组成部分,其经营活动不仅给企业本身带来效益,同时也将对社会产生诸多影响③。在武术赛事品牌营建过程中,武术赛事品牌个性对武术赛事整体效益的最大化实现具有积极助推作用主要表现在以下方面。

首先,武术赛事品牌个性能够把武术赛事品牌的独特优势以显著差异化方式传达给赛事目标受众,以利于他们快速排除多种武术赛事的干扰信息,从而选择符合自身个性的武术赛事品牌。

其次,武术赛事品牌个性能够将武术赛事市场上同质化武术赛事产品的差异性展示出来,向赛事目标受众传达武术赛事品牌的独特价值内涵,从而使其留下深刻清晰的印象。

① 郭志达,王岩.组织行为学[M].北京:经济管理出版社,2014:26.
② 周云.品牌学 知识体系与管理实务[M].北京:机械工业出版社,2014:100.
③ 沈东生,王世俊.实用公共关系词典[M].哈尔滨:黑龙江教育出版社,1989:85-86.

再次，武术赛事品牌个性与赛事目标受众个性的有机融合，可以使武术赛事品牌有效适应赛事目标受众的需求，减少他们挑选自身所需赛事品牌花费的成本，给赛事目标受众以贴心实惠。

最后，武术赛事品牌个性通常都具有强烈的差异化情感渲染力，使得武术赛事品牌真正触动赛事目标受众的内心世界，以促使他们在进行武术赛事品牌体验时能够产生共鸣，从而激起他们与武术赛事品牌建立良好关系的自觉愿望。

二、武术赛事品牌个性塑造

（一）武术赛事品牌个性塑造原则

基于目前众多品牌专家关于品牌个性塑造原则的研究成果[①]，归纳其代表性塑造原则有品牌个性持续性原则、品牌个性简约原则和品牌个性协同性原则等，因此，根据以上塑造原则和武术赛事的独特个性，认为武术赛事品牌个性塑造应该遵循以下基本原则。

1. 充分了解赛事目标受众个性心理特征

武术赛事品牌个性与赛事目标消费者个性认知相一致是形成赛事目标受众品牌偏好的重要前提，赛事目标受众易于接受与个体性格相近的武术赛事品牌，并有利于建立长期的品牌忠诚。

2. 参照武术赛事类别和其他武术赛事品牌个性

长期的武术赛事认知积累能够使赛事目标受众对武术赛事品类形成固定印象。武术赛事品牌个性只有符合赛事目标受众心智中已有的赛事品牌形象，赛事目标受众才能与其产生共鸣，并最终接受。与此同时，还应参照其他武术赛事品牌个性。通常情况下，在武术赛事市场上，有较多的武术赛事品牌，赛事经营机构需要根据其他武术赛事品牌个性确定自身赛事品牌个性目标，以便为赛事目标受众提供差异化体验。

3. 武术赛事品牌要素最佳匹配原则

武术赛事品牌的内涵和外延等诸要素只有高度协调才能凸显武术赛事品

---

① 庞守林. 品牌管理[M]. 北京:清华大学出版社,2011:97-98.

牌个性,在此基础上,赛事目标受众方可感知定位准确的武术赛事品牌个性。

(二) 武术赛事品牌个性塑造方法

品牌个性的塑造方法就是营销手段的空间或时间组合。前者是在空间上将各种影响品牌个性的营销手段组合起来加以使用,后者是在时间上将某一或某些营销手段加以适当的使用①。因此,基于武术赛事品牌个性和品牌个性塑造方法,认为它应遵循以下塑造原则。

1. 打造武术赛事产品特征

在激烈的武术赛事市场竞争中,武术赛事产品同质化现象日趋严重,使得彼此之间难以区分清楚。因此,武术赛事品牌个性树立是以赛事经营机构的武术赛事产品或差异化服务为基础。如果武术赛事品牌个性具有独创性,那么其对应的赛事产品或差异化服务也具有类似的个性。

2. 凭借独特的武术赛事包装设计

武术赛事包装是赛事消费者在赛事终端视觉体验最直接的广告,更是武术赛事品牌形象的忠实表达,它不仅能够扩大武术赛事品牌的影响力,而且能够使武术赛事品牌个性得到有效展现。独具特色的武术赛事包装材料和造型、标志、字体等综合手段运用,都有助于武术赛事品牌个性的塑造和强化。

3. 秉承恒定的武术赛事价格定位

假如武术赛事经营机构秉承较高的武术赛事消费策略,那么其经营的武术赛事品牌极有可能在赛事目标受众心智中形成高端富有的武术赛事品牌个性,并且武术赛事消费价格确定后不宜经常变更,应该维持其恒定性,以突出武术赛事品牌个性。

4. 打造独具特色的武术赛事标志符号

通过心理学家科研结果得知,现实社会中个体接受外界信息,超过83%的信息是通过视觉获得,听觉和触觉分别占11%和3.5%,而其余来自嗅觉和味觉②。由此可见,视觉符号标志是何等重要。标志是武术赛事品牌识别系统中

---

① 谌飞龙.品牌运作与管理[M].北京:经济管理出版社,2012:48.
② 李自琼,彭馨馨,陆玉梅.品牌建设理论与实务[M].北京:人民邮电出版社,2014:83.

强有力的传播符号，它没有语言障碍且行遍全球。因此，简洁、明晰且具有差异化内涵的武术赛事品牌标志设计是吸引赛事目标受众的关键。

5. 借助武术赛事公关活动

赛事经营机构通过精心策划的武术赛事公关活动有助于塑造武术赛事品牌个性，并给武术赛事目标受众留下深刻的赛事品牌形象。长期以来，武林风品牌坚持赛事和娱乐相结合的办赛模式，从而塑造了激情时尚的武术赛事品牌个性。

6. 打造武术赛事经营机构领袖形象

对于大多数武术赛事，特别是自负盈亏的武术赛事，赛事经营机构领导人的行事风格对武术赛事品牌有巨大影响力，通常情况下，他们会将自身的个性特征转移到武术赛事经营机构和武术赛事品牌上，进而与武术赛事品牌形象融为一体。

总之，武术赛事品牌个性打造应特别注意其可执行性和整体效益，要防止较好的武术赛事品牌个性创意，却产生不理想的赛事品牌效益后果出现。因此，一方面，赛事经营机构应有效处理武术赛事品牌个性与武术赛事品牌目标适用性的关系，因为武术赛事品牌个性愈清晰明确，其赛事目标适用性范围就愈有限，所以只有协调好二者之间的矛盾关系，才能促进武术赛事品牌效益的最大化实现。另一方面，赛事经营机构应该清晰知道，武术赛事品牌个性打造不是一蹴而就的，而是有序展开、坚持不懈努力的长期系统工程，唯有如此，才能使武术赛事品牌在赛事目标受众心智中留下烙印。

第三节　我国武术赛事品牌价值

价值是指某一事物或对象对满足人们的需要所具有的作用和意义[①]。武术赛事价值实质上就是把武术赛事目标市场的整体质量、服务及价格实施有效结合，它不仅体现武术赛事品牌的实用价值，而且还彰显其独具特色的中华文化

---

① 鲁雁飞，杜明书.哲学与艺术人生[M].武汉：武汉大学出版社，2014：143.

内涵。武术赛事品牌在向赛事目标受众提供武术赛事产品价值同时,也是武术赛事品牌文化价值和情感价值的有效传递过程。武术赛事品牌只有给赛事目标受众带来巨大效用和价值时,它才能给武术赛事经营机构创造丰厚的经济价值。因此,如果武术赛事经营机构要把自身营建的赛事打造为品牌武术赛事,那么对武术赛事品牌价值进行认定是首要环节,它关系到武术赛事经营机构赛事品牌战略目标的有序实现。

一、武术赛事品牌价值内涵

目前,关于品牌价值概念界定,学术界主要认同定位说和资产说两种观点。定位说观点认为,品牌价值是能够使消费群清晰识别并牢记品牌的相关利益和个性,且能够使品牌的目标消费群感知品牌的核心价值与差异化个性。资产说观点认为品牌价值即无形资产。因此,在当今社会从"消费者请注意"时代步入"请注意消费者"时代,消费者的选择决定企业生死的现实背景下[①],对于武术赛事品牌价值的内涵,我们应该充分考虑武术赛事经营机构和赛事目标消费群两方面因素,以此为基础对其概念进行界定。

基于上述分析可知,武术赛事品牌要获得可持续发展,必须注重武术赛事品牌价值与赛事目标受众满足的概念界定,且只有在武术赛事品牌消费本质形成、赛事目标消费群需求优先满足,它包括赛事目标消费群品位印证、赛事目标消费群价值观共鸣、赛事目标消费群感性和理性方面人文关怀,唯有如此,才可能赢得赛事目标受众,并得到他们的认可,进而使武术赛事品牌市场竞争力增强,最终助推武术赛事品牌创造丰厚的社会效益,并进一步使其转化为武术赛事经营机构的无形资产。因此,武术赛事品牌价值的核心是营建赛事目标消费群认同的武术赛事品牌内涵。

基于此,本研究认为武术赛事品牌价值是武术赛事品牌提供给赛事目标消费群的武术赛事品牌整体效益的全方位展现,是与武术赛事品牌相联系的赛事品牌资产的总和。

---

① 荣振环. 品牌建设 10 步通达[M]. 北京:电子工业出版社,2013:31.

二、武术赛事品牌价值构成

从事物的质性层面分析，品牌价值由成本价值、关系价值及权利价值构成[①]。而武术赛事品牌带给赛事目标消费群的赛事品牌价值感，主要包含赛事品牌的实用价值感、品位感、认同感及其创造性等内容。武术赛事品牌与赛事目标受众之间的关系，具体体现在武术赛事品牌提供给赛事目标消费群的诸多价值要素、武术赛事品牌在赛事目标消费群生活中占据的位置、武术赛事品牌对赛事目标消费群的人文关怀及武术赛事品牌给赛事目标消费群感官体验等，这些要素间的内在联系使得武术赛事品牌给赛事目标受众的印象深刻有效且持久，并共同构成武术赛事品牌价值整体。在武术赛事品牌价值要素中，其核心要素是功能和情感，赛事目标消费群借助其功能价值和情感价值等要素体验武术赛事品牌价值。

（一）武术赛事品牌功能价值

品牌的功能价值是产品或服务本身给予消费者解决问题的能力，这种能力能满足消费者对于其产品或服务本身功能和效用上的需求[②]。武术赛事品牌的功能价值是武术赛事品牌为赛事目标消费群提供的基于武术赛事本身实用价值的功能效用。武术赛事品牌的这种价值与武术赛事功能有直接联系，它体现武术赛事品牌的独特功能，使赛事目标受众身心获得良好效益，是赛事目标消费群观赛满意度重要构成部分。武术赛事品牌功能价值既是武术赛事品牌在赛事目标市场立足的基础，又是赢得武术赛事目标消费群信赖的最根本直接因素。武术赛事品牌的效用和实用价值关系着武术赛事品牌的成败，赛事目标消费群只有对武术赛事的功能效用满意，才会对忠诚的武术赛事品牌形成持续性消费，所以，武术赛事品牌功能价值的稳定性是赢得赛事目标消费群信赖的重要基础。但是目前，随着同质性武术赛事逐渐增多，武术赛事品牌通过自身功能优势提高其影响力的难度不断增大。因此，唯有对武术赛事品牌的功能价值

---

① 李杰.战略性品牌管理与控制[M].北京：机械工业出版社，2012：393.
② 张世贤.中国企业品牌竞争力指数系统理论与实践[M].北京：经济管理出版社，2011：26-27.

进行充分挖掘,才能增强武术赛事品牌的市场核心竞争力。现阶段,武术赛事品牌的功能价值主要体现在以下方面。

1. 武术赛事品牌的赛事质量

"质量"一般被定义为满足或超出客户的需求,它应该由客户而不是产品或服务的提供者来确定标准[①]。武术赛事质量是武术赛事品牌价值的核心构件,它对不同层次的武术赛事规定着相应的要求和内容。根据目前我国武术赛事现状,难以对其制定统一的赛事质量标准,因此,只有把武术赛事构建成符合赛事目标消费群实际需求的赛事品牌,才能使其质量得到业界认同。

2. 武术赛事品牌的设计价值

武术赛事整体设计是整个武术赛事运作流程形成前的重要工作,武术赛事总体设计水平的高低,将直接决定着武术赛事品牌的质量和武术赛事品牌的社会影响力。

3. 武术赛事品牌的服务价值

目前,伴随着同质化武术赛事的大量涌现,武术赛事关系营销和武术赛事目标消费群服务成为武术赛事市场竞争的焦点。构建完善的武术赛事品牌服务体系,为赛事目标受众提供优质高效的全方位综合服务,进而赢得赛事目标消费群信赖是武术赛事品牌影响力逐步扩大的重要途径。未来武术赛事经营机构的竞争必定是武术赛事品牌服务质量的竞争,武术赛事系统性服务带给赛事目标消费群的综合体验满意程度,将最终决定武术赛事品牌服务质量的高低。

(二) 武术赛事品牌情感价值

情感价值是指通过产品的提供使顾客产生愉悦等积极情感,从而使顾客觉得从产品中获得了价值的那部分溢出价值[②]。据此可认为,武术赛事品牌情感价值应是赛事目标受众在消费具有积极情感体验的武术赛事品牌后,所获得的精神振奋和自我认知等身心感受。它体现了武术赛事品牌在赛事目标受众心理和情感方面所产生的积极效益。武术赛事品牌情感价值高于其实用价值而

① 刘清早.体育赛事主题活动运作管理[M].北京:人民体育出版社,2013:18.
② 袁岳.实业的力量[M].北京:中国经济出版社,2012:235.

存在，使武术赛事品牌具有更为深刻的文化内涵，从而有利于赛事目标消费群和武术赛事品牌之间建立忠诚关系。赛事目标消费群对武术赛事品牌的选择，正是武术赛事品牌及其文化张力的全方位展现。武术赛事情感价值可以从其人格、文化和社会三方面特征进行解读。

1. 武术赛事品牌人格特征

武术赛事品牌的适用对象是呈现不同个性特征的赛事目标受众，他们总是选择符合自身个性特征的武术赛事进行消费，因此，武术赛事目标受众极易受到与其个性特征相似的武术赛事品牌所吸引，并快速建立赛事品牌忠诚。从某种程度而言，他们选择武术赛事品牌的目的也是想借助武术赛事品牌形象彰显自身个性特征，从而使武术赛事品牌成为自己独特个性的重要组成部分。

2. 武术赛事品牌文化特征

武术赛事品牌是武术赛事品牌文化的重要载体，武术赛事品牌文化是凝结在武术赛事品牌上赛事经营机构所创造出的物质形态和精神成果，也是武术赛事经营机构在长期的赛事品牌营建过程中形成的理念、行为规范和办赛风格的全景展现。因此，随着武术赛事同质化程度逐步加快，赛事经营机构所打造的武术赛事难以在目标市场获得竞争优势时，武术赛事品牌独特的文化特征也许正好弥补其不足。武术赛事品牌文化以赛事理念、个性塑造和赛事推广为核心构件，使武术赛事品牌透显独特的文化特征和丰富的文化内涵。武术赛事品牌独特的文化特征不仅要具备浓厚的精神内涵，而且还应从武术赛事销售策划、媒体宣传和目标客户关系等环节实施整合，使赛事目标消费群深刻体会到武术赛事品牌个性、赛事理念和博大精深的武术赛事文化内涵，并通过构建典型的赛事仪式和培养武术赛事品牌的代表性人物等文化载体，打造忠诚于武术赛事品牌的目标消费群。

3. 武术赛事品牌社会特征

品牌的社会特征包括公益、回报社会、环保及诚信等[①]。武术赛事品牌的社会特征是武术赛事品牌在社会人文层面展现的价值力，它体现了武术赛事经营机构所营建的赛事品牌在现实社会的影响力和被认可程度，主要包括武术赛事品牌的社会责任感、社会回报和诚信等方面内容。武术赛事品牌想要持续存在

---

① 崔蕾. 品牌成长 16 步[M]. 北京:机械工业出版社,2005:140.

和发展,必须将武术赛事品牌社会责任感融入武术赛事品牌核心业务当中,武术赛事经营机构通过此种举动,既能赢得业界同行尊重,又能得到社会其他领域所认同,从而为武术赛事品牌的良性发展创造健康和谐的生存环境。

三、武术赛事品牌核心价值

(一)武术赛事品牌核心价值内涵

核心价值是能以超越竞争对手的效率为顾客带来的收益,它能为企业提供保护,保证产品不会轻易被竞争对手模仿或超越[1]。所以,本研究认为,武术赛事品牌核心价值应是武术赛事品牌价值的内核和主体成分,是武术赛事品牌的精神理念,代表着武术赛事品牌对赛事目标消费群的承诺和价值,能够让赛事目标受众清晰明确地识别武术赛事品牌的价值点和独特个性,是驱动武术赛事目标消费群认同武术赛事品牌的主要动力。例如,昆仑决"打造中国原创搏击赛事品牌,传扬民族尚武精神";康龙武林大会"打造具有自主知识产权的民族品牌";武林风"弘扬中华武学文化,展示中原武术功力"等,这些武术赛事品牌清晰的核心价值和独特个性,有利于其形成独特差异化优势,从而有助于使其在赛事目标市场占据相当可观的份额。

(二)武术赛事品牌核心价值特征

通过对武术赛事品牌核心价值内涵、武术赛事品牌定位理念和赛事目标消费群,根据武术赛事品牌差异化优势所建立的品牌忠诚的理性审视,可以归纳出武术赛事品牌核心价值的以下特征。

1. 排他性特征

现代经济学认为,只有对商品支付价格的人才能够使用该商品,称排他性[2]。基于武术赛事品牌核心价值具有的唯一性、明显差异化个性和鲜明的识别特性等特征,排他性特征有助于使其与其他武术赛事形成显著区别。总体来讲,所有武术赛事在打造品牌赛事过程中都积极凸显其独特、鲜明和与众不同

---

[1] 比尔·奥莱特. 自律型创业 24 步教你打造成功的初创企业[M]. 北京:机械工业出版社,2014:115.
[2] 孙宗亮,富雷. 微观经济学[M]. 南京:南京大学出版社,2014:182-183.

的核心价值。

2. 执行性特征

武术赛事品牌核心价值理应与武术赛事经营机构核心竞争力、长远发展规划和武术赛事产业总体发展方向等核心要素相一致,武术赛事经营机构对武术赛事核心价值应有坚定的执行力,从而有助于武术赛事品牌影响力的逐步扩大。

3. 价值性特征

价值性是指能够为目标受众提供重要的价值①。武术赛事品牌要用与其他竞争对手同类的武术赛事带给赛事目标消费群异样的身心感受,武术赛事品牌核心价值应给赛事目标消费群提供独特的差异化赛事体验,使其具备较强的赛事情感感召力,进而使赛事目标受众心灵深处产生震撼性刺激,从而使他们之间产生共鸣。

4. 包容性特征

武术赛事品牌核心价值应该包括赛事经营机构所有的产品和行业,以及未来某一时期赛事经营机构可能延伸的行业,因此,它应展现多层次的武术赛事文化内涵。

(三) 武术赛事品牌核心价值确定过程

武术赛事品牌核心价值是武术赛事品牌的灵魂,它是武术赛事赢得差异化竞争优势的关键。武术赛事品牌核心价值的确定有一定规律可遵循,并呈现有序的变化特征。

首先,审视同类武术赛事品牌——确定赛事显著差异。对相同生存环境的其他武术赛事品牌核心价值进行审视,尤其是对主要竞争者经营的赛事品牌核心价值进行分析,以确定显著化差异点。如果竞争性赛事品牌的明晰核心价值得到赛事目标消费群的广泛认同,则自身赛事品牌需寻找新的"内核";如果竞争性赛事品牌的核心价值与其发展规划不相符,但又非常符合自身个性,则可以代其用之。

---

① 丛湖平,罗建英.体育赛事产业区域核心竞争力形成机制研究[M].杭州:浙江大学出版社,2011:111.

其次,武术赛事品牌感性提升——提出赛事价值主张。武术赛事品牌核心价值的关键是能够充分挖掘其兼容的武术赛事品牌的核心理念。它不仅能够提炼其所属赛事的共同点,而且又高于这些共同特征,从而使赛事目标受众对武术赛事品牌形成特定情感并聚合独特价值主张,以此传达武术赛事目标受众的人生观和价值观,最终使其形成具有显著差异的赛事体验感受。

最后,武术赛事品牌持续传播——强化赛事核心价值。武术赛事品牌核心价值是武术赛事品牌的终极追求目标,是武术赛事品牌传播的焦点,一切有价值的赛事活动都应围绕武术赛事品牌核心价值而进行,并通过对武术赛事品牌核心价值的演绎,从而使其核心价值得到丰富和强化。赛事经营机构在武术赛事品牌建设过程中,只有坚持不懈地贯彻武术赛事品牌核心价值,让每一次武术赛事宣传活动,都向赛事目标消费群传达武术赛事核心价值,最终使其在赛事目标受众心智中留下深刻烙印并使他们感受到武术赛事品牌的深厚文化内涵。

第四节 我国武术赛事品牌传播

武术赛事品牌虽然是由赛事经营机构营建和打造,但它最终是由赛事目标消费群来认同和决定。赛事经营机构只有将自己创建的赛事品牌通过各种有效途径传递给赛事目标受众,让他们了解、体会、认同武术赛事品牌,这样才能彰显武术赛事品牌的实际价值。具体来说,武术赛事品牌建设过程,其实质既是武术赛事品牌在赛事目标消费群当中的有序传播过程,又是赛事目标消费群对武术赛事品牌的逐步认知过程。

一、武术赛事品牌传播内涵

传播是信息在社会各领域运行的不同活动状态[1]。品牌传播是品牌拥有者

---

[1] 林刚. 新媒体概论[M]. 北京:中国传媒大学出版社,2014:18.

以品牌核心价值为原则,在品牌识别整体框架下,选择广告、公关、销售及人际等传播方式,将特定品牌推广出去,以建立品牌形象,促进市场营销①。据此推理武术赛事品牌传播内涵是武术赛事经营机构凭借满足赛事目标消费群的优势价值,借助各种现代化数字媒介将武术赛事品牌相关信息有步骤地与社会大众展开沟通活动,以此增进赛事目标消费群对武术赛事品牌的理解、认同与忠诚,不断维护他们对武术赛事品牌的好感,从而产生系列赛事强烈消费愿望的过程。

二、武术赛事品牌传播的功能

根据武术赛事品牌传播信息聚合性、受众目标性、媒体多元性、操作系统性和传播艺术性的显著特点,可以得知武术赛事品牌传播信息内容呈现多元化和聚合性,通过对其传播对象分析,赛事目标受众是其最关注的焦点,因此在新旧媒介并存的现代社会,多元化传播媒介给武术赛事品牌传播创造了新型机遇,赛事经营机构借助科学有序的系统性操作程式,对武术赛事品牌信息进行传播,对其机构形象提升和赛事品牌影响力逐步扩大具有积极效益。武术赛事品牌传播对武术赛事品牌的打造起关键助推作用,其具有两方面功能。一方面,武术赛事品牌传播是使赛事目标消费群认同并忠诚武术赛事品牌的必要手段。武术赛事品牌主要是针对赛事目标消费群打造,而若要使其相关信息进入社会大众的心智,必须借助有效的传播媒介对其进行传达。另一方面,武术赛事品牌传播过程中的竞争和反馈对武术赛事品牌有较大影响。武术赛事品牌传播是由赛事传播主体、赛事传播媒介、赛事目标受众和赛事传播内容等环节构成的循环过程,它体现着较多的竞争和反馈信息。赛事经营机构依据反馈所得的各种信息,及时更新武术赛事品牌传播内容,不断吸引和打动赛事目标消费群,从而使武术赛事品牌在传播过程中体现更大的消费需求价值。

三、武术赛事品牌传播要素

传播过程的构成要素包括传播者、受传者、讯息、媒介和反馈②。根据信息

---

① 生奇志.品牌策划管理[M].北京:清华大学出版社,2014:212-213.
② 生奇志.品牌学[M].北京:清华大学出版社,2011:239.

传播的基本规律和传播学的传播过程要素构成分析,本研究认为武术赛事品牌传播应包含武术赛事品牌传播主体、对象、渠道和内容等核心要素。通过对他们之间相互关系的有序研究和合理运用,最终可使武术赛事品牌传播系统化操作程序达到预期目标。

首先,武术赛事品牌传播主体是武术赛事品牌相关信息的发布者,他对赛事品牌的传播过程具有直接影响。通常认为,武术赛事品牌传播主体是构建武术赛事品牌的赛事经营机构。其次,武术赛事品牌传播对象是制订武术赛事品牌传播策略的基石。武术赛事品牌目标消费群是武术赛事品牌传播的对象,只有通过深入调查并掌握其个性特点,才能实施相应的传播策略,从而使武术赛事品牌传播效果在赛事目标受众心智中产生预期效益。再次,传递武术赛事品牌信息的途径,即武术赛事品牌传播渠道。最后,武术赛事品牌传播内容是武术赛事品牌传播活动的核心构件,其着眼点还是赛事目标消费群,可通过对赛事目标受众差异化需求和利益的理性审视,来确定武术赛事品牌传播内容。

四、武术赛事品牌传播媒介

传播学认为,媒介是信息传递的载体,传播媒介(传播渠道)是将传播过程中各种要素相互联系起来的纽带[①]。媒介虽然有广义和狭义之分,但根据目前多元化传播媒介为武术赛事品牌传播提供的便捷性交流平台,使赛事目标消费群对武术赛事品牌有了全方位认识的可能。因为武术赛事品牌相关信息最终都是通过特定的传播媒介进行传递,所以武术赛事品牌传播的所有工具也只能借助具体媒介才能实现武术赛事品牌信息与赛事目标受众的有效接触。具体来讲,武术赛事品牌传播媒介主要有以下种类。

(一) 传统型媒介

传统型媒介是指包括图书、报纸杂志、广播和电视等传统意义上的大众媒介,它是相对于网络媒体而言的[②]。武术赛事传统型媒介主要包括以印刷和平

---

① 刘静,陈红艳.数字媒介传播概论[M].北京:清华大学出版社,2014:70.
② 石路.政府公共决策与公民参与[M].北京:社会科学文献出版社,2009:238-239.

面视觉标识为武术赛事品牌信息载体的印刷类媒介，以及以电波形式发送和接受武术赛事品牌相关信息的电子类媒介。其主要形式是报纸、书籍、电视和广播等。

（二）互联网

互联网被誉为现代信息社会的"第四媒体"，它融合报纸、广播和电视三大传统媒体诸多优势于一体，是跨领域的数字化传播媒体，它具有即时性、全球性和互动性等特点，武术赛事品牌传播将这一新生媒介引入，有助于武术赛事品牌受到全球更广泛关注。

（三）户外媒介

户外媒介是在广告潜在对象的住宅外到达他们的媒介——户外广告、公共汽车广告、出租车广告、地铁广告和站台广告等[①]。武术赛事品牌户外媒介是指露天设置、无遮盖地传达武术赛事品牌相关信息的各种具体设施，主要包括墙体广告、移动显示屏和路牌等。武术赛事经营机构借助这些实体设施宣传武术赛事信息，可以增进社会大众对武术赛事品牌的理解，并有助于武术赛事目标消费群不断扩大。

（四）新型通信技术

新型通信技术革命在改变人类社会生活同时，也颠覆着传统的信息传播手段，并为赛事经营机构营造的武术赛事品牌影响力的扩大搭建了新的信息平台。目前，随着无线通信与互联网等数字化媒体的高度融合，武术赛事经营机构借助赛事官方网站、APP，通过微信和智能手机移动终端，处理武术赛事品牌相关服务信息，从而给赛事目标受众传达真实完整的赛事信息。

五、武术赛事品牌传播手段

武术赛事品牌传播的实质就是借助各种赛事传播手段对武术赛事品牌相

---

① 威廉·阿伦斯，迈克尔·维戈尔德，克里斯蒂安·阿伦斯. 当代广告学 彩色精装版［M］. 丁俊杰，程坪，陈志娟，等译. 北京：人民邮电出版社，2010：640.

关信息进行有序传播的过程。而赛事经营机构在对其营建品牌的传播过程中，合理有效地控制武术赛事品牌传播资源，是武术赛事品牌传播获得成功的关键环节。通常情况下，武术赛事品牌传播手段主要包含以下内容。

（一）广告宣传

广告宣传是武术赛事品牌传播的主要手段之一，它是指武术赛事品牌经营机构通过付费方式，依托广告媒介经营部门，对武术赛事目标消费群展开的赛事理念、赛事品牌识别系统和赛事服务等为核心内容的赛事信息宣传活动。广告作为传统型大众传播媒介的主流推广工具，对武术赛事品牌建设具有积极助推作用。广告宣传既有助于武术赛事品牌树立良好的形象，又能促使赛事经营机构营建的武术赛事创造丰硕社会效益。它不仅可以增进赛事目标消费群对赛事品牌的了解程度，而且有利于武术赛事品牌知名度快速提升，与此同时，通过大量有效的武术赛事品牌广告宣传对赛事品牌的差异化个性特点充分进行功能性和情感性展示，从而赢得赛事目标消费群的理解和认同。

（二）公共关系

公共关系是企业在从事市场营销活动中正确处理企业与社会公众的关系，以便树立品牌及企业的良好形象，从而促进产品销售的一种活动[1]。所以武术赛事品牌公共关系也是用以提升或保护武术赛事经营机构形象及其赛事品牌差异化个性特征的做法。主要包括新闻发布会、媒体专访、新闻简报及特殊武术赛事事件管理等。它有助于武术赛事经营机构内外部环境达到和谐统一，是一种增强赛事品牌与赛事目标消费群或潜在赛事目标受众之间的沟通与了解，树立良好武术赛事品牌形象的有效传播过程。它也是以较低成本借助武术赛事品牌公关活动引起相关新闻媒体和赛事目标消费群关注，以期达到理想传播效果的推广手段。武术赛事品牌通过公共关系与赛事目标消费群对话，可以起到提升武术赛事品牌影响力、巩固武术赛事品牌形象和积累武术赛事品牌资产的作用。

---

[1]　黄涌波，李贺，张旭凤.市场营销基础 理论·案例·实训［M］.上海：上海财经大学出版社，2014：249.

（三）人际传播

人际传播是通过企业人员的讲解咨询、示范操作及服务等,使公众了解和认识企业,并形成对企业的印象和评价[①]。武术赛事人际传播应是武术赛事目标消费群个体之间借助语言和其他符号交流武术赛事信息或参赛体验的活动。它既可以通过面对面方式,又可以借助特定的传播媒介对武术赛事信息进行传递,这种传播手段主要有赛事目标受众相互间交往、交谈、打电话和微信等。武术赛事品牌借助人际关系传播手段,传达赛事目标受众之间的互动性与真实感,彰显武术赛事品牌价值与形象优势,进而弥补现代新闻传播媒介的不足,从而带给赛事目标消费群值得信赖的亲切感。

六、武术赛事品牌传播原则

基于品牌研究专家对品牌传播原则的归纳总结,目前公认的品牌传播原则主要有价值原则、长期原则、整合原则、效益原则及创新原则等[②]。因此,结合武术赛事品牌特征和品牌传播原则,拟定以下武术赛事品牌传播原则。

（一）主动增强赛事品牌传播意识

在武术赛事同质化程度日益加重的当今社会,赛事目标受众心智的竞争才是武术赛事市场竞争的真实内涵,构建强势武术赛事品牌需要主动增强武术赛事品牌传播意识,武术赛事品牌传播效果的优劣决定着它在武术赛事目标市场的竞争力。因此,武术赛事经营机构应积极把握武术赛事品牌传播的主动权,充分发挥特定新闻媒体的传播推广功能,以高品质的武术赛事和人性化服务为基础,利用多种现代化信息传播手段,打造具有典型差异化特征的武术赛事品牌形象。

（二）持续高效诠释赛事品牌主张

广告宣传是指广告主借助现代传播媒体,对目标消费群所进行的有关商品

---

① 吴伟定,姚金刚,周振兴. 网络整合营销[M]. 北京:清华大学出版社,2014:159.
② 毕研韬. 品牌之道[M]. 北京:中央编译出版社,2012:110.

或服务的宣传活动①。武术赛事品牌广告宣传是武术赛事经营机构进行赛事品牌建设长期实施的一种投资行为。因此,武术赛事品牌只有长期、专心、持续地开展利于自身发展的传播行为,始终做到坚持不懈地高效诠释武术赛事品牌主张,从而使武术赛事品牌真正入驻赛事目标消费群的心智,最终获得他们的信赖与认同。

(三) 全力维护统一赛事品牌形象

对武术赛事品牌形象进行全力维护是打造成功武术赛事品牌的重要法则之一,武术赛事品牌形象借助武术赛事品牌核心价值和差异化个性来体现,它不仅是武术赛事品牌最核心的构成要素,而且更是武术赛事品牌构架和传播工作顺利开展的基点。因此,有效促使武术赛事品牌内在要素和外显要素的有机统一,全力维护统一的武术赛事品牌形象,是打造知名武术赛事品牌的关键。

(四) 设计高度契合赛事传播策略

对武术赛事品牌传播方式、途径和时机等相关环节实施有效控制,必须以武术赛事品牌核心价值和赛事目标消费群的共同喜好为切入点。因为武术赛事品牌的最终作用对象是赛事目标受众,所以它的任何活动都与赛事目标消费群的需求相适应。因此,在制订武术赛事品牌特定传播策略时,应以武术赛事品牌价值和赛事目标消费群的差异化个性进行设计,从而促使武术赛事品牌价值和赛事品牌形象达到高度契合,助推武术赛事品牌个性最大化体现。

第五节　我国武术赛事品牌延伸

武术赛事品牌延伸隶属武术赛事品牌战略范畴,它是一种有效的武术赛事经营策略。它不仅关系到武术赛事品牌相关衍生品能否顺利进入目标市场并获得认可,而且又因相应衍生品对武术赛事品牌形象的强化或削弱作用,从而

---

① 陈丽平.广告法规管理[M].杭州:浙江大学出版社,2014:180.

影响武术赛事品牌原有市场地位。由此可见，武术赛事品牌延伸涉及武术赛事品牌的整体效益，它已经成为打造知名武术赛事品牌的关键环节。

一、武术赛事品牌延伸内涵与作用

（一）武术赛事品牌延伸内涵

品牌延伸是指利用现有品牌名进入新的产品类别，推出新产品的做法[①]。因为成功的武术赛事品牌能够凭借其社会影响力和知名度及认可度产生巨大的武术赛事资产价值效应，所以它应具备品牌延伸功能。武术赛事品牌延伸是指在武术赛事品牌确立市场地位前提下，将赛事品牌转移至其他衍生品上，从而期望降低新的衍生品进入目标市场风险，以相对较低的营销成本获取较高市场回报的武术赛事经营战略。

（二）武术赛事品牌延伸的作用

基于目前品牌延伸研究成果，综合分析品牌研究专家对品牌延伸作用的概述，即品牌延伸具有整合企业优势资源、推动新产品迅速进入市场、利于消费者有更充分的选择、利于品牌保护及利于企业拓展经营范围等作用[②]，且根据现阶段武术赛事呈现的显著特征，本研究认为，实施武术赛事品牌延伸具有以下作用。

1. 有助于武术赛事衍生品快速进入目标市场

新的赛事衍生品冠以武术赛事品牌，可以借助武术赛事品牌影响力使赛事目标消费群快速识别新的衍生品，从而使赛事目标消费群对赛事衍生品产生好感，并赢得赛事目标受众的信赖与认同，最终使其快速占领较大的目标市场份额。

2. 有助于为武术赛事目标受众提供完整消费选择

成功的武术赛事品牌延伸不仅可以为武术赛事品牌带来新鲜感，壮大品牌影响力，而且有助于增强武术赛事品牌活力，并能为赛事目标受众提供更加完整的消费选择。况且，随着武术赛事品牌伞下聚集的衍生品逐步增加，武术赛

---

① 王海忠. 高级品牌管理[M]. 北京：清华大学出版社，2014：216.
② 吴廷玉. 产品设计与品牌管理[M]. 杭州：浙江大学出版社，2014：214.

事品牌影响力日益扩大,赛事目标受众对同一武术赛事品牌下差异化衍生品的选择将更加便利。

3. 有助于使武术赛事品牌形成规模经济效应

武术赛事品牌延伸能够提升武术赛事品牌全产业链投资效应,即武术赛事品牌整体的有效投资达到相当规模时,武术赛事品牌旗下的每种产品线都能在整体投资经济中受益,从而提高武术赛事品牌全产业链整体经济效益。例如,北京昆尚文化传媒有限责任公司借助昆仑决赛事品牌效应延伸出中国原创的世界搏击服饰品牌 K·F 就是成功案例。

二、武术赛事品牌延伸类型

目前品牌研究专家认为品牌延伸的类型主要有线延伸(相关延伸)和大类延伸两种。通过对武术赛事品牌延伸方式的理性审视,可以总结有效的武术赛事品牌延伸类型,因此,根据武术赛事目标受众对武术赛事品牌延伸的认知,可将其分为同类延伸和跨类延伸。

(一)武术赛事品牌同类延伸

武术赛事品牌同类延伸是指武术赛事所涵盖项目属于同类别。按照武术赛事品牌涵盖武术项目满足赛事目标受众需求异同,可以把武术赛事品牌同类延伸分为两种形式。

一种是满足相同需求的同类项目延伸。其项目是赛事品牌配套项目或是具有较高关联性项目。比如历届香港和澳门国际武术节逐步增加散打、跆拳道、推手等项目,但仍沿用原来的赛事品牌。这种发展模式有助于武术赛事形成良好的品牌形象,并促进较多的武术项目参与进来,进而增强武术赛事品牌活力和影响力。

另一种是满足不同需求的同类赛事延伸。使不同赛事类型满足的具体需求存在差异。例如,"武林风"以武术赛事为主,但有武林至尊争霸赛、百姓擂台和武林群侠传等赛事版块[①]。这种武术赛事品牌延伸优势是借助统一的赛事品

---

① 郑勤,李臣.中国武术赛事品牌文化推广路径研究[J].搏击·武术科学,2015,12(1):1-3.

牌名称,能够避免赛事品牌盲目扩张,但它会导致武术赛事品牌定位不清晰,从而使各类赛事差异化个性不突出。

(二) 武术赛事品牌跨类延伸

武术赛事品牌跨类延伸,也可称为大类延伸,主要是武术赛事品牌伞下涵盖不同行业产品,以满足赛事目标消费群多层次需求。例如,由昆仑决赛事品牌延伸出的世界搏击服饰品牌 K·F、与蒙牛联合推出的 M-PLUS 牛奶及连锁式经营的昆仑决搏击俱乐部。这种战略发展模式使昆仑决赛事影响力剧增,助推其全产业链经营效应快速形成。

三、武术赛事品牌延伸原则

现阶段品牌研究专家所认同的品牌延伸原则主要有沿着产品链向上、向下或同时向上向下延伸、平行延伸、产品质量档次延伸和其他相关延伸等[①]。而武术赛事品牌延伸应强化其积极效应,合理规避武术赛事品牌延伸风险可能产生的负面影响,使武术赛事品牌延伸效用得到最大限度发挥,从而使武术赛事品牌影响力获得新突破,必须对武术赛事是否进行品牌延伸及延伸领域作出有效决策与规划。因此,武术赛事品牌延伸应遵循以下原则。

(一) 武术赛事品牌延伸应符合赛事经营机构多元化发展战略需求

只有武术赛事经营机构实施多元化发展战略,它才可能考虑武术赛事品牌延伸。武术赛事品牌战略是赛事经营机构总体战略发展目标的重要组成部分,赛事经营机构依托武术赛事品牌的强大影响力,所确定的新业务种类和相应发展目标,是制订武术赛事品牌延伸战略的基本依据。

(二) 武术赛事品牌延伸需要武术赛事品牌彰显强有力的文化内涵

武术赛事品牌在获得赛事目标消费群理解与认可基础上,容易使赛事目标

---

① 石泽杰.营销战略升级与模式创新 开创企业价值营销新时代[M].北京:中国经济出版社,2013:189-190.

受众建立品牌忠诚,有助于武术赛事形成品牌效应,从而使其在武术赛事市场上彰显差异化赛事品牌形象和个性、占据较高市场份额、创造社会价值能力、超越文化和时空的能力等。

(三) 武术赛事品牌延伸应以雄厚的武术赛事品牌资产为坚实后盾

武术赛事品牌延伸的直接目的是利用武术赛事品牌创造的雄厚赛事品牌资产推出新品类,使新的武术赛事衍生品依托武术赛事品牌优势,在其进入目标市场伊始就被市场接受,从而使其具有较高市场占有率并占据有利的市场地位。

武术赛事品牌识别系统是赛事经营机构精心设计的塑造武术赛事品牌形象的过程性操作活动。武术赛事品牌个性对武术赛事整体效益最大化实现具有积极助推作用,通过论述赛事目标受众个性心理特征、参照武术赛事类别和其他武术赛事品牌个性,以及武术赛事品牌要素最佳匹配原则对武术赛事品牌个性塑造原则的界定,总结武术赛事品牌个性塑造方法。

武术赛事品牌以满足赛事目标消费群功能、情感和服务等方面赛事需求而表现出相应的赛事品牌价值。武术赛事品牌核心价值是武术赛事品牌价值的内核、主体构件及品牌理念内涵,它具有明显的排他性、价值性、执行性和包容性等差异化特征。

武术赛事品牌价值只有借助有效的武术赛事品牌传播,才能得到赛事目标消费群的信赖和认同,从而建立武术赛事品牌忠诚。武术赛事品牌传播是由赛事传播主体、赛事传播媒介、赛事目标受众和赛事传播内容等环节构成的循环过程。

武术赛事品牌凭借赛事知名度、认可度和巨大赛事品牌资产价值效应,具备武术赛事品牌延伸功能。同类延伸和跨类延伸是武术赛事品牌延伸的两种模式。

第六章

武术赛事品牌建设案例分析

本章导语

我国武术赛事品牌建设理论研究，既是为弥补武术赛事品牌建设理论研究不足所做的有益尝试，又是能够对我国武术赛事品牌打造具体实践提供科学指导的理论依据。本章运用武术赛事品牌建设理论，结合现阶段我国武术赛事发展现状，选取具有典型代表性和差异化特征的武术品牌赛事进行案例分析，以期对我国武术赛事品牌建设理论进行验证，进而检验武术赛事品牌建设理论的合理性，从而使其为我国武术赛事品牌建设实践提供理论指导。

第一节　昆仑决赛事品牌建设案例

一、昆仑决赛事品牌简介

（一）昆仑决赛事品牌

昆仑决全称为昆仑决世界极限格斗系列赛，英文名为 Kun Lun Fight，直译为昆仑决。由昆尚传媒携手青海卫视、蓝色光标、娱乐工场及中搜搜悦联手打造的"昆仑决"是第一个采用互联网思维,借助个性化开放移动互联平台,实现了赛事、格斗商城、格斗竞猜、格斗教学、游戏、电子商务的资源整合,培育了完整武术产业链的中国原创搏击品牌①。

　　昆仑决赛事旨在打造一个世界级的职业搏击平台,让中国选手参与,使中国武术赛事目标消费群亲身体验全球顶级选手逐鹿赛。昆仑决赛事结合全媒体平台,通过武术赛事内容品牌化、商业化、资本化三个实施阶段,致力于打造中国第一格斗赛事平台,从而构建赛事、明星、武术馆校、格斗商城、旅游及游戏等多种衍生产品的全产业链商业模式,最终实现中国体育赛事从单一商业运作模式向产业化经营模式转型的全面升级。2015年昆仑决赛事由青海卫视移师江苏卫视,把武术赛事本身差异化特征和前卫电视栏目具有的现代感、传媒感和资讯感实现完美融合,并清晰地将赛事新闻、赛事节目和赛事娱乐综艺等最受武术赛事目标消费群喜爱的栏目,通过广大社会受众备受关注的省级卫视频道,呈现给全球忠实武术赛事节目的目标受众。昆仑决系列赛事主要有四种赛制形式构成,即中外对抗赛、世界大奖赛、明星超级战和极限新人王,北京昆尚文化传媒有限责任公司通过这四种螺旋上升的赛事运作模式,不断为昆仑决赛事输送后备人才,从而保证此项武术赛事能够健康良性运行。

二、昆仑决赛事品牌发展现状

　　2014年1月25日,由北京昆尚文化传媒有限责任公司和青海卫视共同携手中搜网推出我国原创搏击赛事品牌——昆仑决世界极限格斗系列赛,在世界搏击之都泰国首都曼谷强势登场,使中国搏击在世界搏击赛事平台逐渐找到众望所归的真实感,从而开启了中国原创搏击赛事新征程。

　　昆仑决从搏击雄起愿景诞生的第一天起,就以打造中国顶级职业格斗赛事品牌为己任,它通过携手洪泰基金、娱乐工场和技术创业投资基金等知名投资机构,经过将近两年的发展,它创下昆仑决市值从0到18亿突破的商业奇迹。

---

① 金羽西."昆仑决"营销策略对创新传统体育赛事市场化的启示[J].山东体育科技,2015,37(2):18-22.

2014 年,昆仑决赛事品牌以 17 站系列赛为全球武术搏击赛事目标消费群呈上满意答卷,并且用重金邀请世界搏击巨星加盟助阵,如安迪·苏瓦和阿尔伯特克·劳斯等,高标准运作脍炙人口的"诸神之战",创造了中国原创搏击赛事品牌开赛奇迹。2015 年,昆仑决借助全国知名的江苏卫视平台,继续以打造高端赛事产品满足赛事目标消费群,以"重量级争霸赛""明星超级战""冠军头衔赛"等创新型赛事运作模式,将多元化武术搏击赛事办赛理念通过有效传播方式,使其社会效益实现最大化,从而实现了以武术赛事内容为先导,铸创符合中国文化特征的武术搏击赛事品牌。与此同时,昆仑决作为江苏卫视 2015 年蓝海战略搏击赛事节目,随着赛事影响力逐步扩大和赛事平台主办方积极经营,使得赛事节目收视率逐步攀升,尤其是昆仑决常德站赛事以罕见的 0.45 收视率创下新高,足以证明昆仑决赛事品牌在搏击全行业形成的前所未有的影响力和号召力。

2015 年 11 月,中国城市文化产业联盟(CCCIDA)充分肯定昆仑决开播以来创造的丰厚社会价值,它作为全球首个用互联网思维模式打造的中国原创搏击赛事品牌,乘着国家政策东风,运用市场化运作模式,将搏击产业和中华尚武文化实施创新性融合,全面推动国内搏击市场整体向前发展,诠释中国高端搏击赛事文化内涵同时,彰显赛事品牌的市场信誉和国际影响力,也间接说明昆仑决赛事品牌在助力我国体育事业发展方面达到的新巅峰。

伴随着《关于加快发展体育产业促进体育消费的若干意见》把体育产业上升为国家战略和"大众创业、万众创新"新政理念逐步深入人心,作为朝阳产业的体育产业成为新型创业热点,昆仑决赛事品牌以国家政策为引导,将技巧、激情、热血和励志等元素实现有机融合,它把中华尚武精神,借助运用互联网思维的昆仑决赛事平台,通过自成体系的系列赛事运作模式使其正能量积极展现,赋予了搏击产业互联网思维视域下新内涵,并为传统体育产业转型升级提供了新型思维方式,它的终极梦想是助推中国武术乃至中国文化放飞世界。

三、昆仑决赛事品牌发展环境

目前,昆仑决赛事品牌虽然凭借其独具特色的互联网思维方式经营系列赛事,获得了巨大市场化运作空间,赢得了国内外赛事目标消费群的信赖和认同,赛事品牌核心竞争力实现步步攀升,但是通过国内、国外、宏观和微观等方面因素对昆仑决赛事品牌发展环境进行综合分析,可以发现,在短短两年内,昆仑决赛事品牌取得不菲成绩,这些丰硕成果足以说明,现代社会有适合其破浪前行的扬帆空间,因此归纳总结促使其快速发展的综合因素,主要体现在以下方面。

（一）优势方面

1. 国内宏观环境

改革开放以来,随着国民物质文化生活水平的大幅度提高,健康和文化成为现代社会大众关注的焦点,康体产业在国家政策引领下,逐步呈现崛起之势。特别是 2014 年 10 月,《关于加快发展体育产业促进体育消费的若干意见》给我国体育产业蓬勃发展注入新的政策驱动力,提出 2025 年国家体育产业规模实现 5 万亿元发展目标,使各路资本在国家新政红利驱使下,纷纷入驻体育产业,从而使体育产业在短时间内发生翻天覆地变化。因此,在国家政策对体育产业倾斜的现实背景下,蕴含博大精深中华文化的中国武术跃然成为体育赛事市场宠儿,昆仑决赛事品牌乘着国家政策东风,以传扬中华尚武精神为办赛理念,俨然成为中国搏击行业最成功的领跑者。

2. 全国武术赛事缺乏领导品牌

步入 21 世纪,从中国武术散打王争霸赛开办以来,历经 15 个春秋的中国武术搏击赛事逐步呈现回暖之势,虽然我国武术搏击赛事标准化程度越来越高,参赛运动员多元化趋势日益凸显,但是与国外顶级格斗赛事相比,如 UFC 和 K-1 等赛事,从赛事理念、赛事运作模式、赛事核心竞争力和赛事整体社会效益等方面分析,国内武术赛事品牌根本无法和他们相抗衡。因此,2014 年横空出世的昆仑决赛事品牌以国家政策为先导,发挥武术赛事市场资源配置优势,把中华民族尚武精神借助互联网思维模式,打造为具有典型 IP 特色的中国原创搏击赛事品牌,成为我国武术赛事行业的标杆品牌。

3. 国内广博的武术赛事目标消费群

武术是中华民族的国粹,它作为一种技能和技艺,早已被人们理解和实践。因而,在源流有序、自成体系的武术拳种形成过程中,它周围也必定聚集了广泛的目标练习者,他们为相应拳种的继承和发展提供了强有力的人员支持。并且,据昆仑决赛事品牌运作机构 2015 年 11 月 21 日做出的市场调查可知,国内喜欢武术的人群有 3 亿人,放眼全球,武术的目标受众共有 19 亿人。正是基于这些真实有效的客观数据,昆仑决赛事品牌才受到众多知名投资人和投资机构青睐,他们看中昆仑决赛事品牌的背后,既是对中国体育产业实现又快又好发展的大力支持和助推,又是对蕴含无限潜力的中国武术赛事市场拥有坚定信心的高度认同。

4. 新型武术赛事运作模式

随着"互联网+"战略的快速实施和我国体育产业的强势崛起,利用互联网平台经营体育的发展速度明显加快,"互联网+体育"既给社会大众日益增长的体育文化消费需求提供便捷,又给我国体育产业实现跨越式发展注入新的元素和动力。在体育产业和互联网快速融合的背景下,昆仑决赛事品牌经营模式也实现根本性转变,它秉承专业、高端和创新发展理念同时,借助中搜网平台,实现武术赛事、移动互联和电子商务等多元化资源有效整合,拉近武术赛事目标受众和武术赛事之间的距离,使"互联网+"视域下我国武术赛事产业焕发新的生机和活力,为中华民族透显的尚武精神的弘扬和发展找到可践行之路径。

(二) 劣势方面

1. 宏观武术赛事市场竞争激烈

对于武术赛事市场来讲,昆仑决赛事品牌不仅面临国内武术赛事的竞争,如河南卫视武林风节目和中央电视台康龙·武林大会节目等,而且还遭受国外知名赛事品牌的分羹威胁,如日本的 K-1 和美国的 UFC 等。因此,随着我国体育产业新政理念广泛传播,国内知名媒体(如腾讯、乐视)竞相购进国外品牌体育赛事,使我国武术赛事的生存空间受到进一步挤压,虽然昆仑决赛事品牌借助现代多元媒体对自身进行传播推广,但对于初创阶段的本土化赛事品牌,依然任重道远。

2. 昆仑决赛事品牌后备人才力量匮乏

昆仑决赛事后备人才质量决定着赛事自身的发展高度,更关系着赛事品牌的未来命运。现阶段,昆仑决赛事经营机构虽然用重金吸引各国优秀选手参赛,通过系列赛事运营模式,促使其正常运行,并获得显著成效,但是后备人才培养是保证赛事良性运作的关键这一永恒主题不会改变,充足的后备人才储备是昆仑决赛事不断达到新巅峰的重要基础。

因此,通过对昆仑决赛事品牌优势因素和劣势因素具体分析可知,之所以它能够在众多本土武术赛事中脱颖而出,在不到两年时间内,创造不菲社会价值,并树立国内武术赛事行业新的标杆形象,是因为昆仑决赛事品牌在与中华民族尚武精神实现完美融合基础同时,时刻以国家政策为引领,遵循专业、高端和创新的赛事发展理念,借助互联网思维新型赛事运作模式,把赛事品牌不断推向新高度,在赢得广博社会影响力的前提下,顺利完成全方位资金融合,为其不断前进积聚充足的资本支撑,并助推昆仑决赛事品牌创造业界新的奇迹。

四、昆仑决赛事品牌规划

在国家相关利好政策大力推动下,昆仑决赛事品牌横空出世,因其"励志、尚武、激情"的差异化赛事个性,所以自2014年赛事开播以来,它借助创新型赛事模式,使其每站赛事都征服不同的赛事受众,从而构成了日益庞大的赛事目标消费群,为赛事品牌影响力的迅速扩大赢得了必要的赛事品牌关系,最终使昆仑决赛事品牌在赛事目标消费群心中留下深刻烙印。因此,对两年之内能够迅速崛起并产生非凡社会影响力的武术赛事品牌建设实践进行分析,有助于为我国武术赛事的品牌化路径提供有益借鉴。

2013年初,北京昆尚文化传媒有限责任公司董事长姜华在北京三里屯带领几个员工开始创业之路,即营建昆仑决赛事。在创业之前,他经过两年市场调研,在科学分析UFC赛事运作模式和整体社会价值基础上,昆仑决赛事对其赛事规则等操作程序进行简单模仿,使刚刚起步的赛事品牌取得一些成功。但当时最大的挑战是中国体育赛事市场价值较小,很多赛事基本都处于亏损状态,运营原创IP赛事的难度相当大。例如,在2014年之前,英格兰超级联赛因其在中国媒体版权费用高涨,致使腾讯、新浪和网易等门户网站放弃直播,更不必说武术赛事。不过,姜华和他的团队通过分析国家政策、国内武术赛事市场和当前我国社会大众的消费取向等有益于昆仑决赛事发展理性因素后,依然坚持最初的梦想,打造中国原创搏击赛事品牌——昆仑决。

首先,他对经营昆仑决赛事的宏观环境和微观环境进行科学分析。

宏观环境方面:第一,体育产业有国家政策支持,具有广阔发展前景,武术赛事为体育产业的有机组成部分,也应具有无限上升空间。第二,武术作为我国独具特色的民族体育项目,是中华民族的国粹,具有相当可观的群众基础,因而也拥有潜力巨大的赛事目标消费群。第三,目前,国内外虽然有一些代表性的武术搏击赛事,如散打王、武林风、康龙·武林大会、UFC、K-1 和其他 MMA 赛事等,但他们都不具备原创 IP 赛事特征。第四,中华民族的尚武精神激励着每一位中国人时刻保持自强不息、奋斗不已的强者风范,因此,通过武术赛事真实场景传达的励志效应足以征服每一位武术赛事目标受众。

微观环境方面:第一,昆仑决赛事和青海卫视共同表现出的"创新"渴求,成为二者最终携手发展的重要基石,青海卫视提供昆仑决 4 000 万广告时间段优惠条件,是促使其腾飞的关键举措。第二,昆仑决赛事借助青海卫视平台,引起极高关注度,为其快速融资创造了条件,并直接吸引相关资本入驻,如 IDG 资本、天明集团和梁伯韬等投资机构和个人。第三,姜华做过某一媒体的全国广告总代理背景,使他拥有很多人脉和相关资源,以及处理各种人际关系的能力,从而使他执着、进取和富有使命感的人格魅力得到最大化体现。第四,昆仑决赛事立足体育娱乐产业,是蕴含尚武精神内涵的原创赛事品牌,获得众多大公司的信赖和认同。

其次,制定昆仑决赛事品牌建设目标。主要包括立足国内市场,在传统的武术赛事区域获得发展空间;拓展海外业务,与国外知名赛事品牌较量,扩大昆仑决赛事品牌国际影响力;与卫视频道联手构建赛事平台,打造良好赛事品牌形象,为全方位融资奠定基础;设计高额赛事奖金,吸引国内外优秀选手参赛,提高赛事核心竞争力,营建中国原创武术赛事品牌标杆形象。

最后,筹划昆仑决赛事品牌目标市场。从 2014 年昆仑决第一站赛事在泰国曼谷打响开始,昆仑决随即被界定为高端赛事品牌,因此,赛事运作机构选择武术赛事较为盛行的区域举办昆仑决赛事,也有部分区域是中国武术之乡,如周口站、常德站、重庆站、深圳站、南京站等。昆仑决择取经济发展相对较好和武术氛围较为浓烈的城市作为赛事场所,对获取武术赛事目标受众和提升赛事品牌影响力呈现积极效益。

在赛事目标市场确定后,昆仑决赛事经营团队对目标赛事市场进行深层研究分析,决定把昆仑决打造为高端赛事品牌,即采用差异化票价策略,对赛事进行多层次定位,使具有不同需求的赛事目标受众根据个体实际情况进行选择性消费,在体现赛事本身人性化设计同时,也使昆仑决赛事品牌有了清晰明确的赛事品牌定位。

五、昆仑决赛事品牌要素设计

昆仑决赛事品牌识别形象主要由赛事理念、赛事品牌基本要素设计和赛事品牌应用系统设计三部分构成。

昆仑决赛事品牌理念内涵是专业、高端、创新、弘扬民族尚武精神，这一内涵体现了赛事经营机构的办赛思想和赛事经营标准，是昆仑决赛事品牌的核心和基础。

昆仑决赛事品牌基本要素设计包括赛事名称、赛事标志、赛事标准字和赛事广告语等。昆仑决赛事品牌为了使赛事目标消费群接受赛事并最终建立品牌忠诚，所以它以国际级赛事为定位目标，为各国优秀选手提供开放的竞技搏击平台。因其是国际化定位，所以它选取我国地脉之首昆仑，使得昆仑决和高原地域文化相契合，传扬民族尚武精神，这一清晰明确的赛事品牌定位方向，为昆仑决赛事品牌价值理念有效传播积累了重要资本。

昆仑决官网名称亦为昆仑决（Kun Lun Fight），本赛事品牌名称全球通用。从 2014 年 1 月昆仑决 1 泰国曼谷站开始，截至 2015 年 12 月本研究引用分析文献时，昆仑决赛事共举办 35 站，平均每个月两场赛事，具体各站赛事见表 6-1。

表 6-1 2014～2015 年昆仑决赛事

战次	时间	序号及地点	国家/地区数	人数	赛事主题
1	2014-01-25	昆仑决 1 曼谷站	12	24	—
2	2014-02-16	昆仑决 2 郑州站	6	16	史上最强中泰王者之战
3	2014-03-30	昆仑决 3 哈尔滨站	6	28	决战冰城
4	2014-04-27	昆仑决 4 马尼拉站	10	22	中菲对抗赛
5	2014-06-01	昆仑决 5 峨眉山站	13	28	峨眉传奇
6	2014-06-29	昆仑决 6 重庆站	11	22	决战山城
7	2014-07-27	昆仑决 7 周口站	15	24	诸神之战
8	2014-08-24	昆仑决 8 西宁站	10	20	决战祖山昆仑
9	2014-08-31	昆仑决 9 商丘站	12	24	木兰传奇
10	2014-09-13	昆仑决 10 白俄罗斯站	7	18	最后的斯巴达
11	2014-10-05	昆仑决 11 澳门站	14	22	尊龙传奇

（续表）

战次	时间	序号及地点	国家/地区数	人数	赛事主题
12	2014-10-26	昆仑决 12 建水站	7	20	决战建水
13	2014-11-16	昆仑决 13 呼和浩特站	13	24	昆仑决诸神之战 2014 总决赛
14	2014-12-04	昆仑决 14 泰国曼谷	8	24	曼谷之战
15	2015-01-03	昆仑决 15 南京站	10	22	诛神归位
16	2015-01-04	昆仑决 16 南京站	12	24	诸神归位
17	2015-01-17	昆仑决 17 南京站	6	32	诸神之战中国区冠军赛
18	2015-01-18	昆仑决 18 南京站	8	20	笼斗之夜
19	2015-02-01	昆仑决 19 广州站	14	28	战神再现
20	2015-03-08	昆仑决 20 北京站	6	30	中日对抗赛
21	2015-03-17	昆仑决 21 三亚站	16	32	—
22	2015-04-12	昆仑决 22 常德站	9	28	—
23	2015-04-26	昆仑决 23 长沙站	11	28	—
24	2015-05-02	昆仑决 24 意大利站	9	16	—
25	2015-05-15	昆仑决 25 斯洛伐克站	14	32	—
26	2015-06-06	昆仑决 26 重庆站	10	20	笼斗之夜
27	2015-06-07	昆仑决 27 重庆站	13	24	雄霸山城
28	2015-07-18	昆仑决 28 南京站	10	28	浴血金陵
29	2015-07-19	昆仑决 29 南京站	10	24	浴血金陵
30	2015-08-15	昆仑决 30 索契站	9	26	中俄对抗赛
31	2015-09-04	昆仑决 31 周口站	13	28	泰拳之夜
32	2015-09-28	昆仑决 32 曼谷站	14	30	诸神晋级战
33	2015-10-28	昆仑决 33 达州站	14	28	巴蜀战歌
34	2015-10-31	昆仑决 34 常德站	12	28	常德会战
35	2015-12-19	昆仑决 35 洛阳站	13	28	中原逐鹿

数据来源:昆仑决官方网站[1]。

由表 6-1 可以看出,昆仑决赛事基本采用"昆仑决＋序号＋地点＋赛事主题"的方式进行命名,它体现出的主要特点是虽然部分赛事名称有雷同现象,但赛事内容却风格迥异。这一赛事命名方式和其他体育赛事的风格相比也呈现较大差异性,充分体现了昆仑决赛事的"创新"发展理念,赛事品牌名称界定方式是最有力证明。

昆仑决赛事品牌标志是赛事视觉设计要素核心,它除了具有区分其他武术

---

[1] 昆仑决官网. [EB/OL]. http://www.kunsunmedia.cn/portal/page/index/id/32.html.

赛事品牌功能之外,还代表着武术赛事品牌的认可度和信誉。这一标志是昆仑决赛事经营机构、昆仑决微信官网和江苏卫视制作赛事宣传片、赛事宣传材料,以及赛事开始和结束时代表性标志。这种十字交叉的创意性设计,使昆仑决赛事品牌强者对决的办赛理念得到真实体现,凸显了赛事品牌内涵。

　　昆仑决宣传口号是"打造中国原创搏击赛事品牌",赛事经营机构通过富有深度、内涵和使命感的差异化广告语设计,使昆仑决赛事品牌蕴含了无穷的传播力量,进而使它以系列站赛事形式,把这种正能量传递给每位赛事目标受众,从而使它所主张和诉求的武术赛事品牌价值理念与赛事目标消费群的价值理念高度契合。昆仑决采用的自由搏击规则为 3 局 3 分钟,最长可达 2 局延长;取消站立强读(站立强读的英语为"standing 8 count",必须在身体出现三点着地后裁判才能读秒,此规则区别于日本的 K-1,和目前的 GLORY 相似,保证赛事不因裁判不同而判罚不公);不允许用肘击、抱摔、缠抱等拖延时间的消极行为;放开连续膝法的运用(膝击可以上头,可以连续攻击,此规则与日本 K-1 取消了连续膝法进攻,严禁箍颈膝撞,大大限制拳手的发挥的做法完全不同,确保赛事更加精彩与公平);一局比赛中,一位拳手最多只有两次强读,出现第三次裁判须终止比赛;由三位边裁打分,最后计算总分判定胜负;接腿摔相当于有效进攻(在 K-1 比赛中,接腿摔是被严格禁止的,但接腿摔不仅能有效地控制比赛节奏,打乱对方的进攻,也可以调动场上气氛。因此在昆仑决的比赛中,接腿摔不仅是允许的,而且相当于有效进攻,以便最大程度鼓励拳手们多元化技术的发挥)。总而言之,昆仑决赛事规则立足于让拳手技术充分发挥、鼓励进攻和KO,同时保证比赛的公平性,减少消极行为,最终目的只为呈现出更加精彩、更加激烈、更加公正的比赛。

　　昆仑决赛事品牌应用系统设计包括赛事品牌相关的事务用品、每站赛事包装设计、赛事环境选择、赛事专用交通工具和运动员参赛服装等。赛事经营机构通过标准化赛事事务用品设计,在宣传赛事品牌统一形象同时,也节约了运营成本。每站赛事借助差异化包装设计,使赛事目标受众产生激情迸发的赛事体验,在树立良好赛事品牌形象同时,有效传达了昆仑决赛事品牌的风格、理念及价值。在昆仑决赛事品牌战略指引下,赛事经营机构细分赛事市场,对每站赛事市场环境进行有效分析,最终确定赛事目标市场是我国武术之乡、武术氛围浓厚或经济发展较好的城市,赛事经营机构依托赛事专用交通工具和自主研发的 K·F 品牌服饰,在保证赛事畅通运营前提下,也构筑了奋发进取的原创赛事品牌形象。

六、昆仑决赛事品牌个性

昆仑决赛事品牌在"搏击雄起"的愿景下诞生,借助标志性赛事品牌符号,多层次赛事门票价格定位,独创的互联网思维赛事运作模式,营造了高效和谐的赛事品牌公共关系,不仅为昆仑决赛事品牌的独特价值、存在形式及向赛事目标受众传达其价值理念过程中赛事品牌个性形成创造了可行性条件,而且为赢得广泛赛事目标消费群积累了有效塑造赛事品牌个性的方法。

1. 昆仑决赛事特征

武术赛事市场竞争日趋白热化、武术赛事同质化现象使得赛事彼此间难以区分,严重制约我国武术赛事整体发展水平。昆仑决赛事品牌以创新型赛事思维模式和独特使命感为基础,塑造了差异化赛事品牌个性,促进了赛事自身健康发展。

2. 昆仑决赛事包装设计

昆仑决赛事经营机构在深入的市场调研基础上,界定昆仑决为中国原创搏击赛事品牌,在含有娱乐元素的赛事品牌打造过程中,成功塑造了独特赛事品牌个性,并且借助赛事品牌标志、字体及搭配和谐的色彩等综合元素的包装设计,使赛事品牌个性又得到进一步强化。

3. 昆仑决赛事价格定位

昆仑决赛事自首站比赛开始,就以打造高端赛事为发展目标,因而使得赛事品牌在赛事目标消费群心智中留下高档、激情和富有内涵的赛事品牌个性。例如,昆仑决 33 达州站赛事门票价格由高到低依次为 8 880 元、6 680 元、3 680 元、1 680 元、880 元、680 元、380 元、180 元和 80 元等 9 档;昆仑决 34 常德站赛事门票价格由高到低依次为 8 899 元、6 699 元、3 699 元、1 699 元、899 元、599 元、399 元和 99 元等 8 档。此种赛事价格定位和其他武术赛事门票收取较低费用或不收费用形成鲜明对比,有助于进一步展现其高端赛事品牌形象。

4.昆仑决赛事公关活动

目前,在同质化程度相当严重的中国武术赛事市场,高端武术赛事品牌极其缺乏,昆仑决赛事品牌通过将青海地域文化和中华文化有机融合,借助青海卫视提供的赛事平台,使昆仑决赛事"专业、高端、创新"的差异化品牌个性在赛事目标消费受众心智中留下深刻印象。

七、昆仑决赛事品牌价值

昆仑决赛事品牌要实现可持续发展,务必使原创型赛事品牌的消费价值得到认可,赛事目标受众的赛事体验需求获得满足,才有可能使其在竞争激烈的同质化武术赛事市场中立足,并创造可观的社会效益,从而昆仑决赛事品牌的无形资产得到提升。

昆仑决赛事品牌价值是昆仑决赛事提供给赛事目标消费群关于赛事品牌整体实力的全方位展现,是与昆仑决赛事品牌相联系的赛事品牌资产的集合体。它的价值主要体现在功能和情感两个方面。

(一)昆仑决赛事品牌功能价值

昆仑决赛事品牌功能价值是昆仑决赛事为赛事目标消费群提供的基于赛事自身消费价值的认同感和满意度。它的功能价值既是昆仑决赛事品牌在武术赛事市场的立足基础,又是影响赛事目标受众消费决策的根本因素,因此,昆仑决赛事品牌在功能价值层面体现的优势是助推其形成品牌优势的关键。

昆仑决赛事质量、赛事设计和赛事服务等差异化要素是其功能价值的主要体现。

首先,昆仑决赛事质量决定昆仑决赛事品牌命运。昆仑决赛事对参赛运动员明确提出在拳台上应时刻保持奋力拼搏的精神风貌,尽量减少运动员比赛期间搂抱、推搡和故意拖时等不良技术出现,从而有效保证赛事的激烈程度,最终使昆仑决赛事质量符合赛事目标消费群的期望值。

其次,昆仑决每站赛事设计是影响赛事价值的重要环节。它在"打造中国原创搏击赛事品牌"发展目标引领下,对每站赛事从前期宣传、赛场选址、赛场布置、运动员构成、运动员出场式、开赛前娱乐节目安排、运动员基本信息介绍方式、门票价格、灯光操作、昆仑宝贝具体要求等方面,都实施不同形式设计,使赛事目标受众观看每场赛事都有异样感受,从而产生观看下站赛事的强烈愿望,真正使昆仑决赛事品牌入驻赛事目标受众的心智。

最后,昆仑决赛事服务是衡量赛事品质的关键因素。随着武术赛事同质化程度加剧,打造差异化武术赛事品牌服务体系,以满足赛事目标受众的赛事服务需求,成为武术赛事经营机构的新理念。因此,武术赛事经营机构通过赛事服务竞争,不断提升赛事服务质量,从而使赛事尽最大可能达到赛事目标消费群的观赛期望值,以凸显武术赛事品牌的顶级服务。

昆仑决赛事以"高端"服务著称,它借助富含"激情、香艳、励志"元素的武术赛事设计,吸引赛事目标消费群的视觉注意力,通过便利的互联网购票系统、有效的赛事举办地选择和入驻赛事目标受众心智的真实赛事体验,使其"高端"服务价值与昆仑决赛事品牌发展理念相对称。

(二)昆仑决赛事品牌情感价值

昆仑决赛事品牌情感价值是昆仑决赛事目标受众在体验赛事后获得的积极情感表达。这些情感表达包括振奋感、充满激情和自我认知等。昆仑决赛事品牌情感价值体现了赛事目标受众对昆仑决赛事在心理和情感方面获得的感知,此种感知是赛事目标受众与昆仑决赛事建立有效联系的基础,这种情感价值使昆仑决赛事对赛事目标消费群还具有更深层次价值,即利于他们对昆仑决赛事建立有效的品牌忠诚,从而也向他们自己表明认同了昆仑决赛事所透显的文化、个性特征和价值理念。

昆仑决赛事品牌情感价值主要体现在赛事人格化特征、社会特征和文化特征三方面。

首先,昆仑决赛事品牌的服务对象是具有差异化特征的赛事目标受众,而他们总是习惯选择合乎自己个性特征的赛事品牌,因此,构建与昆仑决赛事品牌相关联的人格化特征是树立昆仑决赛事品牌形象的重要举措。例如,昆仑决赛事"创新、励志、尚武"理念内涵使每位赛事目标受众都受到强烈感染,并且通过激烈的赛事场景触及赛事目标受众深层心理需求,从而促使他们快速建立昆仑决赛事品牌忠诚。

其次,昆仑决赛事品牌社会特征是指赛事品牌在社会人文层面蕴含的差异化能量价值,展现昆仑决在现实社会的影响力和被认可程度,通过昆仑决赛事的社会责任感、社会公益活动和对社会的诚信等环节逐步呈现。昆仑决赛事品牌要实现健康有序发展,必须将其社会人文层面价值力融入赛事品牌自身发展中。例如,昆仑决一直强调"打造中国原创搏击赛事品牌",它借助高品质赛事,激发赛事目标受众观赛热情的同时,弘扬中华民族自强不息的尚武精神,充分体现昆仑决赛事品牌的社会使命感。

最后,昆仑决赛事是新型的文化载体,昆仑决赛事所体现的文化特征是昆仑决赛事品牌在营建过程中赛事理念、赛事标准化操作和经营团队办赛风格的集中展现。因此,昆仑决赛事品牌面对目前日益严重的同质化武术赛事市场,以具有典型差异化特征的文化构思,占据了我国武术赛事市场新的制高点。例如,昆仑决"以打造中国原创搏击赛事品牌"为发展宗旨,赛事经营机构经过广泛深入的实地调研,借助市场机制,使昆仑决赛事和青海地域文化顺利实现融合,进而使其赛事品牌个性凸显,并且它通过系列赛事营销策划、媒体宣传和知名融资机构等全方位赛事要素整合,逐步彰显昆仑决赛事品牌的"尚武精神"文化内涵,从而有效塑造了昆仑决赛事品牌独具特色的差异化尚武文化特征。

昆仑决蕴含"弘扬中华尚武精神"的赛事品牌核心价值,是昆仑决品牌价值的内核,它不仅代表着昆仑决赛事品牌对赛事目标受众的意义和价值,而且又让赛事目标受众清晰明确地记住并识别昆仑决赛事的差异化利益点和突出个性,昆仑决赛事借助这一核心价值,不断构建具有社会使命感的赛事品牌形象,最终形成有效融资,为"专业、高端、创新"发展理念下规划的全产业链发展蓝图有条不紊铺开奠定重要基石。

八、昆仑决赛事品牌传播

昆仑决赛事品牌传播是指昆仑决赛事运营机构凭借满足赛事目标受众的优势价值,通过各种媒介将昆仑决每站赛事信息有序地与赛事目标消费群进行交流沟通,以此增进赛事目标受众对昆仑决赛事的认可、信任和深入体验,从而产生再次观赛消费的强烈愿望,不断维持观众对昆仑决赛事的好感过程。

昆仑决赛事品牌传播包括赛事传播主体、赛事传播对象、赛事传播渠道和赛事传播内容四要素。昆仑决赛事传播主体是昆仑决赛事经营机构,它是昆仑决每站赛事信息内容的制造者,是赛事传播过程中最直接且重要因素。昆仑决赛事传播对象是制订有效赛事传播策略的基础。昆仑决赛事目标消费群是它的作用对象,昆仑决赛事经营机构通过深入调查研究,确定赛事目标对象的"尚武"共同特征,从而找到赛事目标受众与昆仑决赛事之间的契合点,进而以昆仑决赛事的尚武文化内涵,不断刺激赛事目标受众的心智并产生赛事品牌影响力。昆仑决赛事传播渠道是指赛事经营机构借助印刷媒介、电子媒介、互联网和户外媒介等赛事传播媒介将昆仑决每站赛事信息有效传递给赛事目标受众途径。昆仑决赛事传播内容是整个赛事传播活动的核心,它通过以"尚武文化"为主题的赛事场景设计,满足赛事目标受众欣赏高品质武术赛事的强烈诉求。

昆仑决赛事主要借助新闻媒体、广告、公共关系和人际关系等传播手段对昆仑决赛事信息进行控制和利用,这些可控的赛事传播资源,是昆仑决赛事品牌传播获得成功的关键。例如,昆仑决借助青海卫视平台雄起,依托江苏卫视的火爆收视率,吸引赛事目标消费群眼球,通过移动互联网使每站赛事信息内容在新浪体育、今日头条、网易体育、中国新闻网、搜狐体育等门户网站定期发布,受到国内外赛事目标受众广泛关注,从而使其在国内武术赛事树立 IP 赛事新标杆形象,也为其在国际武术赛事市场影响力的提升赢得重要筹码。

九、昆仑决赛事品牌延伸

昆仑决赛事品牌延伸是指昆仑决在武术赛事市场新标杆地位确立基础上,将昆仑决有效运用到其他产品或服务,以期减少新产品或服务进入市场风险,从而以较低营销成本获得较高市场效益。昆仑决赛事凭借其知名度、美誉度和获利高等基本特征,迅速获得知名投资机构和知名投资人支持,如洪泰基金、IDG 资本、天明集团、动域资本等,昆仑决通过有效融资,逐步驶入产业化经营轨道。

昆仑决赛事经营机构借助跨类延伸发展战略,利用昆仑决赛事品牌的知名度和美誉度进军新的行业,如与蒙牛联合推出的 M-PLUS 牛奶、借助昆仑决赛事品牌优势经营的北京昆尚服饰有限公司设计的世界原创搏击服饰品牌 K·F 和旗下连锁店式经营的搏击俱乐部,昆仑决赛事有效的品牌延伸方式为昆仑决品牌注入了新元素,在增强昆仑决赛事品牌形象的同时,使昆仑决系列品牌的融资效益都得到明显加强,有力地增加了昆仑决品牌价值积累。例如,昆仑决线下独立经营的原创搏击服饰品牌 K·F,它除了获得知名投资机构和投资人大力支持外,还具有创造丰厚利润的实力。2015 年 7 月创立 K·F 品牌服饰,同年 10 月在昆仑决 33 达州站新闻发布会期间,赛事目标消费群通过微博和微信等新型传播媒介抢单,实现服饰销售额 30 万元,且昆仑决创始人姜华明确提出 2016 年 K·F 品牌服饰要缔造 15 亿元销售额目标,足以体现这款中国原创的世界搏击服饰品牌蕴含的潜在商业价值。

昆仑决赛事依托互联网思维运作模式,顺利实现极速崛起,树立了我国原创武术赛事品牌新标杆形象,并有效占据我国武术赛事市场战略制高点,成为我国原创 IP 赛事的成功典范。与此同时,昆仑决赛事通过"弘扬尚武精神"为使命感传播主题的有效宣传,让中国武术赛事受众亲身体验了全球原创搏击赛事的魅力,从而使他们建立了对昆仑决赛事牢固的品牌忠诚。在此基础上,它借助品牌跨类延伸发展战略,搭建了相对完整和成熟的产业生态链,通过开发赛事运动员经纪、服饰、影视、APP 产品、格斗商城、格斗教育平台等新型业务,逐步把昆仑决打造成融合赛事运营、赛事版权、新闻媒体、商业开发、票务销售等环节的全产业生态系统,从而为昆仑决赛事品牌延伸成功注入了新元素,在提升其品牌形象的同时,高效实现了昆仑决品牌价值积累。

十、昆仑决赛事品牌建设经验

近年来,随着我国体育产业新政的逐步实施,国内外各种体育赛事在我国不同地域相继举办,体育赛事无疑成为当今最热门话题之一,而搏击赛事作为体育赛事的重要组成部分,这不仅是因为它作为武术的主体产业而获得丰厚的经济效益,更重要的是它有力助推武术项目的快速发展,进而形成了良性循环的发展机制。在国外,搏击赛事早已闻名遐迩,它作为融娱乐性和竞技性于一体的体育赛事,将持续引领全球职业体育的发展趋势,而美国的 UFC 搏击赛事更是史诗般地把 MMA 格斗赛事产业推向难以企及的巅峰。然而,由于受赛事品牌培育时间较长、武术赛事竞赛体制、赛事管理环境等因素的影响,我国的武术赛事产业尚处于探索发展阶段,诸如"造星"比赛、虚假宣传等不良武术赛事事件严重影响和制约我国武术事业的健康和谐发展。

改革开放以来,品牌被认为是最具有商业价值的资产,品牌理论逐渐被运用到各个行业,品牌营销理论与实践日益丰富品牌建设理论,并进一步完善品牌管理理论。而品牌定位是品牌建设的基础环节,它既是我国武术赛事产业化运作模式开展的支点,又是武术事业蓬勃发展的一个定位,因此武术赛事产业化发展是武术项目发展的必然趋势。中国原创搏击赛事昆仑决采用开放式互联网思维,以移动互联网为平台,实现资源整合,以赛事品牌为依托,向产业上下环节拓展,从上游的选手培训到赛事明星制造,再到终端市场的竞猜、游戏、格斗用品、搏击电影、周边产品设计,"以点带面",实现全产业链重塑。昆仑决已经成为具有世界影响力的搏击品牌,它为我国传统的搏击赛事导入了全新的成功发展模式。基于此,本研究通过对昆仑决赛事品牌建设模式的研究,剖析昆仑决发展的成功经验,探寻武术赛事产业化发展的不足,以期为我国武术赛事产业化发展模式构建提供理论参考。

(一) 国家体育产业政策理论指导

2010 年 3 月《国务院办公厅关于加快发展体育产业的指导意见》[①]指出,努力开发体育竞赛和体育表演市场。积极引导规范各类体育竞赛和体育表演的市场化运作。借鉴吸收国内外体育赛事组织运作的有益经验,探索完善单项赛事的市场开发和运作模式。鼓励企业举办商业性体育比赛,努力打造有影响力、有特色的赛事品牌。2014 年 10 月《关于加快发展体育产业促进体育消费的若干意见》[②]指出,以竞赛表演业为重点,大力发展多层次、多样化的各类体育赛事。推动专业赛事发展,打造一批有吸引力的国际性、区域性赛事品牌。取消商业性和群众性体育赛事活动审批,加快单项体育赛事管理制度改革,有关政府部门要积极为各类赛事活动举办提供服务。国务院关于体育产业新政改革力度空前强大,取消审批无疑会大大推进职业搏击产业发展进程,中国武术产业化发展时代已悄然来临。

在国家体育产业政策理论的引领与支持下,中国职业体育产业获得了更加

---

① 国务院办公厅. 国务院办公厅关于加快发展体育产业的指导意见(国办发〔2010〕22 号)[R]. 2010.
② 国务院. 关于加快发展体育产业促进体育消费的若干意见(国发〔2014〕46 号)[R]. 2014.

广阔、自由的发展空间,从取消审批、放宽转播权限限制、鼓励职业化联盟发展、盘活社会体育设施资源,到鼓励体育与文化融合,这些措施都与昆仑决的发展方向相契合,正是以体育产业理论政策为指导,昆仑决赛事才得以健康发展。2014 年,昆仑决赛事在"搏击雄起"的愿景下诞生,经过 17 站系列赛的成功举办,其发展速度也远超所有人的预期,在进行中国原创搏击赛事品牌建设的过程中,赛事从无到有,从小到大,从优到精,经历了难以想象的发展历程,目前其市值已经超过 10 亿元,成为我国武术产业中发展最快的搏击赛事品牌之一。

(二)昆仑决赛事精准而清晰的品牌文化定位

品牌文化是品牌在经营中逐步形成的文化积淀,代表了企业和消费者的利益认知、情感归属、文化价值观,是品牌与传统文化及企业个体形象的总和[①]。昆仑决赛事品牌文化属于文化价值范畴,它既是社会物质形态和精神形态的有机统一体,又是现代社会消费心理和文化价值取向的完美结合。昆仑决赛事品牌的核心是其文化内涵,即深刻的价值内涵和情感内涵,也就是赛事品牌凝练的价值观念、审美情趣、时尚品位、情感诉求等精神象征。昆仑决赛事品牌文化的打造通过创造赛事产品的物质效用与品牌精神高度统一的完美境界,使消费者在心灵深处形成潜在的文化认同和情感眷恋。

品牌定位是企业以消费者、竞争对手和企业自身为主要维度,以行业、市场等要素为辅助维度,从产品、价格、渠道、包装、服务、广告促销等方面寻找差异点,塑造品牌核心价值、品牌个性和品牌形象,从而在目标消费者心中占据有利位置[②]。

昆仑决赛事品牌的定位是使世界各国优秀搏击选手同场竞技与拼搏,昆仑诠释世界级的文化内涵,一方面它既是华夏地脉之首、地理高地,又是文化高地昆仑神话的发祥地,所以昆仑决与青海地域文化是高度契合的;另一方面青海卫视和昆尚传媒合力打造赛事平台,希望通过搏击节目传递"尚武精神"的价值理念。昆仑决励志、尚武、激情、香艳、时尚的办赛理念,借助媒体化经营,助推中国武术走向世界。

① 余明阳,戴世富.品牌文化[M].武汉:武汉大学出版社,2008:10.
② 余明阳,杨芳平.品牌定位[M].武汉:武汉大学出版社,2008:2.

（三）昆仑决赛事品牌助推中国武术向职业化转型的运作模式

品牌是能给拥有者带来溢价、产生增值的一种无形资产，它的载体是用以和其他竞争者的产品或劳务相区别的名称、术语、象征、记号或设计及其组合，增值的源泉来自消费者心智中形成的关于其载体的印象[①]。

美国自由撰稿人萨斯查（Sascha Matuszak）在《中国武术面临身份危机》一文指出中国武术发展遇到的两大窘境：一方面是习武之人从曾经备受关注到现如今为生计发愁；另一方面是在西方竞技体育的猛烈冲击下，中国武术各拳种风格濒临消失，这种真实写照促使中国武术必须适应时代发展的潮流。在我国体育产业政策利好的前提下，中国武术应充分发挥其自身优势，并以现代化科学技术为支撑，走独具特色的品牌化发展道路，彰显我国武术昔日的神奇魅力。从某种程度上来说，昆仑决赛事品牌的打造使中国武术的身份危机感得到逐步降低，并助推中国武术向职业化转型。

伴随着我国体育产业的迅速崛起，"互联网＋体育"的发展速度也呈现加速之势，这种发展模式不仅满足了广大人民群众的体育文化诉求，而且为体育产业注入了新的元素和动力。在互联网与体育快速融合的背景下，国内外各类大型体育赛事的办赛和参与模式，都发生着根本性变化。2014年横空出世的中国原创搏击赛事昆仑决无疑成为目前最受热议的体育节目之一，这档原创搏击节目，一向秉承专业、高端和创新的发展理念，不仅在赛制构成上推陈出新，而且是聚合国际主流规则的搏击比赛，同时力邀当今世界顶级拳王登台出战，为国内外观众呈现最具观赏性和冲击力的视觉盛宴。昆仑决赛事制作团队追求创新，在无任何借鉴和参考的条件下，借助中搜移动互联网平台，成功实现赛事、移动互联和电子商务的资源整合，拉近了受众与体育之间的距离，既让观看搏击赛事、追星变得触手可及，又让运动健将变得富有乐趣。互联网思维使武术搏击这项传统行业重新焕发生机和活力，在获得洪泰基金、IDG、天明集团、娱乐工场、真格基金和梁伯韬等知名投资机构和投资人鼎力相助的前提下，拥有丰厚的资金产业链，为中华民族尚武精神的弘扬和发展开辟了新的道路。

---

① 余明阳，杨芳平.品牌学教程［M］.2版.上海：复旦大学出版社，2009：1-5.

（四）昆仑决赛事传递尚武精神的品牌战略

体育产业作为关联度极高的朝阳产业,能够与国民经济的诸多产业产生渗透和融合,显示出较强的乘法效应,在国家体育产业新政策的指引下,众多传统媒体积极响应,并向体育产业逐渐靠拢实现资源整合。步入 2015 年,在深耕移动互联的基础上,昆仑决赛事与省级卫视王牌江苏卫视达成战略合作,致力于共同打造新时代版图。这两家作为各自行业中的领军,并以助推中国武术为实现中华民族伟大复兴的中国梦而产生交集,进而产生共鸣,强强联手,每周日15 时 30 分准时播出,完美开启周末下午档蓝海战略。昆仑决依托高平台的优质传播,通过一场场荡气回肠的巅峰对决为受众传递尚武精神的内涵实质和奋力拼搏的正能量,正因如此,这档顶级搏击赛事得到了亿万观众的广泛关注和好评,在武术搏击市场中树立了积极健康的品牌形象。

昆仑决赛事颠覆了中国搏击赛事甚至中国体育的"传统",它敢为天下先,用世界级的手笔打造本土搏击赛事,通过"O2O"新颖运营模式覆盖受众,被贴上了"第一个吃螃蟹"的勇者标签,其传播范围之广,难以想象。它之所以能成为我国武术产业最成功的拓荒者,是因为昆仑决赛事团队找准了中国体育的标志性切入口,将"尚武精神"与体育、文化、生活紧密结合,用最纯粹、最震撼、最顶尖的拳台较量演绎中华武术搏击的精髓与内涵。经过一年多的高速发展,昆仑决现已跻身中国最具发展前景和期待值的体育赛事品牌之一,引来国内外主流媒体的争相报道,而它的每一项改革、每一个进度也都受到了体育赛事产业界的高度关注和肯定。几何式爆炸性增长的观众总量,实现了中国与世界的大融合,为助力民族强盛提供了最佳的表达元素。

十一、昆仑决赛事品牌建设启示

（一）以国家体育产业政策理论为指导,建立行之有效的武术赛事品牌保护制度

理论指导实践,并对实践具有积极的促进作用。2014 年 10 月 20 日,国务院关于"取消商业性和群众性体育赛事活动审批"意见的出台,为各类体育赛事

通过市场机制吸引社会资本承办赛事提供了政策理论引导,并借助"有关政府部门要积极为各类赛事活动举办提供服务"的明文规定,在很大程度上丰富了我国的体育赛事活动。继而使以竞赛表演业为重点,多层次、多样化的各类体育赛事得到大力发展;具有国际性、区域性的品牌赛事日益彰显其独特魅力;以社会组织为主体的社会力量举办的群众性体育赛事呈现爆炸式增长。在我国体育产业政策理论的指导下,作为绿色产业、朝阳产业的体育赛事激发了社会大众参与体育活动的热情,推动形成投资健康的消费理念和充满活力的体育赛事消费市场。而武术赛事作为体育赛事重要组成部分,在国家体育产业政策理论的引领下,它将具有无法估计的市场价值和潜力。

制度是规范,是行为准则。要打造具有中国特色的武术赛事品牌,一系列必要的规章制度的建立是关键。武术赛事产品质量的优劣,虽然与参赛运动员的竞技水平密切相关,但是竞赛制度的合理化程度和参赛环境直接影响运动员的运动成绩,因此,高效、合理、完善的法规制度是运动员竞技水平正常发挥的基本保障。长期以来,我国的武术赛事,赞助商、电视转播商关注度不高,消费者参与的热情较低,其主要原因是缺乏像昆仑决、MMA 和 UFC 一样具有品牌保护制度的顶层设计,以至于无法保护并实现参与主体的各方利益。

武术赛事品牌保护制度实质上就是对武术赛事品牌所包含的知识产权进行保护,包括品牌的商标、专利、商业秘密、域名、竞赛制度、赛场法规、赞助商、转播商和赛事经纪人权益保护制度等。我国武术赛事在体育产业政策的指导下,充分发挥自身优势,以市场为导向,正在积极调整航向并着手转型,因此,建立行之有效的武术赛事品牌保护制度符合时代要求。

(二) 以赛事目标消费群为导向,充分挖掘武术赛事品牌价值

在我国,现阶段的武术赛事仍处于品牌建设初期,而武术赛事品牌创建一般要经历挖掘品牌价值、品牌定位、设计品牌个性和传播建立品牌形象的过程,然而纵观我国武术赛事,其品牌创建过程还存在诸多问题,诸如绝大多数赛事产品几乎都是"十八般武艺"的武术展演,根本无法体现赛事品牌的内涵;赛事组织机构较为明显的营利性形象,一定程度上阻碍了赛事品牌前进的步伐;赛事品牌个性设计不清晰,致使赛事和消费者之间缺乏共鸣;赛事品牌竞争力较弱,无法将品牌价值传递给消费者,从而导致产品在高度同质化的市场中难以胜出。

由此可见,武术赛事品牌建设的核心是将品牌价值传递给目标消费者,并为他们提供高质量的武术赛事产品,而武术赛事产品必须融入中华民族"尚武精神"和"和谐文化"等具有民族特色的时代元素,以丰富赛事品牌的内涵。其次,对赛事品牌进行清晰定位,明确目标消费者的内心诉求、喜好、价值观和生活方式等,进而塑造鲜明的品牌个性,吸引消费者的注意力,建立起品牌和消费者之间的亲密关系,引起目标消费者共鸣,强化其对赛事品牌的忠诚度。最后,通过广告、公关、事件营销等方式将品牌信息传递给消费者,建立符合消费者喜爱的品牌形象,从而加强品牌要素设计等方面的规划与建设。

（三）以"互联网+"为引擎,构建多方参与、利益共享的武术赛事发展模式

"互联网＋"是把互联网的创新成果与经济社会各领域深度结合,推动技术进步、效率提升和组织变革,提升实体经济创新力和生产力,形成更广泛的以互联网为基础设施和创新要素的经济社会发展新形态[①]。在全球新一轮科技革命和产业变革中,互联网与各领域的融合发展具有广阔前景和无限潜力,已经成为不可阻挡的历史潮流,正对各国经济社会发展产生着战略性和全局性影响。基于此,武术赛事借助互联网技术,为赛事消费者提供精妙绝伦的比赛瞬间,并使赛事举办地和赞助机构的品牌形象得到不同程度的提升,进而使武术赛事品牌传播取得预期的传播效果。

昆仑决品牌传播开启的多方参与和利益共享的发展模式,给我国武术赛事的现代化转型提供了重要借鉴经验。由于目前我国武术赛事品牌建设尚处于初创阶段,且赛事市场化程度较低,致使武术赛事的品牌价值不高,进而导致由赛事本身所产生的利益难以调和,利益最大化和最优化分配协议无法签订,这种只为各自"钱途"着想而忽视武术赛事发展前途的做法,使得赛事的产品质量始终得不到提升。武术赛事与市场的脱轨,使得赞助商和转播商对各种各样的武术赛事漠不关心,赛事举办的效果可想而知,利益是造成此种原因的真正结果。

因此,要进一步转变政府职能,取消不合理的行政审批,构建面向市场的

---

① 国务院.国务院关于积极推进"互联网＋"行动的指导意见(国发〔2015〕40号)[R].2015.

多方利益共享长效机制,保证赛事产品质量,是武术赛事品牌广泛传播的基本前提。而鼓励社会力量参与,优化市场环境,完善政策措施,加快人才、资本等要素流动,提升武术赛事产业对社会资本的吸引力,为赞助商和转播商与之建立稳定的合作关系提供重要保障,进而实现赛事品牌的品牌形象提升。

(四) 以我国武术项目为抓手,积极贯彻实施武术赛事品牌国际化发展战略

品牌战略就是品牌机构通过对外部环境的现实状况和未来趋势的分析,根据自身条件,在品牌战略思想的指导下所进行的关于品牌塑造和未来发展的整体规划及实施[①]。品牌国际化是一个隐含时间与空间的动态营销和品牌输出的过程,以使品牌在国际市场得到广泛认可和实现品牌的特定利益[②]。中国原创搏击赛事昆仑决在一年多时间内,打造成为具有世界影响力的搏击赛事品牌,正是其实施昆仑决品牌国际化战略的成功典范。

武术赛事品牌国际化首先是把所有的营销要素都实行统一化和标准化,将目标国视为一个完全相同的市场,忽略各个国家和地区表面上的差异,并在世界上按相同的方式出售相同的产品。武术赛事拥有者实行标准化策略,可以使其实现经济规模,赢得成本优势,具体表现在赛事产品研发与生产、定价、促销、包装,以及品牌设计和宣传等方面。在实施武术赛事品牌国际化战略的同时,也应该重视全球需求的区域性差异,即在开拓任何一个国家的市场时,必须重视当地的民俗风情、生活习惯、消费方式等社会文化差异,进而赢得消费者的信赖与推崇。

因此,在贯彻实施武术赛事国际化品牌战略的过程中,既要重视赛场、赛事人员等外显要素的设计,又要对赛制、赛事文化等内隐元素深度挖掘,以此为基础,打造具有国际实力的品牌武术赛事,以赢得投资商、投资机构和媒体转播商的青睐。更重要的是,武术作为我国独具特色的民族传统项目,它为我国武术赛事国际化品牌战略的有序实施提供了重要资源支撑。

---

① 余明阳,戴世富.品牌战略[M].北京:清华大学出版社,2009:44.
② 陈志辉,张宇,李兵,等.奥运会品牌管理经验及对我国体育赛事品牌创建的启示[J].体育与科学,2014,35(3):57-59.

昆仑决赛事品牌为我国武术赛事产业的转型提供了借鉴模式,它以国家体育产业政策理论为指导,以武术赛事品牌建设实践者的身份构建着我国的武术赛事品牌理论。昆仑决从赛事品牌理念、赛事品牌定位、赛事品牌传播和赛事品牌延伸等关键环节,为我国的武术赛事品牌建设诠释了具有国际影响力的原创搏击赛事品牌所蕴含的品牌打造经验。

通过分析昆仑决赛事品牌建设经验可知,我国武术赛事品牌打造应在遵循社会主义市场经济规律同时,准确把握市场脉搏,在借鉴国内外赛事品牌建设成功经验,充分发挥武术赛事品牌自身优势基础上,以国家理论政策为支撑,建立行之有效的武术赛事品牌保护制度,进行全球化武术赛事品牌定位,以赛事目标消费群为导向,充分挖掘武术赛事品牌价值,在大力拓展互联网与体育产业融合广度和深度前提下,以"互联网+"为引擎,构建多方参与、利益共享的武术赛事发展模式,借助规模经济效应,促进学习型武术赛事组织形成,进而以我国武术项目为抓手,积极贯彻实施武术赛事品牌的国际化发展战略,从而实现我国武术赛事和谐、健康、快速高效发展。

第二节　中国武术散打王争霸赛品牌建设案例

党的十八大以来,中国品牌强国建设时代号角的吹响,为我国社会各领域的革新发展注入了强劲动力,更为中华优秀传统文化的创造性转化、创新性发展提供了新型拓展空间。因此,国家十四部委联合印发的《武术产业发展规划(2019—2025 年)》对以中国武术散打王争霸赛(本节以下简称"争霸赛")为首的品牌赛事,武术健身活动等做出我国武术产业仍处于起步阶段的科学论断,并强调要构建特色鲜明、形式多样、内容丰富的武术赛事体系,加强打造品牌赛事,重点培育一批具有中国特色的世界级武术品牌赛事,为武术赛事品牌的建设指明了前进方向;并且,《"十四五"体育发展规划》做出的加快构建自主品牌体育赛事活动体系重要指示,也凸显着武术赛事品牌建设的重要性。虽然争霸赛的生命历程短暂,但是其存在的意义与价值重大,被中国武术协会认为是"中国武术散打的标志性符号和民族赛事品牌,继争霸赛之后,效仿其的赛事层出不穷,尤其是随着《关于加快发展体育产业促进体育消费的若干意见》①提出,取消商业性和群众性体育活动审批的"简政放权"政策的实施及鼓励社会资本进入体育产业,拓宽体育产业融资渠道等,为武术赛事品牌发展营造了极好的发展环境,但是却一直未能形成一个持久性的高质量武术赛事品牌。

通过梳理相关研究发现,在武术散打赛事品牌研究领域,有学者从品牌学视角对武术散打赛事展开分析,主要涉及品类定位②、品牌特色③、品牌文化包装④等方面,并提出相应的发展策略,但现有研究成果较为分散。虽然也有学者以昆仑决品牌建设⑤为具体案例,对武术赛事品牌建设进行了系统研究,但尚未有学者从品牌学角度对"标志着武术散打进入了职业化的尝试,为后续商业化武术赛事的发展积累了宝贵经验和教训"⑥⑦⑧的争霸赛品牌建设进行深入探究,学术界仅从赛制⑨、赛事演进历程⑩、进攻组合技术⑪、市场困境⑫等维度对此项赛事存在的问题进行剖析并提出相应解决方案。因此,本研究通过对争霸赛品牌建设历程进行回溯,以品牌建设理论为基础,结合业界研究前沿,从赛事品牌建设维度出发,解密争霸赛赛事品牌的构建历程,从中吸取经验教训,以期为中国特色武术赛事品牌建设提供有益启示。

① 国务院.关于加快发展体育产业促进体育消费的若干意见(国发〔2014〕46号)[R].2014.
② 梁勤超,王洪珅,李源.争霸的线索:武术散打赛事市场化与职业化发展研究[J].体育科学,2018,38(6):91-96.
③ 滕希望.我国武术散打商业赛事发展研究[J].体育文化导刊,2018(10):99-103.
④ 吴旭东,杨刚,殷鹏.我国武术散打赛事商业化发展历程回顾及建议[J].山东体育学院学报,2018,34(2):44-47.
⑤ 李臣.我国武术赛事品牌建设研究[D].武汉:华中师范大学,2016:139-156.
⑥ 李士英.中国武术散打市场化运作模式的研究——中国武术散打王争霸赛为例[D].北京:北京体育大学,2003,2.
⑦ 于润声.商业化武术赛事品牌建设中的问题及提升策略研究[D].上海:上海体育学院,2021,27.
⑧ 谢兵.中国武术散打职业化赛事发展的影响因素研究[D].北京:北京体育大学,2022,32.
⑨ 李士英,李印东,唐建军,等.中国武术散打王争霸积分排名挑战赛制的研究[J].北京体育大学学报,2006(2):262-264.
⑩ 梁勤超,吴明冬,李源.中国武术散打争霸赛事演进及问题审视[J].体育文化导刊,2018,29(8):74-78.
⑪ 石华毕,蔡仲林.对散打王争霸赛主动进攻组合技术运用的研究[J].北京体育大学学报,2005(10):1428-1430.
⑫ 向武云.中国武术散打王争霸赛市场困境分析[J].体育学刊,2005(5):56-59.

一、中国武术散打王争霸赛品牌建设历程回溯

众所周知,争霸赛作为创办民族体育赛事品牌的倡导者、中国武术散打市场化探索的开拓者、武术赛事品牌发展的引领者,敢闯敢干,为武术赛事品牌建设树立典范。据此,通过赛事环境、品牌定位、品牌价值、品牌传播、品牌视觉识别设计、品牌延伸等维度对争霸赛品牌建设历程进行回溯,全景式呈现赛事品牌的发展轨迹,为从中获得武术赛事品牌建设有益启示奠定基础。

(一) 中国武术散打王争霸赛品牌发展的赛事环境

"环境通常是指存在于某一系统之外并对该系统产生一定影响的外部事物和现象"[①],而"武术赛事环境是赛事经营主体存在和发展的空间"[②],主要由外部环境和内部环境构成,两者相得益彰、缺一不可,共同决定着赛事主体的生存和发展。进行武术赛事环境分析,可为武术赛事的战略制定和品牌管理提供重要依据,进而确定其更具竞争力的品牌形象,提升赛事的整体影响力。

1. 中国武术散打王争霸赛品牌发展的外部环境

争霸赛初创期(2000~2003 年)的外部环境:1996 年全国人大四次会议通过了《国民经济和社会发展"九五"计划和 2010 年远景目标纲要》,其中明确提出,要进一步改革体育管理体制,有条件的项目要推行协会制和俱乐部制,形成国家与社会共同兴办体育事业的格局和走社会化、产业化道路等国家宏观政策,为争霸赛创造了有利的政策环境。此后,中国中国武术协会不断对武术的发展进行探索,并决定取消武术散打中头盔和护具的使用,还原散打赛事的搏击本色。但自"94 武术散手擂台赛"因未达到预期盈利效果倒闭之后,散打市场4 年内未出现同类型赛事。所以,中国武术散打所面临的市场环境有两个方面:一是武术散打赛事市场化探索后继乏人;二是武术散打规则经过"摘盔、去甲"的改动后,虽提升了观赏性,但亟须一个赛事品牌来推动中国武术散打的发展进程。并且,争霸赛事拥有实力派合作者——国家武管中心,为其提供高水平

---

① 张向东.管理的协调艺术[M].武汉:武汉大学出版社,2014:49.
② 李臣.我国武术赛事品牌建设研究[D].武汉:华中师范大学,2016:104.

运动员作为参赛队员,使其初创阶段便聚焦于国内顶级运动员之间的竞技,赛事的精彩程度不言而喻,赛事质量得以保证。因此,初创期的争霸赛在政策环境利好、市场需要、高水平运动员资源充足等因素的助推下得以扬帆起航。

争霸赛回归期(2017 年至今)的外部环境:2014 年 10 月,《关于加快发展体育产业促进体育消费的若干意见》①做出取消体育赛事活动审批,通过市场机制积极引入社会资本承办体育赛事的政策调整,解决了办赛审批问题,彰显着对体育产业发展的支持;2016 年 7 月,国家体育总局公布的《中国武术发展五年规划(2016—2020 年)》提出打造职业化品牌赛事,培育有竞争力、有中国特色和国际影响力的武术产业品牌的政策导向与争霸赛以民族赛事品牌打造文化自信的办赛理念相呼应。此外,在《关于加快发展体育产业促进体育消费的若干意见》的推动下,市场环境呈现出多元发展态势,搏击市场"百花齐放",勇士的荣耀、昆仑决等赛事经过融资规模庞大,英雄传说、真武魂、英雄榜、拳星时代及武林风等赛事品牌亦在竞相发展。另外,国家体育总局武术运动管理中心为其提供国内外高水平散打运动员作为参赛对象,将赛事规格与水平提升到国际顶级。回归期的争霸赛虽然面临着激烈的市场竞争,但在国家政策鼓励信号愈发明显、官方合作伙伴大力支持等因素下获得重生。

2. 中国武术散打王争霸赛品牌发展的内部环境

初创期争霸赛是北京国武体育交流有限责任公司(以下简称"国武公司")的主要业务,"国武公司"是由国家武管中心技术入股、德隆国际战略投资有限公司(以下简称"德隆公司")和部分企业出资组建的。德隆公司和入股企业为争霸赛发展提供了稳定的资金来源。在企业管理方面,争霸赛采用企业化的管理模式,拥有行政部、财务部、经营管理部、节目包装部、传播制作部、竞赛部、广告营销部等 10 个部门,协调运作"散打王"争霸赛。在企业文化方面,"散打王"争霸赛致力于传承武术文化、弘扬民族精神,使中华传统文化中的德、智、仁、勇得以完美体现。但是,这一时期,赛事经营主体业务仅停留在门票业务和广告、电视转播等范畴上,尚未进行深度开发,业务范畴较为单一。这些内部环境从各个方面直接或间接影响着中国武术散打王争霸赛赛事品牌的塑造、推广和长期发展,为初创期所取得的成就奠定了坚实的基础,但由于业务范畴单一,

---

① 国务院.关于加快发展体育产业促进体育消费的若干意见(国发〔2014〕46 号)[R].2014.

赛事营利困难,最终在资金链断裂情况下被迫停办。

回归后的争霸赛隶属于国武时代国际文化传媒(北京)有限公司(以下简称"国武传媒公司"),公司的组织架构包含战略部、品牌部、赛事运营中心、产品开发中心、市场营销部等 9 个部门,组织架构规范业务划分明确。国武传媒公司围绕"武博道馆"开展散打健身、防身术、太极健身养生等致力于全民健身业务;围绕互联网开展新媒体业务;围绕"互联网商城"开展专业武术散打服装与衍生品开发业务;围绕"动漫游戏"开展"散打王"动漫游戏业务;围绕"散打王俱乐部"开展的散打培训、散打明星的培养、散打健身教练的培养等,制订了包含争霸赛赛事在内的六大业务模块。并且在原有"传承武术文化,弘扬民族精神"理念基础上,树立了"打造民族自主赛事品牌,走出国门,走向世界"的美好愿景。国武传媒公司组织架构的优化、发展战略的明确及业务范畴的完善,为争霸赛回归后的再发展创造了必要条件。

(二) 中国武术散打王争霸赛的赛事品牌定位

"品牌定位就是希望目标消费群体感受、思考及感觉该品牌异于竞争者品牌的一种方式"①,它决定了品牌在观众心中的认知和所传达的价值观念。武术赛事品牌定位是武术赛事品牌建设中的核心部分,它不仅是品牌形象的基础,也是吸引观众和建立品牌忠诚度的关键,主要包括市场定位、受众群体定位、品牌文化定位等。一个清晰、准确和有吸引力的品牌定位有助于赛事品牌在市场中脱颖而出,并与观众形成深层次的情感联结。

初创期的争霸赛品牌定位主要表现在以下几方面:市场定位方面,自"94武术散手擂台赛"之后便无同类赛事开展,武术散打市场一片空白,争霸赛应运而生,独占市场鳌头,赛事融入诸多传统武术文化元素也是其一大特色。争霸赛的诞生,不仅体现了传统武术实战化的发展趋势,同时也满足了众多武术爱好者的心愿;目标受众定位方面,争霸赛凭借中华传统武术文化的熏陶、武侠影视小说的影响及我国 128 个拳种的传承发展,积累了庞大的观众市场;品牌文化定位方面,争霸赛承载着深厚的文化实力背景,融合了中华武林传统的特色和精髓,将中国古代侠客比武的标志性元素引入现代,如擂鼓、旗幡、改良后的擂

---

① 黄静.品牌营销[M]. 2 版.北京:北京大学出版社,2014:26.

台、传统服饰及典型的抱拳礼等。争霸赛精准的品牌定位，使其在武术散打市场中建立了独特的地位，吸引到稳定的受众群体，并使消费者在心灵深处形成潜在的文化认同和情感眷恋。

回归后的争霸赛品牌定位较初创期做出了部分调整。首先，做出了国际市场定位。2017 年回归之后，虽然继续沿用"散打王"的赛事 IP，但是其主题为"世界职业散打王争霸赛"，从打造国内顶尖散打赛事到世界级争霸赛，是其市场定位国际化的一种表现。其次，突出了品牌特色定位。回归时的争霸赛所面临的搏击类赛事市场较为火爆，竞争激烈，但散打是中华民族所特有的，争霸赛为中国散打运动而生，是完全的自主赛事品牌，也正因如此，使其成为搏击赛事市场独具特色的存在。再次，丰富了品牌文化定位。争霸赛在往日品牌文化定位的基础上，融入更多中华文化元素，如在标识设计方面融入中华传统书法艺术元素，将太极拳作为赛前表演节目等，其以民族情感诉求为抓手，坚定文化自信，弘扬民族赛事品牌。最终不仅为全国观众奉上了一场精彩纷呈、高潮跌宕的饕餮盛宴，也用充满民族情怀的激情赛事感染着每一位观众。

（三）中国武术散打王争霸赛的赛事品牌价值

品牌价值是指"消费者通过对品牌的购买和使用获得的功能价值和情感价值及企业通过对品牌的专有和垄断获得的物质文化等综合价值"①。武术赛事品牌价值主要由赛事品牌带给赛事受众的功能价值和情感价值两部分构成，也是与赛事品牌相关联的武术赛事品牌资产的总和。武术赛事品牌价值不仅透显着赛事品牌对赛事消费者的终极效益，而且也是一个武术赛事品牌能否得到肯定的重要标志。只有通过精准定位赛事目标群体的需求，结合有效的武术赛事品牌经营策略对武术赛事品牌价值实施管理，才能实现赛事品牌价值效益最大化，达到最佳办赛效果。

争霸赛赛事品牌价值是赛事品牌为赛事消费者提供其整体效益的全面反映，初创时期的品牌价值主要体现在以下几方面：其一，满足了国家武术产业发展的需要，树立了民族武术赛事品牌，有利于武术散打市场化的发展。其二，争霸赛主打高水平散打运动员之间在擂台之上拳法、腿法、身法的精彩对决，能够

---

① 陈佳贵.企业管理学大辞典[M].北京:经济科学出版社.2000:356.

使观众,尤其是现场观众感受该项运动的激烈、紧张与激情。其三,争霸赛主打民族体育赛事品牌,秉承"传承武术文化,弘扬民族精神"的办赛理念,有利于培养消费者坚定的民族主义情感。争霸赛回归之后依旧以打造国内外顶级散打比赛为主线,注重赛事水平和比赛质量,为观众呈现出一场场充满激情的精彩对决。正如国家中国武术协会主席张秋平所说"从某种意义上说,'散打王'早已成为中国武术散打的标志性符号和民族赛事品牌",这也是对争霸赛赛事品牌价值的最高评价。

(四) 中国武术散打王争霸赛的赛事品牌传播

武术赛事品牌虽然是由赛事经营机构营建和打造,但其最终认可和决定权在于赛事目标消费群体。赛事经营机构只有将自己创建的赛事品牌通过各种有效途径传递给目标受众,让他们了解、体会、认同武术赛事品牌,这样才能彰显武术赛事品牌的实际价值。武术赛事品牌传播的实质就是借助各种赛事传播手段对武术赛事品牌相关信息进行有序实施的过程。争霸赛在一开始就对赛事品牌传播策略做足了功课,选择了当时的主流媒体——电视,进行初期的赛事传播。在与湖南卫视合作期间,其第一周的收视率便与《快乐大本营》节目第五个月的收视率相持平,第二周收视率直接夺得湖南卫视收视率第一名的宝座,并长期稳居前三,这正是对其赛事品牌价值及组织者战略部署的一种肯定。

争霸赛在初创阶段,积极与湖南卫视开展合作。而后随着赛事影响力的不断提升,越来越多的卫视频道纷纷主动寻求合作。在各大卫视获得收益的同时,争霸赛的受众群体不断壮大,影响力得以持续拓展。最终,这种滚雪球效应使其赛事品牌在国内外迅速传播开来。至此,争霸赛已然成为媒体关注的焦点赛事,在中央电视台5套的强势加盟下,为争霸赛建立了更加广泛的受众群体。同时,也得益于争霸赛的精彩程度,亲朋好友间相互推荐、交流,为赛事品牌的传播增添了互动性与真实感,更有助于彰显争霸赛赛事品牌价值与形象优势。2017年,争霸赛回归之后,由于时隔多年未曾举办,且搏击市场品牌林立,争霸赛官方为了引起人们的注意,特采用新闻发布会、广告、官方网站等各种方式,高调宣布回归,并运用互联网思维,与阿里体育、爱奇艺、暴风影音等媒体开展合作进行赛事转播。此类传播方式取得了显著成效,迅速将争霸赛回归的消息广泛传播,最终比赛现场座无虚席,众多争霸赛的忠实粉丝满怀热情,以及部分新粉丝纷纷到场观赛，实现了争霸赛赛事官方的预期目标。

（五）中国武术散打王争霸赛品牌的视觉识别设计

视觉识别是在经营理念、战略范围及经营目标支配下，运用视觉传达方法，通过企业识别符号来展示企业独特形象的设计系统[①]。所以武术赛事品牌视觉识别也应是各种武术赛事品牌视觉信息传递形式的统一（包括武术赛事品牌名称、标志、吉祥物等），是武术赛事品牌最直接具体的形象传播和展示。争霸赛中的"争霸"一词正是对武侠影视小说中"武林豪杰齐聚一堂，切磋武艺，角逐江湖之巅"场景的映射。争霸赛最初标识设计为一个劈挂式的人物形象（图 6-1），该形象受传统太极八卦的影响，在人物边缘设计方面显得较为圆滑，而在凸显散打力量与敏捷方面，对劈挂腿的末端进行精细的菱角修饰，从而塑造出独特

**图 6-1　中国武术散打王
争霸赛标识**

的腿风气质。在人物动作方面，该标识以标准劈挂动作极具表现力地凸显了中国武术散打的刚劲、有力等特色。在色彩呈现方面，该标识以红色为主要配色，红色代表热情、真诚、勇于挑战、富有感染力，色彩艳丽识别度高。这样的标识设计，有力地突显了争霸赛激烈对抗的本质特点，彰显了争霸赛赛事品牌在传承武术文化、举办特色赛事方面的经营理念与独特风格。

2017 年，争霸赛赛事 IP 正式宣布重启，并以"散打王"争霸赛为名，再度进入公众视野。为更好地展示品牌形象，提升品牌传播影响力，争霸赛官方针对赛事品牌视觉识别设计进行了适度优化调整。新标识中的红色人物形象所呈姿态好似武者奋力挥拳出腿的瞬间，体现出中华武术和散打精准、力道与敏捷的精髓（图 6-2）。新标识设计融入了中国传统书法艺术，用水墨风来勾勒人物动作，使其更加行云流水，尽显霸气与自信。另外，人物形象设计一改原有的圆滑特点，整体都采用参差棱角设计，既像是劈挂招式所带出的拳风和腿风，又像是中国书法挥笔时淋漓的墨迹。此举使得观众能够凭借肉眼捕捉到散打招式的精妙之处，同时亦能体会到中国传统文化的浓郁韵味。回归后，赛事官方也

---

① 周利红.CI 设计[M].2 版.长沙：中南大学出版社，2014：56.

紧追时尚潮流,将散打技法里的"远踢、近打、贴身摔"进行拆解,并将其具象化,以卡通形象的形式凸显其擅长的技能,三者分别为"Da 师兄""二师 Ti"和"小 Sh 妹"(图 6-3),合体后的三个吉祥物又被称作"散打金刚",两者之间还蕴含着和合智慧。概而言之,回归后的中国武术"散打王"争霸赛与时俱进,在品牌视觉设计方面格外注重传统文化的运用、巧妙地将全面发展的科学发展观及武学智慧融入其中,使赛事形象更加饱满和立体。

图 6-2 中国武术散打王争霸赛新标识

图 6-3 中国武术散打王争霸赛卡通形象

(六) 中国武术散打王争霸赛的赛事品牌延伸

所谓品牌延伸就是指"利用消费者对现有成功品牌的信赖和忠诚,以现有品牌名称推广新产品,即从一个产品延伸到另一个产品,或从一个产业延伸到另一个产业"[①],也是企业(品牌方)进行市场营销的重要策略。成功的武术赛事品牌凭借其社会影响力、知名度和美誉度,赢得消费者稳固的品牌忠诚度,构建庞大且无形的武术赛事品牌资产,而武术赛事品牌延伸就是品牌方有效使用赛事品牌资产的重要形式。这种武术赛事品牌延伸,充分利用赛事品牌在市场的地位和所培养的品牌忠诚度,延伸到其他产品或服务等衍生品,从而降低衍生品进入目标市场的风险,以相对较低的营销成本获得相对较高的市场收益。

争霸赛赛事品牌诞生于 2000 年,凭借其酣畅淋漓的打斗场景和井然有序的赛事规划,获得了大量的受众群体和拳迷朋友,在当年散打界是独一份的存在。随后,争霸赛借助消费者对品牌的信赖与忠诚度,将赛事品牌延伸至散打培训、散打王标志服装、相关杂志及音像产品等行业,以期降低新产品或服务上市风险,并以较低的营销成本获得较高的市场效益。由此,争霸赛赛事品牌展

---

① 王旭. 品牌核心价值与品牌延伸的关系分析及启示[J]. 商场现代化,2006(34):57-59.

开了市场化、产业化经营探索。但由于赛事经营问题,该赛事于 2004 年被迫停办。自 2017 年国武传媒重新启动争霸赛以来,其在品牌延伸方面依托互联网运营模式,构建了包括"散打王俱乐部、武道博馆、动漫游戏"等在内的新型商业模块。国武传媒通过逐步整合赛事运营、商业开发、新闻媒体、赛事版权、影音娱乐等多个环节,试图将争霸赛打造成一个全产业生态系统。该系统涵盖了散打培训、私教健身、少儿武术、少儿体能、体育舞蹈、教练认证、游戏开发、散打王资讯等业务。这一举措不仅为争霸赛赛事品牌的延伸注入了新元素,还有助于实现中国武术散打王争霸赛赛事品牌价值的积累。

二、中国武术散打王争霸赛品牌建设经验寻绎

争霸赛以侠之大者的情怀树立民族赛事品牌,以专业、专心、专注的办赛态度集各方之优势,谋争霸赛之发展,做到了 2000 年初创即是巅峰的行业壮举,确立了清晰的民族赛事品牌文化定位,促进了中国武术赛事的商业化发展;同时,鉴于争霸赛赛事品牌运营能力有限、盈利渠道短缺等现实困境,进而导致其发展受阻,出现"责权分配不均"与"赛事经营入不敷出"等问题。因此,有必要针对性地从争霸赛赛事品牌的文化定位、商业化探索、运营管理及盈利渠道等关键环节进行深入剖析,以总结经验教训。

(一) 赛事品牌文化定位清晰: 发扬民族传统武术文化

"品牌文化的形成和发展是一个循序渐进的过程,它需要以品牌的核心价值为主线,不断注入与品牌定位和品牌个性相吻合的文化背景元素,通过坚持不懈、持之以恒地演绎和传播,逐渐形成消费者广泛认可的一种文化现象"[1]。争霸赛正是在竞争激烈的体育和娱乐市场中,以传承千年武术文化,弘扬中华民族精神为核心价值,不断从武术礼仪、擂台赛场设计、擂台女郎装束、赛前武术文化表演等方面注入与民族品牌文化定位相契合的中华民族文化元素,潜移默化地使消费者在内心深处形成潜在的文化认同和情感眷恋,进而使争霸赛塑

---

[1] 卢明德,闵薇,杨真. 论品牌形象设计教学中加强品牌策划的重要性[J]. 中国多媒体与网络教学学报(上旬刊),2021(7):214-217.

造出自身的独特形象和价值观,成为世界竞技类赛事中的"万绿丛中一点红"。

首先,散打的起源与发展与中华民族悠久历史同步,不仅是竞技场上的一种搏击技术,还是一种文化符号,承载着博大精深的中国文化。因此,争霸赛的品牌文化定位不仅是要搭建一座比武擂台,更是要通过赛事平台向全世界人民阐释中国武术的文化内涵,传达中国智慧、中国价值、中国精神,最终建立起透显中国文化内涵的散打赛事品牌。其次,从擂鼓壮势、旗幡开道到赛事主持人经典开场白"纵横四海英雄梦,一剑封喉散打王",从赛前的抱拳礼再到赛后的和谐拥抱皆是"以和为贵"武德精神的象征,一个个响当当的绰号早已是争霸赛的代名词,如"柳腿劈挂"柳海龙、"白眉大侠"范玉宝、"草原雄鹰"格日乐图、"射月金弓"李杰等[1],无不是通过触动人心的中华民族文化元素,打造了具有民族性的超级竞技类赛事 IP。最后,争霸赛还通过一个个真实感人的故事,来建立与观众和参赛者的情感共鸣,进而持续塑造其赛事品牌文化。例如,获得首届"散打王"称号的柳海龙,经过多年如一日勤学苦练来夯实武术基本功,才做出了惊艳武林的招牌动作"柳腿劈挂";连续斩获两届"散打王"65 公斤级冠军的格日乐图,曾在首届争霸赛总决赛中被对手打得满脸伤痕,却依旧稳住阵脚,处于劣势却不气馁、不畏惧,这些散打选手不仅向观众展现着精湛的技术,还向观众讲述着勤奋刻苦、顽强拼搏、不畏强敌等振奋人心的尚武精神。

(二)　赛事品牌商业化探索：开辟了中国武术赛事的商业化道路

争霸赛极大推动了中国武术散打赛事的商业化进程,"它是武术竞赛体制改革走向商业化市场的重要一步,是武术赛事商业化的发轫,为今后武术商业赛事的更好发展积累了宝贵经验"[2]。首先,在赛事组织上,争霸赛由国家体育总局武术运动管理中心领导、中国武术协会主办、北京国武体育交流有限责任公司承办,汇聚起武术专业管理、赛事包装营销、赛事市场推广等多方力量,为中国散打赛事步入商业市场铺路架桥。其次,在品牌包装上,争霸赛也是下足了功夫,在借鉴国外相关搏击类项目成功经验的同时,还对赛事包装进行大胆创新,使比赛更具观赏性和娱乐性,增加了赛事品牌商业价值。例如,在比赛中

---

① 段越,郭宏权,李臣.中国武术"散打王"争霸赛的经验与启示[J].武术研究,2022,7(1):46-50.
② 陈新萌,赵光圣.我国武术商业赛事发展研究[J].体育文化导刊,2015,154(4):147-150.

充分融入灯光音响、古典舞美等新旧文化元素，把紧张刺激的竞技散打与沉浸式的视听盛宴巧妙地融为一体，为观众创造出独特且难忘的观赏体验。

最后，在国际化拓展方面，凭借不断扩大的赛事影响力，争霸赛官方将赛事拓展到国际市场，吸引了更多来自全球的观众和参赛者。其比赛主要是以"散打王争霸赛"为主，其中穿插"中外搏击对抗赛"，如 2000 年中国散打对决美国拳击、2001 年 12 月中国散打对决法国自由搏击、2002 年 5 月中国散打对决泰拳及 2017 年中外对抗挑战赛等。其一，是通过中外搏击之间的切磋交流，将中国散打推上国际舞台，使中国武术播扬于四海。其二，国内顶级选手的对决大家都已观看过，但究竟国内散打是一个怎样的水平，散打究竟能不能打（能否打得过国外水平），一直困扰着民众，所以穿插中外赛事对决，有利于增强民族自信心与自豪感，从而更加有利于吸引大众为赛事买单。概而言之，争霸赛从赛事组织、品牌包装及国际化拓展等方面力求实效，为大力开发市场资源注入源源不断的动力，也是为中国武术赛事的商业化发展贡献力量。

（三）赛事品牌运营能力欠缺：中国武术散打王争霸赛经营陷入被动

争霸赛由国家武管中心和德隆集团等企业合股注册的国武公司进行运营，"采用企业化的运营管理模式，赛事拥有诸多管理部门，分工明确①。然而，由于运营能力欠缺，导致争霸赛经营陷入被动，主要表现在以下三个方面。

首先是运营理念模糊。争霸赛的两个阶段参赛队员均由国家体育总局武术运动管理中心提供，但"授人以鱼，不如授人以渔"，尽管"散打王"争霸赛官方得以引进高素质的运动员，确保赛事品质，但赛事官方却并未拥有运动员的自主经营权。国武公司虽享有运动员资源优势，赛事亦培育出众多"散打王"明星，然而公司与运动员之间并未建立合作关系，导致这些散打明星无法为公司创造经济效益。并且，由于国家体育总局武术运动管理中心负责运动员的供给，运动员应优先参加国家级赛事，当运动员比赛周期与争霸赛冲突时，争霸赛就需为国家级赛事让步，从而导致争霸赛事安排存在诸多不确定因素。作为

---

① 李士英. 中国武术散打市场化运作模式的研究——中国武术散打王争霸赛为例[D]. 北京:北京体育大学,2003:32-33.

商业赛事,其最终目的是实现盈利,而散打明星正是将明星效应转化为实际收益的关键桥梁,但受合作模式的制约,争霸赛赛事官方不具有散打明星的经营权,从而制约了其发展。究其原因,是由于运营理念不够清晰,忽视了明星运动员团队的经济效益,最终丢失了一条重要的盈利路径和赛事安排的自主性。

其次是赛事包装团队专业水平问题。运动员的筛选等虽由国家武管中心负责,但运动员的包装业务却属赛事团队,2017 年争霸赛回归后,官方组建了新的包装团队,虽然使用了当下流行的 VCR 介绍运动员情况,但是其团队却未能通过 VCR 将运动员的真实风采展现出来,暴露出运营团队专业素养待提高。

最后是赛事推广问题。为达到良好的赛事收益及收视率,赛事团队需对赛事进行推广宣传,2017 年争霸赛突然回归,虽然采用当时的主流平台如抖音、快手、微信公众号、微博等进行宣传,但是其平台粉丝较少,运营团队也未对赛事进行精心策划宣传,只是简单地将其早期精彩赛事进行剪辑后播放,难以成功引流,吸引的新粉丝较少,最终只能被动接受老粉"怀旧"。

(四) 赛事品牌盈利渠道短缺:中国武术散打王争霸赛经营入不敷出

赛事经营的方方面面都需要资金维持,有学者曾认为"国内很多比赛的迅速消亡是因为缺乏资金支持"[①],但大部分赛事作为商业化运作的产物,经过资金投入和商业运营,其最终目的是要获得经济收益,由于赛事本身没能形成牢靠的产业链,一旦外部资金出现问题,便直接影响赛事的举办。争霸赛自2000 年成功开办之后,便在湖南卫视占据收视率榜首,成为当时体育界的三大知名赛事,短短 4 年时间为观众上演 720 余场精彩赛事,拥有约 1.04 亿电视观众和 5 300 万广播听众,但最终因赞助商资金链断裂而停办。散打王赛事短暂的生命周期,恰恰说明赛事的生存问题并没有得到解决,更不论赛事的可持续发展。究其原因,还在于争霸赛赛事收入有限,盈利渠道匮乏[②],主要表现在以下几方面:赛事初创期的主要资金来源为赞助费、门票、电视转播权转让费及广

---

① 李乐虎,黄晓丽. 搏击赛事狂热的动因及背后之隐忧[J]. 体育文化导刊,2018(3):77-81.
② 梁勤超,吴明冬,李源. 中国武术散打争霸赛事演进及问题审视[J]. 体育文化导刊,2018(8):74-78.

告费,以 2002 年的赛事为例,赛事各项支出合计约 916 万元,而依靠以上 4 种方式获取的营收共计 957 万元,收支大致维持平衡①;但 2003 年因运营政策调整,造成了与赞助商和广告商两部分的经济纠纷,导致部分营收资金未能到账,而运营支出却未曾减少,打破了收支平衡局面,再加之主要赞助商德隆公司的倒闭,让赛事运营雪上加霜,难以维持,最终停办。国武公司财务数据显示,赛事回归之后所举办的超级"散打王"赛事支出超过 500 万元,而门票营收不足万元,赛事转播、冠名等收入极少,又没有开发其他有效的收入渠道,导致赛事继续沉寂。

三、中国武术散打王争霸赛品牌建设进路省思

《"十四五"体育产业发展规划》擘画了"实现体育产业高质量发展、推动体育产业成为国民经济支柱性产业"的宏伟蓝图,而体育赛事品牌又是体育产业运作的核心,因此,立足于对争霸赛品牌建设历程进行梳理和经验寻绎的基础上,从品牌核心价值、赛事运营机制、赛事品牌传播、赛事品牌延伸等维度,对其品牌建设进行省思,旨在为中国特色武术品牌建设提供有益启示。

(一)明确散打赛事品牌核心价值,确保赛事目标的有序实现

明确散打赛事品牌的核心价值是明晰品牌定位和塑造品牌个性的必要前提,根据"在武术赛事品牌价值要素中,其核心要素是功能和情感,赛事目标消费群借助其功能价值和情感价值等要素体验武术赛事品牌价值"科学论断,应从散打赛事品牌的功能价值和情感价值两方面入手来确定其核心价值,以确保散打赛事目标的有序实现。一方面,散打赛事品牌的功能价值主要体现在健康价值、经济价值和服务价值上。对于健康价值而言,散打赛事要以吸引更多的散打爱好者参与其中,推动散打运动的普及和发展,进而促进全民健身为价值指向;对于经济价值而言,散打赛事不仅要从赛事门票、广告赞助、媒体转播权、节目衍生品销售、商业合作等方面来获得经济支持,以促进赛事规模和水平的提升,而且还要通过举办赛事来刺激举办地的旅游、酒店、餐饮业等消费,以拉

---

① 李臣.我国武术赛事品牌建设研究[D].武汉:华中师范大学,2016:127.

动举办地经济发展;对于服务价值而言,散打赛事要以赛事安全措施完善、赛事规则公正透明、比赛场地设施优质、参赛选手体验良好、赛事观众互动性强等优质赛事服务为价值目标,来增强赛事声誉和品牌形象。另一方面,散打赛事的情感价值主要体现在品牌文化价值和社会价值上。就文化价值而言,散打赛事应深入挖掘其传统文化内涵,并通过赛事包装、办赛规则、赛事明星塑造等方面来传递中国武术"以武会友""点到为止""尚武崇德"等用武之德,彰显中华民族尚德为先、遇强不惧、谦虚礼貌、天下一家等价值理念,以建立与观众之间更深层次的情感联系,增强品牌认同。就社会价值而言,散打赛事要充分将社会责任感融入武术赛事品牌核心价值建设中去,通过举办公益健身活动、推广环保理念、开展国际武术文化交流会等渠道将品牌与社会关切的议题和价值观相结合,从而超越纯粹的商业层面,更深层次地影响和服务社会,并在社会中获得更深层次的认可和尊重。

(二)优化散打赛事的运营机制,助力打造高质量赛事品牌

散打赛事运营机制的优化不仅能为提高赛事观赏性、提升赛事水平、增加赛事收益等贡献力量,还有助于消解散打赛事在责权划分、赛事包装、赛事盈利模式等方面存在的不足。因此,应从散打赛事的赛事运营团队、赛事规划、赛事推广、赛事体验、赛事评估反馈等方面来优化散打赛事的运营机制,以期打造出高质量的中国散打赛事品牌。首先,应积极引进散打赛事运营人才。专业的赛事运营团队能够确保更高效的散打赛事组织管理,更高水平的竞技观赏,更深厚的观众基础,更雄厚的赞助资源,从而推动散打赛事品牌的持续发展。因此,应学习借鉴国内外成功赛事所采用的赛事运营人才引进模式,如昆仑决的运营公司昆尚传媒、UFC挖掘全球型管理人才等,同时,也要培养打造出市场适应能力强、具备专业能力的散打赛事运营团队。其次,清晰明确的赛事规划是确保比赛顺利进行的关键前提,应全方位综合策划好目标确立、运动员选拔、日程规划、场地选择、规则制订、裁判安排、安保措施、推广宣传、观众体验等事项。再次,赛事推广是让更多人知晓和参与赛事的关键步骤,应利用多种渠道广泛宣传赛事,包括社交媒体、电视、广告、宣传册、海报、本土赛事等,来吸引更多的观众关注,提高赛事的知名度和成功举办的可能性。例如,UFC注重在中国的本土举办赛事,这是其扎根中国、以上海为龙头辐射全国的赛事推广策略。另

外，良好的赛事体验对于参赛者和观众来说都是至关重要的，公正透明的赛事规则、舒适的观赛环境、热烈的现场氛围、热情的观众互动、完善的安全保障、精彩的现场直播等是让参赛选手和观众体验到散打赛事的专业性和关注度的核心要素，也是增加其对散打赛事品牌认可度的关键举措。最后，对散打赛事进行评估反馈是了解和改进赛事效果的关键步骤，对参赛选手质量、观众人数及反馈、社交媒体曝光量、赛事组织效率等赛事数据进行效果评估，以全面了解赛事情况，并及时反馈给散打赛事运营团队，不断优化赛事，提高赛事品牌质量。

（三）开发利用多种媒体平台，扩大散打赛事品牌传播声量

根据《中华人民共和国国民经济和社会发展第十四个五年规划和2035年远景目标纲要》提出的"鼓励商贸流通业态与模式创新，推进数字化智能改造和跨界融合，线上线下全渠道满足消费需求"战略部署，散打赛事应顺应时代潮流，积极开发利用各种媒体平台，拓宽散打赛事的传播渠道，以期增强赛事品牌的传播力、影响力。首先，应尝试与覆盖面较广和市场份额较高的电视台合作，以确保赛事曝光量和知名度。电视台通过购买散打赛事的转播权，将比赛实况直播给观众，这是散打赛事较为传统的传播渠道，早期"散打王"便是与拥有极高覆盖面和市场份额的湖南卫视进行合作，作为后来者的昆仑决也是如此来吸引更多观众和流量。其次，手机移动平台媒体的新优势更应该被充分利用起来。散打赛事可在社交媒体平台上创建官方账号，通过这些平台发布赛事信息、选手海报、花絮视频等内容，吸引用户点击和分享，并及时与粉丝互动，增加品牌曝光，或是开发设计微信小程序及APP，提供赛事信息、选手资料、赛程表等，方便用户获取相关信息，又或是创建散打赛事的社群或论坛，与粉丝进行交流互动，收集反馈和意见，增加用户黏性。例如，昆仑决不仅拥有自己的APP，而且还与社交媒体平台合作，对赛事进行同步直播和宣传。

此外，要注重大数据、算法等新技术的开发利用，以提高散打赛事的传播效果。如通过用户生成内容（UGC）来了解用户反馈和行为，或通过搜索引擎优化（SEO）技术来优化武术赛事相关的关键词，使其在搜索引擎上获得更好的排名，增加被用户发现的概率。最后，创作体育纪录片亦可为散打赛事的传播增添动力。与电视台和平台型媒体合作，制作有关散打赛事和选手的特别节目和纪录片，向观众展示更深入的赛事内容和幕后故事。例如，UFC为了宣传和推

广自己的品牌,制作了许多涵盖选手训练、比赛幕后花絮、赛事历史等内容纪录片。简言之,散打赛事应牢牢把握住传统媒介已经打下的观众基础优势,并紧紧抓住新媒体所凸显的即时性、覆盖广、个性化、媒介融合、成本效益较低等新优势,助力散打赛事品牌影响力和知名度的提升。

(四) 促进散打赛事品牌延伸,拓宽赛事盈利渠道

散打赛事所进行的品牌延伸是其进一步巩固和拓展自身市场地位,扩大品牌的影响力的重要举措。散打赛事可以从以下几个方面进行品牌延伸。第一,散打赛事可授权生产和销售与赛事相关的特许商品,如纪念品、服装、玩具等,以增加品牌曝光和收益,如 K-1 推出过的印有选手或俱乐部标识的 T 恤衫、选手肖像玩偶等特许商品。第二,散打赛事组织可与游戏开发商合作,将赛事引入电子游戏中,或研发"散打王"端游手游等,以吸引更多玩家和观众,增加赛事收入。例如,UFC 与 EA Sports 合作,推出了多个 UFC 主题的电子游戏,如《EA Sports UFC》系列。这些游戏可以让玩家在虚拟环境中扮演自己喜爱的UFC 选手,并体验真实的拳击、摔跤、综合格斗等战斗。第三,推出线下散打健身训练项目,让更多人参与散打训练,增加品牌的亲和力和市场覆盖范围。例如,国武传媒旗下的散打王俱乐部为促进全民健身与中国武术的发展,对外开设散打、女子防身操、有氧舞蹈等多类目课程。第四,制作与散打赛事相关的电视节目、纪录片和真人秀等,增加赛事品牌在电视媒体上的曝光,进而拓宽商业版图。例如,UFC 推出的电视真人秀节目《The Ultimate Fighter》,该节目邀请年轻的格斗选手参加比赛,胜出者将获得 UFC 合同。这个节目不仅加强了UFC 品牌在电视媒体上的曝光,还帮助发现和培养新的格斗明星。第五,进行散打赛事品牌的同类延伸,进而增强赛事品牌生命力。例如,《武林风》的世界巡回赛、K-1 的亚洲巡回赛及 UFC 定期举办的主题活动和巡回赛,都能将赛事带到全球各地,增加全球粉丝和观众的参与。此外,赛事旅游、运动品牌合作等赛事品牌跨类延伸也是散打赛事可以探索的领域。概言之,散打赛事应通过品牌延伸,将其品牌从核心体育赛事扩展到了不同领域,拓宽赛事盈利渠道,以加强品牌的全球认知度和商业价值。但是,赛事品牌延伸也需要谨慎考虑,确保延伸项目与原有赛事品牌的核心价值和形象相符,以免损害品牌声誉和认知度。

争霸赛从 2000 年的诞生至今日，有过"开创国内商业搏击赛事先河""打造具有中华武术特色的民族品牌 IP"等辉煌成就，经历过被迫停办、销声匿迹的低谷期，最终历经沉淀、重出江湖，不仅成为中国武术赛事商业化发展的领头雁，还拥有清晰明确的民族品牌定位，促进了中国武术赛事的商业化发展，为中国散打赛事品牌的发展提供了宝贵的经验。同时，针对争霸赛所存在的赛事运营模式尚未成熟、赛事盈利渠道匮乏等问题，今后的散打赛事还应从明确赛事品牌核心价值、优化赛事的运营机制、开发利用媒体平台、促进散打赛事品牌延伸等方面将中国散打赛事品牌做强做大，推动中华文化在世界舞台上璀璨生辉。

第七章

结论与展望

一、结论

我国武术赛事品牌建设是武术赛事主体以积累武术赛事品牌价值资产为目标,依据国家体育产业相关法规、措施和政策要求,充分利用市场优势,对武术赛事品牌打造工作有序行使品牌规划和品牌营建职责,促使武术赛事逐步实现品牌化发展的过程。本书对我国武术赛事品牌建设相关议题进行了系统研究。通过回顾研究表达的核心观点和各章具体逻辑论证,现归纳本研究结论如下。

(1)改革开放以来,社会大众对武术赛事文化消费需求剧增,使武术赛事整体价值效益凸显。"加快实施品牌战略,大力培育具有中国特色的体育赛事品牌",为独具特色的中国武术赛事的品牌化发展植入了国家政策元素。

(2)武术赛事品牌建设在品牌建设理论影响下,以打造高品质武术赛事为核心思想。武术赛事品牌建设是促使武术赛事实现品牌化管理的关键环节,其目的是引导武术赛事经营主体在国家体育产业政策法规许可范围内,规范经营各层次武术赛事,确保武术赛事品牌打造工作顺利实施。

(3)改革开放前,首部《武术竞赛规则》颁布,加快了武术比赛操作规范。20世纪80年代后,各级武术赛事经营主体利用市场优势,对武术赛事资源进行有效配置,促使相应武术赛事品牌个性日益清晰。武术赛事职能部门和赛事经营主体通力合作,以国家体育产业理论政策为依据,对我国武术赛事品牌建设进行有益探索,使武术赛事品质不断迈向新高度。我国武术赛事主要分为武术套路赛事、武术格斗赛事和武术功法赛事三大类。通过对当前国家层面武术赛事的综合分析,广泛开展优质、高效、多元化武术赛事既是推动中华武术不断取得新突破的有效方式,又是保障武术赛事整体质量稳步提升不可或缺的重要手段。在践行武术全民健身国家战略的历史进程中,全社会营造了重视武术、支持武术和参与武术的良好氛围,从而推动充满活力的武术赛事消费市场形成,为武术赛事品牌打造赢得了赛事目标消费群。

(4) 由于武术赛事管理部门和赛事经营主体打造品牌武术赛事意识淡薄和受相关客观原因影响,造成各层次武术赛事同质化现象严重。政府主导的常规性武术赛事,低估参与赛事的赞助商、新闻媒体及其他社会团体对赛事品牌化发展贡献的正能量,致使此类赛事的市场化程度较低;以市场为导向的武术赛事,缺乏政府对赛事品牌战略规划及品牌构建理论的宏观指导,使得武术赛事的整体市场效益不高。

(5) 武术赛事品牌规划是赛事经营主体致力于构建武术赛事品牌、实现赛事经营机构经济效益和社会效益而制订的发展计划。武术赛事品牌战略是赛事经营机构的根本性策略。武术赛事品牌定位是设计、塑造、发展及确定武术赛事品牌形象的关键环节。

(6) 完善的武术赛事品牌体系架构应包括武术赛事品牌要素设计、武术赛事品牌个性、武术赛事品牌价值、武术赛事品牌传播和武术赛事品牌延伸等五个关键环节。武术赛事品牌识别系统是赛事经营机构精心设计的塑造武术赛事品牌形象的过程性操作活动。武术赛事品牌以满足赛事目标消费群功能、情感和服务等方面赛事需求而表现出相应的赛事品牌价值。武术赛事品牌核心价值是武术赛事品牌价值的内核、主体构件及品牌理念内涵。武术赛事品牌传播是由赛事传播主体、赛事传播媒介、赛事目标受众和赛事传播内容等环节构成的循环过程。武术赛事品牌凭借赛事知名度、认可度和巨大赛事品牌资产价值效应,具备武术赛事品牌延伸功能。

(7) 武术赛事品牌建设是增强武术赛事市场核心竞争力,提升武术赛事整体价值的有效管理方式。国家顶层设计彰显新理念,借助"互联网＋"新引擎,助推昆仑决树立中国原创搏击赛事品牌标杆形象。分享昆仑决赛事品牌建设经验,认为我国武术赛事品牌打造,遵循市场经济规律同时,应准确把握市场脉搏;借鉴国内外赛事品牌建设成功经验,在充分发挥武术赛事品牌自身优势基础上,应以国家理论政策为支撑,建立行之有效的武术赛事品牌保护制度;以赛事目标消费群为导向,充分挖掘武术赛事品牌价值;以"互联网＋"为引擎,构建多方参与、利益共享的武术赛事发展模式;以我国武术项目为抓手,积极实施武术赛事品牌国际化发展战略,推动我国武术赛事快速高效发展。

二、展望

武术赛事品牌建设因涉及管理学、品牌学和传播学等多学科,笔者认为本书内容尚存在以下不足。

(1) 完善的武术赛事品牌建设体系还应包括设计相应的武术赛事品牌建设要素指标体系,虽然笔者借鉴了现阶段武术赛事研究领域相关成果、通过访谈收集到了业界专家学者的宝贵意见,勾勒出武术赛事品牌建设要素评价显性因素,但随着时代变迁和武术赛事发展,对武术赛事品牌实施其"以时为大"的理论创新构建,这是本书研究需要进一步补充和完善之处。

(2) 武术赛事品牌价值资产评估体系研究。在国家体育产业新政引领下,政府职能部门转变服务理念,促使体育赛事透显潜在的整体效益。在此背景下,如何借助我国武术资源优势彰显武术赛事整体效益,对我国武术赛事品牌价值资产实施研究,将有助于推动我国武术赛事的品牌化发展进程。因此,后续研究可以考虑如何评定武术赛事品牌价值资产、如何构建武术赛事品牌价值资产评估体系等。